AF242117

V

# MANUEL COMPLET

## DES

# MARCHANDS DE BOIS

## ET DE CHARBONS.

*Mémoires sur la guerre de 1809 en Allemagne*, avec les opérations particulières des corps d'Italie, de Pologne, de Saxe, de Naples et de Walcheren; par le général Pelet, d'après son journal fort détaillé de la campagne d'Allemagne, ses reconnaissances et ses divers travaux, la correspondance de Napoléon avec le major-général, les maréchaux, les commandans en chef, etc., accompagnés de Pièces justificatives et inédites. 4 vol. in-8. Prix, 28 fr.

Cet ouvrage paraîtra en deux livraisons de deux volumes chacune; la première paraît, et la seconde suivra incessamment.

Ces mémoires d'un ancien général de la vieille garde, aide-de-camp et ami du général Masséna, sont déjà connus par un Extrait qui en a été donné dans le cinquième volume du *Mémorial de Sainte-Hélène* : ils doivent former les deux premières livraisons de la *Collection des Mémoires politiques et militaires pour servir à l'Histoire de France sous l'Empire*, dont le Prospectus se distribue chez le même libraire.

*Suite au Mémorial de Sainte-Hélène*, ou observations critiques, anecdotes inédites, pour servir de supplément et de correctif à cet ouvrage, orné du portrait de M. de Las-Cases. Un vol. in-8, contenant un manuscrit inédit de Napoléon, l'Histoire de la prise de Paris en 1814, etc. 1825.  7 fr.

Le même ouvrage, un vol. in-12. 1815.  3 fr. 50 c.

*Ministre (le) de Wakefield*, 2 vol. in-12, nouvelle édition, 1821.  4 fr.

*OEuvres poétiques de Boileau*, nouvelle édition, accompagnées de Notes faites sur Boileau, par les commentateurs ou littérateurs les plus distingués, tels que La Harpe, Marmontel, Lebrun, Daunou, etc., etc., de tous les passages que l'auteur français a imités des auteurs grecs et latins; par M. J. Planche, professeur de rhétorique au collége royal de Bourbon, et M. Noël, inspecteur-général de l'Université. 1 gros vol. in-12, 1825.  3 fr.

*Précis historique sur les Révolutions des royaumes de Naples et de Piémont, en 1820 et 1821*; suivi de documens authentiques sur ces événemens; par M. le comte D***. Seconde édition. 1 vol. in-8, 1821.  4 fr. 50 c.

# MANUEL COMPLET

## DES

# MARCHANDS DE BOIS

## ET DE CHARBONS,

### OU

### TRAITÉ DE CE COMMERCE EN GÉNÉRAL;

#### CONTENANT

Tout ce qu'il est utile de savoir, depuis l'ouverture des adjudications des coupes jusques et y compris l'arrivée et le débit des bois et charbons; ainsi que le Précis des Lois, Ordonnances, Règlemens, etc., sur cette matière.

#### SUIVI

## DE NOUVEAUX TARIFS

#### POUR LE CUBAGE ET LE MESURAGE DES BOIS DE TOUTE ESPÈCE, EN ANCIENNES ET NOUVELLES MESURES.

### PAR E. B. MARIÉ DE L'ISLE,

#### ANCIEN AGENT DU FLOTTAGE DES BOIS.

# PARIS,

### ROBEL, LIBRAIRE, RUE HAUTEFEUILLE,

#### AU COIN DE CELLE DU BATTOIR.

## 1825.

# AVANT-PROPOS.

Plusieurs *Manuels*, ou *Tarifs des Marchands de Bois*, ont été jusqu'ici donnés au public ; mais aucun de ces ouvrages n'offre ce que le propriétaire, l'adjudicataire, le débitant, le consommateur, avaient le droit d'y chercher.

On n'y trouve, en effet, que des Tarifs souvent incomplets, peu utiles ; que des calculs déjà connus sur le Cubage des Bois ; des instructions sèches et arides sur les mesures linéaires, sur les rapports entre l'ancien et le nouveau système ; en un mot que des chiffres, et pas la moindre instruction sur l'aménagement des forêts, les adjudications, l'exploitation, le débit, le charroi des bois ; enfin sur les matières les plus intéressantes pour toutes les personnes qui spéculent d'une manière quelconque sur cet article de première nécessité.

On cherche tout aussi vainement, dans ces recueils, quelques renseignemens sur la valeur des arbres sur pied, leur valeur sur les ports flottables, les frais d'exploitation et de transport ; enfin la comparaison par aperçu de la valeur première des bois, avec celle qu'ils ont au moment du débit dans les chantiers. Ils n'indiquent point au capitaliste qui expose pour la première fois sa fortune dans ce genre de spéculations, les routes qu'il doit suivre, ni les écueils à éviter.

J'ose croire que j'ai mieux atteint le but dans l'ouvrage que je publie aujourd'hui. Élevé dès ma plus tendre enfance dans cette partie, comme fils de marchand de bois exploitant, flottant et entrepreneur de flottage en trains; employé ensuite comme agent du flottage des bois qui arrivent à Paris; j'ai, pendant vingt-cinq ans, manié tous les ressorts, étudié et suivi attentivement la marche de toutes les opérations de cette branche importante de l'approvisionnement; et c'est ce qui m'a déterminé à écrire sur un sujet qui n'a encore été traité véritablement par personne.

Ce travail, entièrement neuf quant à sa partie la plus essentielle, est donc le fruit d'une longue et constante expérience : il m'a paru d'une utilité première, aujourd'hui que les prestiges de la gloire et d'une vaine ambition ont fait place à des spéculations plus solides; aujourd'hui que les bienfaits d'un commerce florissant répandent sur toutes les parties de notre belle France, l'abondance et la prospérité.

La connaissance de la coupe, du débit, et de l'emploi des diverses essences de bois que produisent nos riches forêts, est donc un besoin, aujourd'hui que ce genre d'exploitation offre de si brillans avantages. Cette carrière exige une étude sérieuse du spéculateur qui veut la parcourir avec fruit. La fortune sourit quelquefois, par hasard, à l'homme qui la cherche en aveugle; mais elle vient s'offrir d'elle-même à celui qui a étudié l'art de la captiver.

*Le Manuel complet des Marchands de Bois et de Charbons* offre, outre ce qu'il y a de réellement utile dans les Manuels et Tarifs publiés jusqu'ici, une étude des bois de toute espèce, dans tous les états où ils peuvent passer, depuis le moment de leur coupe jusqu'à celui de leur débit dans les chantiers de Paris; l'analyse raisonnée des cahiers des charges d'adjudication; des aperçus statistiques appliqués à l'approvisionnement de Paris; des détails très étendus sur le flottage à bûche perdue et en trains; des instructions que l'on ne trouve nulle part, sur l'exploitation du charbonnage et la vente des charbons dans Paris; enfin un aperçu des lois et règlemens tant anciens que nouveaux, qui régissent cette matière, et que l'on trouve dans toute leur étendue, dans l'excellent ouvrage de M. Dupin, conseil du commerce des bois et charbons.

Et quel moment pouvait être plus propice, pour la publication de ce *Manuel,* que celui où l'achèvement du canal de Nivernais va étendre les ramifications du commerce des bois, non seulement dans le midi de la Nièvre jusqu'à Decize, mais en remontant la Loire, depuis cette ville jusqu'à l'endroit où le fleuve commence à être navigable et flottable?

Ce même travail, communiqué à des agens supérieurs de la navigation et du commerce, a reçu leur approbation. Pouvait-il en être autrement, puisqu'il est le fruit de mes rapports avec eux! rapports dont le souvenir ne s'effacera jamais de ma mémoire, et dont je les prie d'agréer ici l'expression de ma vive reconnaissance.

# MANUEL

## DU

## MARCHAND DE BOIS.

## CHAPITRE PREMIER.

DES BOIS EN GÉNÉRAL, ET DU CHOIX DES ESSENCES.

*Du sol qui convient à chaque essence.*

LE bon usage que l'on doit espérer des bois, dépend non seulement de l'essence dans laquelle on les a choisis, mais encore de la nature du sol qui les a produits, et de son exposition.

Le chêne, ce roi des forêts, croît indistinctement dans toutes les parties de la France ; mais ce bel arbre s'élance bien plus majestueusement, devient plus droit, plus sain, plus fort, sur un coteau en pente douce, exposé au nord ou au levant, que partout ailleurs.

Le charme et l'orme demandent un bon terrain, en pays plat ; mais ces deux essences viennent aussi très bien dans les lieux où se plaît le chêne.

Le hêtre aime les cantons septentrionaux de la France, où il rapporte beaucoup, surtout s'il est en bonne terre et qu'on le garde 40, 5o ou même 100 ans; mais alors il faut le couper à rase terre, sans espoir de le voir se reproduire autrement que par semis. S'il est situé dans un lieu froid et montueux, on peut le mettre en coupe réglée de jardinage, et il se reproduira éternellement.

Le bouleau s'accommode très mal d'un terrain sec exposé au midi; mais il s'élance très bien dans les lieux marécageux, humides, et exposés au couchant.

L'érable et le frêne se plaisent dans l'intérieur des forêts : l'humidité salutaire qu'ils y trouvent est utile à leur reproduction et à leur pousse.

L'aune et le tremble ne viennent bien que dans les terrains gras et unis; le froid leur est très contraire. Le tremble, naturellement fragile et s'élevant très haut, a, en outre, besoin de croître à l'abri du chêne et d'autres grands arbres, qui puissent le garantir des hauts temps et des vents, qui le courbent, le rabougrissent et le tuent.

Viennent ensuite le châtaigner, le cormier, l'alisier, le cerisier, etc.; mais ces essences, que l'on rencontre çà et là, dans les forêts, n'ont qu'une importance bien secondaire auprès des précédentes.

Les unes et les autres ne sont pas indistinctement propres aux mêmes usages : le chêne fournit un bois très dur et de qualité supérieure pour les usages de la marine, de la charpente, de la ménuiserie, etc. : il donne encore un bon chauffage; mais brûle avec plus de difficulté que les autres essences.

Le charme a les fibres très serrées : il est, avec l'orme, le meilleur bois de cheminée; mais il n'est propre qu'à cet usage.

L'orme est, indépendamment d'un excellent bois à brûler, recherché pour le charronnage, et particulièrement pour les jantes, moyeux, etc.; mais cet arbre croît plutôt sur les grandes routes que dans les forêts.

Le hêtre fournit des planches de bonne qualité; des pelles, sebilles et autres boisselleries d'un bon usage. L'avantage qu'il a sur beaucoup d'autres bois de ne pas pétiller, le fait rechercher presque autant que le charme et l'orme pour le chauffage. Il donne un feu clair, vif, mais de peu de durée.

L'érable est recherché pour les ouvrages de tour et de tabletterie, par sa ressemblance avec le buis, lorsqu'il est poli. Il fait aussi un assez bon bois de cheminée.

Le frêne est d'une médiocre qualité pour cet usage; mais il est employé assez avantageusement pour faire des chaises et autres ouvrages de ce genre.

L'aune et le tremble sont des bois tendres spécialement propres au sabotage, à la boissellerie, etc. Ils sont d'un très mauvais usage pour le feu.

Le bouleau sert à peu près aux mêmes usages : il est poreux et très léger, brûle très vite et donne beaucoup de flamme, ce qui le rend spécialement propre au chauffage des fours de boulangers, pâtissiers, etc.

Le beau châtaigner, quoique bien moins solide que le chêne, fait de la charpente qu'on dit être à l'abri des vers. Il éclate et pétille beaucoup en brûlant, ce qui le rendrait d'un usage très dangereux pour le chauffage.

Le bois de charpente et de charronnage est plus fort, plus sain, moins nouailleux lorsqu'il provient d'une partie de forêt située au nord et au levant. Il est meilleur sur la rive ou lisière que dans l'intérieur; il est rarement sain et d'un bon rapport lorsqu'il est pris dans un endroit marécageux ou sur le bord des rivières.

Dans ces endroits il a une forte écorce, beaucoup d'aubier et des veines peu serrées. La plupart de ses branches en mourant forment autant de plaies, de trous ouverts où séjourne l'eau ; et cette eau filtrant souvent jusqu'au cœur, ne fait plus, d'un arbre qui paraît à la vue bon pour la charpente, que du bois à brûler. (1)

Le bois de charpente de bonne qualité se distingue par ses fibres fortes, souples, bien filées, vigoureuses et serrées. Lorsqu'on écarrit ce bois, les copeaux sont liants, et la cognée suit d'un bout à l'autre de l'arbre, en ne faisant si l'on veut qu'un seul et même copeau. Mais le meilleur bois se détériore promptement si le bûcheron n'a soin d'enlever tout l'aubier, parce que les vers s'y mettent et pénètrent bientôt jusqu'au cœur de l'arbre.

Le bon bois de moule, celui qui doit faire un feu bon et durable, est facile à reconnaître à l'écorce graveleuse, sèche, et à ses veines serrées. Cette écorce prouve qu'il vient d'une forêt bien située, et d'un terrain en pente, graveleux et sablonneux ; ses veines serrées sont l'annonce qu'il a mis plus de temps à son accroissement ; et que coupé à 30 ans, par exemple, quoique n'ayant que la grosseur d'un autre brin de 20 ans venu dans une exposition moins avantageuse, il fera un meilleur usage, soit au feu, soit partout ailleurs.

*Dénomination des diverses espèces de forêts.*

On en distingue de six espèces : 1°. Les vieilles futaies. 2°. Les grandes futaies. 3°. Les hautes

------

(1) Lorsqu'on fait l'acquisition d'un arbre sur pied destiné à être ouvragé, il existe un moyen simple de s'assurer s'il est sain : c'est de faire frapper d'un côté de l'arbre en mettant l'oreille du côté opposé ; si le coup rend un son clair à l'oreille, l'arbre est sain ; si au contraire il rend un son sourd, l'arbre est malade et gâté en quelque endroit.

futaies. 4°. Les hauts taillis. 5°. Les taillis. 6°. Le feuilletage, furetage ou jardinage.

### Vieilles futaies.

Ce sont les arbres réservés dans les forêts, et qui ont 100, 200 ans et au-delà. Ces arbres ont de 8 à 12 mètres de long sur 35 à 45 centimètres (1) d'équarrissage. La vieille futaie ne grandit plus ; et lorsqu'elle a cessé de grossir, elle dépérit. Les belles pièces de marine se trouvent dans les arbres de cet âge. Ce sont eux qui forment les belles glandées si précieuses pour l'engrais des porcs.

C'est sur les hêtres de cet âge que l'on récolte le faîne pour faire de l'huile ; les porcs aiment aussi beaucoup cette amande et s'en nourrissent comme du gland.

Les vieilles futaies se coupent presque toujours à blanc, ou si on laisse quelques arbres, c'est seulement dans les endroits exposés aux vents du nord et du couchant, qui nuisent à la reproduction ou au repeuplement des forêts.

### Bois rebour ou retour.

C'est dans les vieilles futaies que se trouve le bois *rebour* ou *retour*. Il s'en trouve également dans les hautes futaies.

On appelle arbre sur le retour, celui qui dépérit par vieillesse. Tous ceux qui sont depuis long-temps sur le retour sont altérés au cœur ; leur bois est gras, mou, et de quelque grosseur que soit un pareil arbre, il a peu de vigueur et devient impropre à tout autre usage qu'à brûler.

---

(1) Pour l'intelligence du négociant, nous nous servirons à l'avenir du pied de roi ancien, usité partout pour le cubage des bois, les calculs n'étant pas aussi faciles à faire d'après le système métrique.

On reconnaît qu'un arbre est affecté de ce mal, quand sa cime forme une tête arrondie; quand il se garnit de feuilles avant les autres, les perd de même, et que celles du bas sont alors plus vertes que celles du haut.

C'est encore un signe qu'un arbre est en retour, quand il se couronne; c'est-à-dire quand l'extrémité de sa tige se garnit d'un cercle de galles, au-dessous de la naissance des premières branches, et qu'on s'aperçoit que celles du haut périssent. On le reconnaît aussi, quand l'écorce se garnit de mousses, de lichens, de champignons, surtout dans les enfourchures des mères-branches; qu'elle se détache du bois, et qu'elle se sépare de distance en distance par de larges gerçures qui se font en travers : ce dernier indice dénote même une dégradation considérable.

Enfin si l'écorce est parsemée de taches noires ou rousses; si la sève fuit à travers les gerçures; si les jeunes ceps sont très courts et les dernières couches ligneuses du tronc très minces, c'est un signe non équivoque du dépérissement très avancé de l'arbre.

Ces observations nous ont paru nécessaires, parce qu'un adjudicataire qui, sans s'en douter, aurait un grand nombre d'arbres rebours dans son lot, n'en tirerait pas l'avantage qu'il s'était promis.

### *Grandes futaies, hautes futaies, futaies ou grands baliveaux.*

La grande futaie ne diffère de la vieille futaie que parce que celle-ci a passé l'âge de grandir, et que celle-là n'est arrivée qu'à l'âge où l'on peut la couper avec avantage; elle n'a encore rien perdu de sa bonté. Un arbre de cette espèce est sain et vigoureux ; il trompe rarement l'espoir de l'adjudicataire.

Il est bon cependant qu'avant l'adjudication d'une coupe de futaies quelconques, la visite de chaque arbre soit faite, pour ne point trop donner au hasard qui ruine les uns et enrichit quelquefois les autres dans diverses spéculations, mais rarement dans celle-ci : car il faut se persuader qu'une visite scrupuleuse a été faite d'avance par les agens forestiers; et que l'administration sait le prix auquel elle peut adjuger une coupe de bois de futaie, sans léser les intérêts du fisc.

L'arbre de haute futaie est celui qui, parvenu à l'âge de 50 ou 60 ans, a acquis à peu près toute sa hauteur; mais qui grossit encore et donne l'espoir d'un bel arbre de marine, s'il est sain, droit et d'une belle apparence. Les agens forestiers, lors du balivage qui a lieu avant l'adjudication d'une coupe de bois, décident si un tel arbre sera coupé ou réservé ; dans ce dernier cas, ils y appliquent le marteau de l'administration ; dans le cas contraire, il fait partie de la coupe.

Il est bon de recommander au facteur de vente de marquer avec un cercle de paille les arbres réservés par l'administration ; car si un bûcheron maladroit abat par mégarde un tel arbre, il en résulte des frais exorbitans. On verra dans les *Lois forestières* quels sont ces frais, ou plutôt ces *amendes*.

On appelle *futaies* ou *grands baliveaux* les arbres de choix qui ont été réservés pendant plusieurs coupes successives, et qu'on réserve encore de la manière ci-dessus indiquée, lorsqu'ils promettent de faire un jour de belles pièces de charpente ; mais ils font partie de la coupe s'ils présentent quelques défectuosités, ou rendent le taillis trop épais à l'endroit où ils se trouvent.

La coupe de ces quatre espèces de bois doit être

faite à rase-terre, *souche et bois*, la coupe faite à 6 pouces ou un pied au-dessus de terre nuisant à la reproduction : les agens forestiers peuvent forcer à recouper ce qui l'a été différemment.

On distingue les arbres de ces diverses espèces de forêts en *anciens* et *modernes*. Les premiers ne sont autre chose que les vieilles futaies et hautes futaies, c'est-à-dire les arbres de 80 ans à 200 ans au plus ; et les modernes ceux qui vont de 40 à 60, et même à 80 ans.

On peut consulter à cet égard l'ouvrage de *Camus de Mézière*, pag. 130.

### *Hauts taillis et taillis.*

Forêts de l'âge de 30 à 40 ans, mises en coupes réglées pour en tirer de la grosse moulée ; il s'y trouve des pièces de 40 à 100 ans, désignées pour être coupées, et qui font partie de la vente.

Les bois *taillis* sont la même chose, à cela près qu'on les met en coupe dès l'âge de 20 à 30 ans.

### *Jardinage, furetage ou feuilletage.*

Cette coupe adoptée dans les pays froids, montueux et arides, où la repousse craint la forte gelée en hiver et l'action du soleil d'été, a lieu tous les 10 ans dans les forêts du gouvernement et des grands propriétaires ; les petits propriétaires attendent rarement plus de 8 ans.

Dans ces forêts, on ne coupe que les brins propres à faire de la moulée ; c'est-à-dire le quart, le tiers ou la moitié des touffes d'arbres sur pied, en éclaircissant de la même manière qu'un jardinier éclaircit une planche d'ognons ; à l'exception que celui-ci laisse les plus beaux oignons, tandis que le bûcheron laisse les plus petits arbres. C'est de là que vient la dénomination de *jardinage*.

Il résulte de cette manière d'exploiter, que jamais les forêts ne sont dégarnies entièrement, et que la reproduction s'en fait naturellement sans crainte de la gelée ou de la forte chaleur qui tuent les rejetons.

L'essence qui réussit le mieux par cet aménagement, surtout dans la Nièvre ( *au Morvand* ) (1), où plus de 5000 hectares de bois sont réglés de cette manière, est le hêtre. On trouve parmi ces forêts du charme et quelques chênes.

Le bois de ce pays froid et montueux est connu pour être de première qualité pour le chauffage, mais il perd un peu de sa bonté par le long trajet qu'il a à parcourir par eau, étant d'abord flotté à bûche perdue jusqu'à Clamecy et Vermanton, et ensuite flotté en train l'année suivante jusqu'à Paris.

Un décret du 30 thermidor an XIII, que l'on trouve dans l'ouvrage de Dupin, permet la coupe en jardinage dans les forêts de sapins et celles *mélées* de hêtre et de sapins ; preuve que le gouvernement a reconnu depuis long-temps que cette manière d'exploiter était essentielle à la conservation des forêts : mais il serait à désirer qu'il infligeât des peines contre le propriétaire qui d'une coupe au furetage ferait une coupe à blanc, c'est-à-dire en ne laissant que les arbres qu'on réserve dans les coupes de taillis ; car le besoin de jouir peut porter un propriétaire à ce moyen rui-

---

(1) Le Morvand, qui tient presque en totalité au département de la Nièvre, situé à 65 lieues sud-est de Paris, est de 3 degrés plus froid : quelques unes de ses montagnes sont si hautes, que de celle où était le Château des Chasses de César ( *Castrum Caninum* ) on voit le Puy-de-Dôme à 36 lieues ; et que de celle du Mont-Beuvrai on aperçoit, d'un ciel serein, le Mont-Blanc, qui en est à 60 lieues.

neux , contraire à la prospérité publique, et qui peut amener par suite une pénurie de cette marchandise précieuse et de première nécessité. (1)

La coupe au furetage ne doit produire que le tiers environ de la coupe des taillis *à blanc*. On a fait la remarque que généralement les vieilles ventes exploitées de cette manière donnent un bois de chauffage infiniment meilleur que celui qui provient des ventes coupées à blanc. En effet, les tiges de ces forêts poussant éternellement sur de vieilles souches, qui leur fournissent une sève vigoureuse, donnent à ce bois le grain et la bonté d'une tige de 40 ans. Il est donc naturel de croire que ce bois doit faire un feu plus ardent et de plus de durée que le bois de coupes réglées.

On réserve rarement des baliveaux dans les coupes au furetage, parce que les arbres se tournent et deviennent rabougris en vieillissant, et sur 4 pieds que l'on veut conserver, un seul quelquefois peut être employé à faire du moindre bois de charpente.

---

(1) En 1806 et les années suivantes, l'inspecteur des eaux et forêts de l'arrondissement d'Autun, soit qu'il en eût reçu l'ordre, ou qu'il l'eût provoqué, voulut que dans une vente du Morvand, appartenant au gouvernement, dépendante de l'arrondissement d'Autun, on fît les coupes *à blanc*. En huit années plus de 100 hectares de bois du meilleur fonds du pays furent coupés de cette manière, et malgré toutes les précautions que l'on prit après pour protéger la repousse des bois, les gelées et les grandes chaleurs tuèrent tous les rejetons; au point que ce canton, naguère si productif, ne présente plus que l'image d'un vaste désert.

# CHAPITRE II.

## DES VENTES ET ADJUDICATIONS.

*Manière de se conduire pendant les adjudications.*

LES deux ordonnances de 1669 et 1672 relatives aux eaux et forêts, et à l'approvisionnement de Paris en combustibles, sont la base de toutes celles qui ont été rendues depuis, et des règlemens qui en ont été la suite.

Les cahiers des charges relatifs aux coupes de bois sont toujours rédigés dans le sens de ces ordonnances et règlemens, et jusqu'à ce qu'un code particulier les ait remplacés, elles conservent force de loi.

Les spéculateurs qui se livrent à l'exploitation des forêts doivent avoir ces actes constamment présens à la mémoire, pour ne point se livrer au hasard à un genre de commerce assujetti à mille servitudes, à mille formalités plus ou moins minutieuses ; mais dans lesquelles la moindre négligence, la moindre omission, fût-elle involontaire, peut entraîner à des amendes considérables, à des procès ruineux avec les administrations, qui plaident, dans ces cas, toujours de *mineur* à *majeur* contre un adjudicataire à qui il faut raison incontestable pour gagner un procès.

Celui qui débute dans cette carrière ne saurait trop s'attacher à connaître, dès les commencemens, les droits d'usage et de servitudes établis dans telle ou telle forêt, sous le rapport de l'aménagement, de la conservation des terres, bois et chemins environnant les forêts ; et enfin les servitudes particulières à observer dans le courant des coupes de bois, ainsi que pour leur enlèvement et leur transport, afin d'éviter toute espèce de contestations avec les agens forestiers et ceux de la navigation.

Il devra aussi, avant de se présenter pour acquérir une coupe de bois quelconque, prendre connaissance du cahier des charges de cette coupe ; et observer avec attention toutes les charges, clauses et conditions auxquelles il doit se soumettre si son enchère est acceptée.

Il ne devra point omettre non plus, de prendre, avant tout, connaissance de la position de la coupe ; de la distance des lieux d'embarcation, de flottage, de consommation, etc.; des prix de main-d'œuvre et de charroi des bois pour les sortir de la vente, enfin de toutes les ressources ou difficultés que peuvent offrir les localités : car telle coupe de bois, égale en rapport à telle autre, peut n'avoir que moitié de sa valeur par son éloignement des lieux de consommation, ou seulement des chemins faciles, des rivières navigables ; les frais d'exploitation et de transport augmentant d'autant le prix d'achat.

Une haute ou vieille futaie offre plus de moitié de valeur si elle est proche des rivières navigables ou de la mer ; cependant le débit des bois de charpente est toujours assuré dans quelque endroit qu'il se trouve. Sa valeur varie seulement en raison du transport et des distances, soit par terre, soit par eau. Il n'en est pas de même de la moulée, qui n'offre presque aucun avantage si l'on n'a pas de débouchés pour l'amener par flottage ou par bateau, à Paris.

Dans une coupe de bois où il existe du bois de charpente, de charronnage, de sciage, de mairains, de lattes, d'échalas et enfin de diverses espèces de boissellerie, il devra s'informer de la quantité qu'il pourra retirer de chaque espèce de ces bois; des frais de main-d'œuvre, de sa valeur dans la vente, des frais pour son extraction; du charroi jusqu'aux ports flottables ou navigables, et enfin de la valeur arrivé à sa destination.

La boissellerie, telle que jougs, pelles, sabots, cercles de hêtre, etc., etc., etc., n'a lieu ordinairement que dans les hautes futaies, les bois de réserves éloignés des ports, ou dans celle où le charroi en bois de moule s'exploite en petite quantité, par rapport aux distances éloignées des ventes aux ports, et de la difficulté des chemins à parcourir. Elle a lieu encore dans les forêts fournies avantageusement de bois propre à cette spéculation, quoiqu'à proximité des rivières.

Le branchage au-dessous de six pouces de tour ( *voyez* l'ordonnance de 1672 ) est converti en charbon, et le plus menu en fagots, en falourdes, bourrées, etc. L'adjudicataire devra donc s'assurer des frais et du profit que lui offriront l'exploitation et la vente de ces objets.

A l'égard du charbon, nous y reviendrons particulièrement, cet article méritant d'être entièrement séparé de la coupe du bois, quoiqu'il entre pour une partie dans la spéculation que peut faire le négociant, d'une coupe de bois qui lui est adjugée.

Le jeune négociant plein de ces détails, peut, dès son entrée dans le commerce de bois, faire d'aussi bonnes affaires qu'un ancien praticien. Qu'il s'informe sur les lieux de tous les inconvéniens et de tous les avantages; qu'il en prenne exactement note; qu'il fasse choix d'un *garde-vente* connu et consommé dans l'exploitation; il n'en manquera pas.

Il saura dès lors, avec de l'ordre et de la persévérance, parvenir bientôt à connaître à fond que tout ce que nous lui mettons sous les yeux ne demande qu'un calcul simple, mais suivi.

Dans le commerce en général, il faut que le négociant sache saisir les circonstances et les occasions ; qu'il profite des saisons propices, et s'attache à connaître les hommes avec qui il a affaire. Bien fixé sur ces points essentiels, il ne perdra jamais le fruit de ses veilles, de ses travaux et des fonds qu'il aura employés, et il aura le double avantage d'apprendre et de s'enrichir.

Les formalités à observer dans les ventes de bois du gouvernement et des communautés se trouvent consignées dans les cahiers des charges rendus publics avant l'adjudication. Nous avons cru utile de rapporter ici le modèle de ces cahiers des charges, pour y joindre nos idées sur les articles qui nous en ont paru susceptibles, ou qui ne présentent pas à l'instant un sens défini. Nous recommandons à l'adjudicataire de méditer en outre la loi du 29 septembre 1791.

---

*Analyse raisonnée d'un cahier des charges générales.*

## CAHIER DES CHARGES

POUR L'ADJUDICATION DES BOIS DOMANIAUX.

*Ordinaire de* 18 . .

---

CONDITIONS GÉNÉRALES.

§. I<sup>er</sup>. *Vente.*

« ARTICLE 1<sup>er</sup>. Chaque coupe sera adjugée en francs, à l'hectare et are.

« Il ne pourra être fait aucune réclamation ni

diminution de prix pour les *places vides*, *mares*, *fossés*, *chemins*, *avenues*, qui se trouvent dans l'intérieur des ventes; mais seulement pour les grandes routes, dont la distraction est faite par les plans et procès-verbaux d'assiette.

« Les bois provenans de laies et tranchées feront partie de l'adjudication, et ne pourront, dans aucun cas, être à la disposition des gardes. »

On voit par cet article qu'il est essentiellement utile de visiter ou faire visiter une vente avant de s'en rendre adjudicataire; puisqu'une coupe de bois de 25 hectares, ou, ce qui est la même chose, de 50 arpens, est susceptible par les places vides qui s'y trouvent, soit par les *mares*, les *fossés*, les *chemins* et les *avenues*, de n'avoir réellement que 22 à 24 hectares, ou 44 à 48 arpens.

« ART. 2. L'adjudication, dont les actes préparatoires se trouvent déposés depuis quinzaine au secrétariat, se fera à la chaleur des enchères et à l'extinction des feux.

« La première enchère sera celle inscrite au procès-verbal d'adjudication, du consentement du fonctionnaire public qui présidera la vente, et de l'agent forestier présent. Le nom de chaque enchérisseur sera inscrit au procès-verbal d'adjudication.

« L'adjudication ne sera définitive que lorsqu'un dernier feu aura été allumé, et se sera éteint sans que, pendant sa durée, il ait été mis aucune enchère.

« Les enchères ne pourront être de moins du $20^e$ de la mise à prix de l'hectare, lorsqu'elle sera de 100 fr. et au-dessous.

« Ces enchères seront de 10 fr., depuis 100 jusqu'à 200 fr.

« De 15 fr., depuis 200 jusqu'à 500 fr.

« Et de 20 fr. quand elle excédera 300 fr.

« Mais nulle personne inconnue ne pourra faire une mise exagérée qu'autant qu'elle aura fourni à l'instant une caution et un certificateur de caution *solvables.*

« ART. 3. En cas de contestations entre les enchérisseurs sur la validité des enchères, celui qui présidera la vente décidera s'il sera allumé un nouveau feu. »

On voit par l'article 2 qu'il y a un laps de quinze jours avant l'adjudication pour prendre connaissance du cahier des charges, et des formalités à remplir pour pouvoir enchérir sans contestation de la part des agens de l'administration forestière. Et par l'art. 3, que la validité des enchères contestée, on passe outre, en rallumant un nouveau feu; c'est-à-dire que celui qui ne s'est point mis en règle est débouté et ne peut plus enchérir.

Nous conseillons donc aux prétendans à l'acquisition d'une coupe de bois, de ne point arriver le jour même de l'adjudication dans la ville où elle a lieu; ils s'exposent non seulement à ne pouvoir faire partie des enchérisseurs, mais encore, et lors même qu'ils y seraient admis, à acquérir en aveugle, et à enchérir au-dessus de la valeur réelle de la coupe de bois.

« ART. 4. Dans le cas où, lors de l'adjudication, il n'y aurait pas lieu à allumer de feux, la vente sera remise, séance tenante, au jour indiqué par celui qui la présidera et l'agent forestier présent. Le délai n'excédera pas la quinzaine.

« Si alors il n'y a pas encore d'offres suffisantes, la vente sera renvoyée à l'*ordinaire suivant.*

« Il sera néanmoins libre aux agens forestiers de proposer la remise en vente après un second délai de quinzaine et nouvelles affiches, si, dans cet intervalle, il a été fait des offres suffisantes au secrétariat du lieu de la vente. »

On entend par ces mots : *Dans le cas où, lors de*

*l'adjudication, il n'y aurait pas lieu à allumer de feux, etc.*, que ce cas arrive lorsque les enchérisseurs ne font pas monter leurs enchères au prix *moyen* et estimatif auquel l'administration a évalué chaque hectare de la vente; qu'alors les agens forestiers n'ayant pas de pouvoirs pour diminuer ce prix, ou voulant qu'il soit porté au-dessus du taux qu'ils ont fixé, ne font point allumer les feux, et suspendent la vente pour avoir le temps d'instruire l'administration des enchères insuffisantes qui ont été faites.

La vente est remise à l'ordinaire suivant, c'est-à-dire *l'année suivante*, lorsque la vente ayant été remise, les enchérisseurs n'ont point encore atteint le prix estimatif dont nous avons parlé.

« Art. 5. Le prix principal de chaque adjudication sera payable en cinq termes égaux :

« Le premier écherra au 31 mars prochain ;

« Le second au 30 juin ;

« Le troisième au 30 septembre ;

« Le quatrième au 31 décembre ;

« Le cinquième au 31 mars de l'année suivante. »

Nous donnons cet article tel qu'il est sur le modèle ; mais les échéances pour les paiemens d'une vente peuvent varier suivant la nature ou l'importance de la vente ; il ne faut donc s'y arrêter que pour la manière dont se font ces paiemens.

« Art. 6. Dans les dix jours de l'adjudication, *chaque adjudicataire* fournira au receveur du domaine royal cinq traites, chacune du cinquième du prix principal de l'adjudication. Lesdites traites seront souscrites au profit du receveur général des contributions directes du département, et payables à son domicile aux époques ci-dessus prescrites. »

*Chaque adjudicataire.* On entend bien que c'est une vente qui a eu lieu de plusieurs coupes de bois à divers négocians ; car une coupe seule acquise par plusieurs, les traites ne sont souscrites que par celui qui se met en nom, et répond de ses co-associés, qui peuvent être, en ce cas, ses caution et certificateur de caution. ( On peut consulter, à l'égard de cet article et des suivans, l'ordonnance royale du 23 octobre 1816.)

« ART. 7. Les receveurs généraux poursuivront en leur nom, tant contre l'obligé principal que contre sa caution et certificateur de caution, le paiement desdites traites, par les mêmes voies que la régie de l'enregistrement aurait à employer.

« ART. 8. En cas de retard du paiement desdites traites ou du versement des *sommes exigibles en numéraire*, les receveurs sont autorisés à exiger des adjudicataires de bois, l'amende du vingtième des sommes non acquittées à leur échéance, conformément à l'arrêté du gouvernement du 27 frimaire an 11. »

Les sommes exigées en numéraires sont celles indiquées par les articles 10 et 11.

« ART. 9. Les receveurs généraux sont autorisés à assister, soit par eux-mêmes, soit par un fondé de pouvoir, aux adjudications, pour discuter la solvabilité des cautions. En cas de contestation, il sera statué par les préfets. »

C'est ici que le prétendant à une coupe de bois doit sentir les précautions qu'il doit prendre avant l'instant de l'adjudication, afin que ses caution et certificateur de caution ne puissent être contestés dans leur solvabilité; car autrement et lors même qu'une caution serait solvable, si elle n'a point en main ses titres de solvabilité, elle apportera des retards, des contrariétés, des empêchemens préjudiciables aux intérêts de l'adjudicataire. Ces causes peuvent enfin faire remettre la vente, et la faire quitter avec frais à celui qui, sans avoir pris les précautions nécessaires, s'en serait rendu adjudicataire.

« Art. 10. Outre le prix principal de l'adjudication, il sera payé comptant, par chaque adjudicataire, un décime pour franc de ce prix, et de plus les droits de timbre et d'enregistrement, tant des procès-verbaux d'arpentage, balivage et martelage, que de tous autres actes et frais relatifs aux ventes.

« Les adjudicataires paieront aussi comptant 2 fr. par hectare pour mesurage de leurs coupes.

« Ils paieront en outre, au marc le franc de leurs adjudications, le montant des rétributions dues aux arpenteurs pour les récollemens de l'exercice précédent; et ce, à raison de 1 franc 50 centimes par hectare, et d'après l'état général remis sur le bureau, qui en sera arrêté par le préfet et le conservateur.

« Il sera donné aux adjudicataires quittance détaillée de tous ces frais par le receveur des domaines.

« Art. 11. Les frais d'impression d'affiches, du cahier des charges et des procès-verbaux, ceux de publication, bougie et criées, seront réglés à l'avance par le préfet et le conservateur : l'état en sera affiché dans le lieu des séances pendant toute la durée des adjudications. Ces frais seront payés comptant par les adjudicataires, *au marc le franc*, au secrétariat du lieu de la vente.

« Les adjudicataires ne sont, sous aucun prétexte, assujettis à d'autres frais que ceux énoncés au présent cahier des charges et au procès-verbal d'adjudication. »

« Art. 12. Il sera fourni dans le mois, à la suite d'un exemplaire complet du cahier des charges générales et particulières, six expéditions entières et en un seul cahier, du procès-verbal de la masse des adjudications faites dans le même lieu et sans remises d'affiches, savoir :

« Une au préfet, sur papier libre, quand la

vente n'aura pas été faite au chef-lieu de la préfecture.

« Deux au conservateur, dont une sur papier
libre, qu'il est chargé d'envoyer à l'administration
générale des forêts.

« Une quatrième au directeur des domaines.

« Une cinquième au receveur général du département.

« Et la sixième à l'inspecteur local. Cette dernière sera remise dans les cinq jours qui suivront
celui de la vente.

« Chacune de ces expéditions générales, lorsqu'elle ne comprendra pas plus de trois lots ou
articles de ventes, sera payée 4 francs, et il sera
ajouté 75 centimes pour chaque lot ou article
excédant. Ces frais et ceux du timbre et d'enregistrement seront répartis au marc le franc de
toutes les adjudications.

« Art. 13. Il sera fourni à l'adjudicataire, dans
cinq jours, à la suite d'un exemplaire complet dudit cahier des charges, *l'extrait du procès-verbal de
son adjudication et du cautionnement.* Cette expédition
pour chaque lot adjugé, sera payée 3 francs, outre
les droits de timbre et d'enregistrement. »

Il est essentiel pour l'adjudicataire d'être muni, dans
les cinq jours, de l'extrait, *conforme,* du procès-
verbal de son adjudication et du cautionnement,
qui lui serviront de guide pour toutes les sommes
en numéraire qu'il a à payer, et qui, en outre du
cahier des charges, peuvent l'astreindre à des clauses
particulières relativement à la coupe jusqu'à la vidange de la forêt, etc.

« Art. 14. Ne pourront, les agens forestiers, ni
leurs parens ou alliés en ligne directe, frères ou
beaux-frères, oncles ou neveux et cousins germains,
enchérir et prendre part aux ventes, soit comme
parties principales, soit comme associés ou cautions

et certificateurs ; non plus que les autres personnes prohibées par l'ordonnance de 1669.

« Les personnes notoirement insolvables et celles qui, ayant déjà subi l'événement d'une folle enchère, n'auront pas payé depuis les sommes dont elles sont restées redevables, ne pourront mettre à prix, enchérir ou surenchérir, qu'en présentant préalablement une caution domiciliée en France, et agréée par le receveur général du département ou son fondé de pouvoir, et par le receveur du domaine royal. »

Par cet article, le gouvernement a voulu éviter que la faveur ne préjudiciât aux intérêts de l'état et à celui des négocians de bonne foi qui se présentent pour enchérir. Il a voulu aussi que toutes personnes qui pourraient nuire à l'effet de la vente, ou seulement porter ombrage aux enchérisseurs, en fussent éloignées.

L'ordonnance de 1669 exclut de la salle des criées les agens et employés des forêts, leurs enfans, gendres, frères, beaux-frères, oncles, neveux et cousins germains. Elle prononce pareille exclusion contre les ecclésiastiques, *gentilshommes* (1), gouverneurs de ville et de place, capitaines des châteaux et maisons royales ; leurs lieutenans et officiers, magistrats de police et de finances, juges, procureurs du roi près des tribunaux. Elle *prohibe de droit toutes personnes insolvables, ou qui n'ont pas de cautions et certificateurs de cautions, solvables.* Cette ordonnance, quoique ancienne, étant toujours en vigueur, il devient utile au négociant d'en bien connaître les termes pour en faire usage dans le cas où ses intérêts pourraient être lésés par un de ces moyens de faveur.

_______

(1) D'après la constitution existante il n'y a qu'un *noble en fonction publique* qui puisse être exclu de faire partie des enchérisseurs ; le noble sans fonctions peut exercer comme un simple citoyen l'état de marchand de bois, comme tout autre négoce.

« ART. 15. Pourront toutes personnes *non prohibées*, et reconnues solvables, *tiercer, demi-tiercer, ou doubler* les ventes jusqu'au lendemain midi du jour de l'adjudication ; après lequel temps il n'y aura plus lieu au tiercement, demi-tiercement ou doublement, sous quelque prétexte et pour quelques considérations que ce puisse être. »

Il faut encore revenir à l'ordonnance de 1669, art. 32, 33 et 34 ; ils expliquent ce qu'on entend par le *tiercement, demi-tiercement* ou *doublement.*

On peut tiercer pour débouter l'adjudicataire lorsqu'on est certain qu'en le faisant, et malgré l'augmentation de mise par hectares, on est assuré d'un avantage réel dans l'acquisition d'une coupe de bois.

Demi-tiercer, c'est débouter celui qui a tiercé pour débouter l'adjudicataire. Celui qui double, enlève la vente à l'adjudicataire, au tierceur et au demi-tierceur. Il y a peu d'exemples qu'on aille plus haut que de doubler.

La mise de l'adjudicataire doublée, on voit par cet article et l'article 16 qui précède, qu'une vente de bois adjugée à 500 francs l'hectare peut, après l'adjudication, être portée à 750, à 1000, à 1500 fr., et ainsi de suite jusqu'à sa plus haute valeur.

« ART. 16. Le tiercement, même le doublement faits dans le délai ci-dessus fixé, n'empêcheront pas de nouveaux tierceurs ou doubleurs d'être admis, pourvu qu'ils se présentent dans le même délai.

« ART. 17. Les déclarations de tiercemens, demi-tiercemens ou doublemens seront faites au secrétariat du lieu de la vente.

« Ces tiercemens, demi-tiercemens ou doublemens seront signifiés le même jour par un huissier ou garde forestier, au receveur du domaine royal et aux adjudicataires, en parlant à leur personne, ou à domicile, s'il en a été élu, sinon audit secrétariat, par exploit qui contiendra ponctuellement l'heure à laquelle il aura été donné, et les noms de ceux à qui les huissiers ou gardes forestiers auront parlé ; le tout à peine de nullité.

« ART. 18. Le demi-tiercement ne sera reçu que sur le tiercement ; mais on pourra, d'une seule enchère, faire le tiercement et demi-tiercement, ce qui s'appelle *doublement*.

« ART. 19. Les actes duement faits et signifiés, l'adjudicataire sera reçu à y mettre *une simple enchère ;* et sur cette enchère, l'adjudicataire, les tierceurs et doubleurs seront reçus à enchérir les uns sur les autres, entr'eux seulement, pendant quarante-huit heures, à partir du lendemain midi du jour de l'adjudication ; et la vente demeurera au dernier enchérisseur, sans plus revenir.

« ART. 20. Tout tiercement et doublement faits par l'adjudicataire sur lui-même, ne pourront être considérés que comme un supplément d'enchères, et n'empêcheront pas de surenchérir ces tiercemens et doublemens. En ce cas, les offres des enchérisseurs seront signifiées dans le même jour à l'adjudicataire, et le concours d'enchères sera établi entr'eux, ainsi qu'il est ordonné par l'article précédent.

« ART. 21. Dans le cas où aucun des adjudicataires, tierceurs, doubleurs ou enchérisseurs, ne voudraient surenchérir, la vente demeurera à celui qui le premier aura ou tiercé ou enchéri.

« ART. 22. Tous enchérisseurs seront tenus d'*élire domicile dans le lieu où se font les adjudications.* Les actes qui suivront l'adjudication seront valablement signifiés à ce domicile ; faute d'en élire, lesdits actes seront de même valablement signifiés au secrétariat du lieu de la vente. »

On entend par ces mots : *Élire domicile dans le lieu où se font les adjudications,* le domicile d'un notaire, d'un avoué, d'un huissier de la ville où se fait la vente. Mais le négociant qui ne veut point élire de domicile est libre de recevoir les significations qui peuvent lui être faites, au secrétariat même ; mais comme alors il serait obligé de rester en personne sur les lieux, il est plus prudent que, malgré la légère augmentation de frais qu'il lui en résultera, il élise domicile chez un procureur fondé, chargé de le représenter en toutes circonstances.

« Art. 23. Les adjudicataires ne pourront avoir plus de trois associés, qu'ils seront tenus de nommer au secrétariat du lieu de la vente, où ils déposeront une expédition de leur acte d'association et feront leur soumission de satisfaire à toutes les charges de l'adjudication.

« Art. 24. Toute association secrète sera, conformément à la loi, punie de la confiscation de la vente, et d'une amende solidaire, qui ne pourra être au-dessous de 1000 fr. »

On entend par association secrète, celle où plusieurs négocians s'étant donné le mot avant l'ouverture de l'adjudication, ont passé un *acte secret* ou *compromis*, par lequel un seul enchérira. Ces associations sont d'autant plus dangereuses pour l'intérêt du gouvernement, qu'elles peuvent éteindre la concurrence si personne autre que le chef de l'association secrète n'est là pour surenchérir ; lorsque la vente reste à l'un des associés qui veut la garder pour son compte, il paie à chacun de ses co-associés la somme convenue pour obtenir leur silence.

Il ne paraîtra donc pas extraordinaire que la loi ait infligé une amende aussi exorbitante pour ces sortes d'associations ; consulter à cet égard l'article 23 de l'ordonnance de 1669, où l'on voit qu'en outre de la confiscation de la vente et de l'amende de 1,000 francs chacun, ils sont exposés à être *bannis des forêts*, c'est-à-dire expulsés du commerce de l'exploitation des bois du gouvernement et autres communautés.

« Art. 25. Les adjudicataires ont la faculté de renoncer à leur adjudication, jusqu'au lendemain midi, du jour de l'adjudication ; pourvu que les significations, où l'heure sera relatée, en soient faites dans cet intervalle et à domicile, tant au receveur, auquel ils paieront comptant leurs folles enchères et leur part des frais d'adjudication, qu'aux précédens enchérisseurs, qui seront graduellement et successivement subrogés au lieu et place de ceux qui auront renoncé à leurs enchères ; sans que néanmoins cela puisse s'étendre au-delà de la première enchère inscrite au procès-verbal d'adjudication. »

La renonciation à la vente a lieu, de la part de l'adjudicataire, moyennant le prix de sa mise par chaque hectare de bois en adjudication, appelée, dans ce cas, *folles enchères*, et leurs frais d'adjudication, etc.

Cette renonciation peut avoir lieu lorsque, après avoir enchéri et être adjugé sur sa mise, l'adjudicataire s'est assuré que la perte serait réelle ; et dans cette assurance il vaut mieux se tirer *de la rive que du fond*. Ceci peut encore avoir lieu si, par arrangement avec le précédent enchérisseur, on convient de gré à gré de lui renvoyer la vente.

Cette formalité, coûteuse il est vrai, est moins gênante pour le renonciateur que par un acte particulier fait après l'adjudication ; cet acte n'empêchant point que celui à qui la vente a été adjugée soit toujours, lui, ses caution et certificateur de caution, responsables de tout ce qui aurait lieu pour les paiemens, exploitation, vidange de la vente, etc. Il faut se porter, à cet égard, à l'article 41, qui dit positivement que *les adjudicataires et leurs cautions seront jusqu'à décharge définitive considérés comme seuls obligés*.

« ART. 26. Les adjudicataires qui auront révoqué leurs enchères, seront contraints, *par corps*, au paiement de leurs folles enchères ; *il en sera de même de ceux qui seront évincés, faute de fournir*

*caution et certificateur de caution dans le délai pres-
crit.* »

Nous ne ferons que répéter ici ce que nous avons déjà
dit, de prendre des précautions avant la vente, pour
présenter à temps deux personnes solvables, pour
assurer le prix de l'adjudication.

« Art. 27. Chaque adjudicataire sera tenu de
donner, dans les cinq jours qui suivront celui de
l'adjudication définitive, bonne et valable caution
et certificateur de caution ; lesquels pourront être
renforcés, si le cas y échoit, et s'obligeront solidairement avec lui à toutes les charges et conditions de l'adjudication; et aux dommages, restitutions et amendes qu'aurait encourus l'adjudicataire, lors même, en cas d'instance, que les
cautions et certificateurs de cautions n'auraient
pas été mis en cause.

« Art. 28. Ces cautions et certificateurs ne
pourront être reçus que du consentement du receveur général du département ou son fondé de
pouvoir, et du receveur du domaine royal ; l'acte
en sera passé au secrétariat du lieu de la vente.

« Art. 29. L'adjudicataire qui n'aura pas fourni
caution et certificateur de caution dans le délai
ci-dessus prescrit, sera déchu de plein droit de son
adjudication : en ce cas, le receveur du domaine
fera signifier, dans le sixième jour, au pénultième enchérisseur, qu'elle lui est dévolue; et
poursuivra le paiement de la folle enchère contre
l'adjudicataire déchu, ainsi que de sa part des frais
de l'adjudication.

« Art. 30. Si, par suite des renvois successifs,
la vente retourne à l'adjudicataire ainsi déchu, il
ne sera accordé que 24 heures pour déclarer s'il
accepte, et pour fournir caution et certificateur
de caution : à défaut de quoi il sera tenu de payer
la folle enchère, sans autre répétition à sa charge,

et la vente passera de plein droit au précédent enchérisseur, sur la notification qui en sera faite à
celui-ci, par le receveur du domaine.

» ART. 31. Tout enchérisseur qui n'aura pas renoncé à la vente dans les 24 heures conformément
à l'ordonnance de 1669, sera tenu au paiement du
droit d'enregistrement dans les vingt jours de
renvoi.

« ART. 32. Si l'adjudicataire déchu se trouve être
le premier enchérisseur, il sera alors procédé à
une nouvelle adjudication à sa folle enchère.

« ART. 33. Chaque adjudication sera signée sur-
le-champ par tous les fonctionnaires publics présens et par l'adjudicataire ou son fondé de pouvoir.

« Si l'adjudicataire ou son fondé de pouvoir se
trouve absent au moment de la signature, il en
sera fait mention au procès-verbal d'adjudication,
et cette mention tiendra lieu de sa signature. »

Il est bon de faire remarquer ce dernier paragraphe,
afin qu'un adjudicataire ne pense pas qu'ayant fait
une mise, mais n'ayant pas signé l'acte, on ne
peut le contraindre à accepter.

« ART. 34. Tout procès-verbal d'ajudication emporte exécution parée, et la contrainte *par corps*,
contre les adjudicataires, leurs cautions, certificateurs de caution ou autres obligés; tant pour le
paiement du prix principal de l'adjudication que
pour accessoires et frais.

### §. II. *Exploitation.*

« ART. 35. Les adjudicataires ne pourront, à
peine d'être poursuivis comme délinquant, commencer l'exploitation de leurs coupes qu'après
avoir exhibé à l'inspecteur forestier de l'arrondissement l'extrait en forme de procès-verbal de
leur adjudication, ainsi que les autres actes men-

tionnés ci-après aux articles 37 et 43; et justifié par certificat du receveur du domaine royal, qu'ils ont fourni leur cautionnement et les traites acceptées, et satisfait aux paiemens échus, ensemble aux frais d'adjudication. Ce certificat sera enregistré en marge de l'adjudication; l'inspecteur y apposera son *visa*, et délivrera un permis d'exploiter.

« Art. 36. Les adjudicataires remettront ce permis au sous-inspecteur ou garde général, et ils le préviendront du jour où ils se proposeront de placer des ouvriers dans les ventes.

« Art. 37. Il sera fourni à l'adjudicataire, et à ses frais, dans la quinzaine de son adjudication, une expédition du procès-verbal d'assiette de sa coupe, avec le plan.

« Art. 38. Cette expédition, plan compris, sera payée à l'arpenteur 6 fr. pour chaque coupe de dix hectares et au-dessus, et 4 fr. pour une coupe d'une contenance de moins de dix hectares.

« Art. 39. Le permis d'exploiter sera délivré dans le mois de la vente; jusqu'alors l'adjudicataire pourra faire procéder, à ses frais, en présence d'un agent forestier et du garde du triage (1), par deux experts, l'un à son choix, l'autre au choix dudit agent, à la reconnaissance de l'état de la coupe et des délits qui pourraient avoir été commis dans les ventes, et à l'ouïe de la cognée, fixée à la distance de 183 mètres pour le taillis.

« Il en sera dressé procès-verbal particulier pour y avoir recours lors du recolement.

« Ce procès-verbal constatera, outre l'état de la coupe, le nombre des souches qui auront été trouvées, leur qualité et grosseur, et elles seront marquées du marteau de l'agent forestier.

---

(1) La garde d'une vente est répartie entre plusieurs gardes, dont le canton de chacun se nomme *triage*.

« ART. 40. L'adjudicataire, après le permis d'exploiter délivré, ne sera plus admis à requérir de visite ou de souchetage, »

On voit par les articles 39 et 40 que si, avant l'exploitation, l'adjudicataire n'avait pas la précaution de faire constater soit l'état de la vente, qui peut avoir changé même depuis l'adjudication, soit la quantité de délits qui peuvent exister, tout le déficit serait pour son propre compte. Si, au contraire, avant de porter la cognée dans la vente, c'est-à-dire dans le mois après l'adjudication, elle est visitée conformément à ces articles, il reçoit pour le déficit existant une diminution sur le prix de son adjudication. Il doit provoquer ces formalités lorsque surtout il est assuré qu'il a cette diminution à espérer.

Il est prudent cependant qu'après avoir acquis une coupe de bois, l'adjudicataire en fasse faire exactement par le facteur de vente une visite particulière : car si tout est conforme aux plan et contenance de la vente, et s'il n'existe aucun délit, il devient inutile de provoquer cette visite ; il est même prudent de refuser la visite prescrite par l'article 39, qui ne tiendrait qu'à le constituer en frais.

« ART. 41. Les cessions, rétrocessions ou sous-ventes ne pourront être partielles : elles se passeront au secrétariat du lieu de la vente ; et les cessionnaires ou rétrocessionnaires n'exploiteront leurs bois qu'après avoir représenté au sous-inspecteur ou au garde général, extrait de leurs rétrocessions : *néanmoins, les adjudicataires et leurs cautions seront, jusqu'à décharge définitive, considérés comme seuls obligés.* »

Il ne faut pas prendre à la lettre les termes de cet article : il est toujours loisible à un adjudicataire de céder son adjudication à un tiers ; mais à condition d'être toujours en nom avec l'administration, soit pour les raisons de l'exploitation de la vidange, etc. soit pour les paiemens ; c'est ce que la fin de l'article 41 donne à connaître par ces mots : *Néanmoins les adjudicataires et leurs cautions seront jusqu'à décharge définitive* CONSIDÉRÉS COMME SEULS OBLIGÉS.

Voir d'ailleurs ce que nous disons relativement aux rétrocessions, à l'article 25.

« ART. 42. Chaque adjudicataire sera tenu d'avoir un facteur ou garde de vente, qui sera agréé par l'inspecteur ou le sous-inspecteur local : en cas de contestation, il en sera référé à l'agent forestier supérieur. Ce facteur ou garde de vente **sera** ensuite reçu par le juge-de-paix.

« Ce garde ne pourra être parent ou allié de ceux du triage, ou du sous-inspecteur.

« Il ne pourra en aucun temps s'absenter de la vente.

« Il est autorisé à faire des rapports, tant dans la vente qu'à l'ouïe de la cognée.

« Il tiendra un registre sur papier timbré, coté et paraphé par le sous-inspecteur ; il y inscrira, jour par jour, et sans lacune, la mesure et la quantité des bois débités ou vendus, avec les noms et demeure des personnes auxquelles il en aura été livré.

« Ce registre sera représenté aux agens forestiers, visé et arrêté par eux, toutes les fois qu'ils le requerreront.

« Tout adjudicataire de futaie sera, en outre, tenu d'avoir pour chaque vente un seul marteau, dont seront marqués les bois qui en sortiront.

« Ce marteau aura la forme triangulaire.

« Dans la même forêt, il ne pourra y avoir deux empreintes semblables.

« L'empreinte sera déposée chez le sous-inspecteur et au greffe du tribunal de l'arrondissement, où le marteau sera rapporté et brisé après l'exploitation finie.

« ART. 43. Outre les dispositions prescrites par l'art. 35, le permis d'exploiter ne sera, sous aucun prétexte, délivré par l'inspecteur ou le sous-inspecteur, à l'adjudicataire, qu'après que celui-ci lui aura présenté l'acte en forme de la prestation de serment de son facteur ou garde-vente, le registre dudit garde pour être coté et paraphé de suite, et son marteau, avec la déclaration du dépôt de son empreinte au greffe du tribunal : ce qui sera exactement relaté dans le permis.

« ART. 44. Dans les coupes de taillis de peu d'étendue, l'adjudicataire pourra présenter pour garde-vente un de ses ouvriers, qui sera sermenté et autorisé à faire des rapports. »

On voit par les articles 42, 43 et 44, que le garde de vente est l'homme de confiance de l'adjudicataire. Ce garde est ordinairement un homme au fait de l'exploitation ; il est non seulement chargé de tracer les limites aux ouvriers, de leur indiquer les arbres réservés ; mais il est chargé habituellement de faire faire l'exploitation au plus grand profit de celui qui l'occupe et le salarie.

Il est donc utile au commerçant de ne point faire nommer pour son garde-vente un novice dans la partie de l'exploitation, qui l'exposerait à des contestations inévitables avec l'administration des forêts : le garde-vente doit réunir au moins ces deux qualités, *savoir* et *probité*.

« ART. 45. Il ne pourra être établi aucun faulde, ou fourneau pour charbon, qu'aux endroits qui sont indiqués sur le terrain par un agent forestier, et désignés par la marque de son marteau à l'arbre le plus voisin.

« Il sera dressé procès-verbal du nombre et du placement de ces fauldes ou fourneaux, qui seront établis de préférence sur les anciennes places ou sur des places vagues.

« Toute contravention à cet article sera punie par la confiscation des bois et charbons. »

On entend par fauldes ou fourneaux les places habituelles où l'on place le bois destiné à mettre en charbon. Ces fours brûlent et sèchent tellement la terre, qu'il est impossible qu'il y repousse des rejetons, c'est pourquoi on ne peut les choisir à volonté, ni les multiplier.

« ART. 46. Il est défendu à tous adjudicataires, leurs facteurs et ouvriers, d'allumer, sous quelque prétexte que ce soit, du feu ailleurs que dans leurs loges et ateliers.

« Ces loges et ateliers seront désignés par les agens forestiers.

« Les adjudicataires seront personnellement responsables de toute contravention à cet égard, et de tout dommage qui pourrait en résulter.

« ART. 47. Les adjudicataires, à dater du permis d'exploiter, pendant toute la durée de leur exploitation, et jusqu'à ce qu'ils en aient obtenu leur décharge, seront responsables de tout délit forestier commis dans leurs ventes et à l'ouïe de la cognée, si leurs facteurs ou garde-ventes n'en font leurs rapports, lesquels seront affirmés et enregistrés. La remise en sera faite dans les cinq jours au garde général, par la voie du garde du triage.

« Ces rapports ne pourront servir de décharge aux adjudicataires qu'autant qu'ils indiqueront les délinquans.

« Lesdits adjudicataires ne pourront, sous la même responsabilité, chasser ni laisser chasser leurs facteurs et ouvriers dans les forêts. »

Si un arbre défensable a été coupé clandestinement dans la partie de la forêt adjugée, il est utile que le garde-vente suive, s'il se peut, les traces du délit; qu'il tâche de savoir la maison ou le lieu où il a été transporté; et du moment qu'il n'a pas surpris le ou les délinquans, il doit se transporter chez le maire ou l'adjoint de la commune dont dépend la vente, où il soupçonne que le délit a été transporté.

Il peut se faire assister d'un ou de plusieurs des gardes forestiers pour l'aider dans sa recherche : s'ils refusaient il aurait le droit de l'insérer dans son procès-verbal et de les faire punir; mais il vaudrait encore mieux pour l'adjudicataire s'en faire diminuer la valeur sur le prix de l'adjudication, en adressant sa réclamation et le procès-verbal du garde-vente à l'administration.

« Art. 48. Ils ne pourront déposer dans leurs ventes d'autres bois que ceux qui en proviendront, sous peine de confiscation de la totalité de la vente.

« Ils ne pourront également faire aucuns travaux ni enlèvement de bois avant le lever ni après le coucher du soleil. »

A l'égard du dernier paragraphe de cet article, il ne faut point le prendre à la lettre. Toutes les fois que la vidange d'une vente presse, et que les chemins par lesquels passent les voitures sont frayés, on peut obtenir l'extraction des bois, de nuit, surtout lorsqu'il y a de la lune; mais il faut à cet égard en référer à l'agent forestier, qui ne peut manquer d'accorder cette tolérance dès lors qu'il n'y a aucun risque pour les parties de bois non en coupe, que traversent les chemins de vidange.

« Art. 49. La coupe des taillis sera entièrement terminée au plus tard le 15 avril prochain ( c'est-à-dire *suivant*).

« Celle des arbres le 15 mai.

« Les arbres à écorce seront coupés et abattus avant le 15 juin suivant.

« La traite et vidange des taillis au-dessous de vingt-cinq ans, seront terminées le 15 septembre *suivant*, et celle des autres bois avant le 15 avril *après l'hiver*.

« Dans les endroits où le commerce du sabotage et des cercles, ou *autres circonstances locales*, nécessiteraient d'autres délais, il en sera fait une clause particulière de l'adjudication. »

La clause relative à la coupe et vidange du bois est de règle ; il n'y a pas à y déroger, la repousse des bois l'exige. Quant au sabotage et aux cercles, cela dépend des localités et de la quantité de ces marchandises que l'on peut confectionner. Le bois destiné à cet usage est mis en tas dans le cours de l'exploitation, près des loges des ouvriers qui le débitent ; ils peuvent, sous la responsabilité du garde-vente, achever leur travail sur place, mais sans dépasser le terme fixé par l'article particulier du cahier des charges rédigé d'après les localités.

« ART. 50. Tout adjudicataire qui, pour *cause majeure* et *imprévue*, n'aura pu achever la coupe et la vidange dans les termes prescrits, et aura besoin d'un délai, sera tenu d'en faire la demande à l'administration générale des forêts, par l'intermédiaire du conservateur, quarante jours au moins avant l'expiration dudit terme.

« Il joindra une déclaration écrite et signée de lui, de la situation de la coupe à l'époque de sa pétition.

« Les délais, soit de coupe ou de vidange, ne seront accordés que d'après un procès-verbal de vérification dressé sur les lieux par les agens forestiers. Ces délais dateront du jour de l'envoi qui en sera fait à l'inspecteur, à moins que le terme n'en soit fixé par la décision. »

On entend par *cause majeure et imprévue*, les neiges ou les pluies continuelles qui retardent la coupe et le confectionnement du bois ; le dénuement d'ouvriers, le mauvais état des chemins : l'adjudicataire peut, en pareil cas, obtenir un délai, pourvu que ses réclamations soient exposées *dans les quarante jours avant l'expiration du terme fixé* pour achever l'exploitation et la vidange ; sans quoi elles seraient sans succès et causeraient des frais et des dépenses extraordinaires à l'adjudicataire, qui se verrait forcé aux plus grands sacrifices pour achever son exploitation à temps.

« ART. 51. Les ventes seront exploitées à *tire* et *aire* (1); tous les bois coupés à la cognée, et les souches et étocs ravalés au moment de la coupe, le plus près de terre que faire se pourra, de manière que les anciens nœuds ne paraissent aucunement, et sans cependant ni écuisser, ni éclater.

« Les épines, ronces et autres arbustes nuisibles seront nettoyés.

« Avant le 1er juin *prochain* (c'est-à-dire suivant), les adjudicataires seront tenus de relever et faire façonner les ramiers de manière que le rejet n'éprouve aucun dommage.

« Les arbres ne seront point coupés en pivot, mais en talus, de manière que l'eau ne puisse y séjourner; les racines devront rester entières.

« Les adjudicataires ne pourront, sous aucun prétexte, à moins que le procès-verbal d'adjudication n'en contienne la clause expresse, *peler ni écorcer aucun des bois de leurs ventes*.

« Aucun bois ne sera *écorcé sur pied*; les ramiers en provenant seront relevés et façonnés avant le 10 juillet.

« Il est aussi défendu aux adjudicataires d'arracher aucun bois, s'il n'y a clause contraire.

« L'exploitation dans les bois résineux sera faite suivant l'usage des lieux et sans dommage.

« ART. 52. Dans le cas où les adjudicataires n'ex-

---

(1) *A fleur de terre*, à la cognée et sans éclater les souches, de manière que la coupe du bois soit faite à rase-terre, et que les anciens nœuds recouverts et cachés par les coupes précédentes, ne paraissent en aucune manière.

ploiteraient pas leurs coupes conformément au cahier des charges *et aux dispositions des ordonnances et règlemens forestiers*, ils pourront y être contraints aussitôt le délit constaté, sans qu'il soit besoin d'attendre le récolement définitif, à quoi ils se soumettent dès à présent. Il sera toujours libre aux agens forestiers de faire des vérifications ou récolemens provisoires; en cas de contraventions, les poursuites judiciaires auront lieu sur-le-champ. »

On voit d'après cet article la nécessité de connaître la disposition des ordonnances et règlemens forestiers, sans lesquels on peut commettre d'énormes fautes.

« ART. 53. Les *laies* auront un mètre de largeur. »

On appelle *laies*, les tranchées faites par l'arpenteur, pour mesurer les coupes, conformément au procès-verbal d'assiette qui lui a été remis. Ces laies ne doivent pas avoir plus de largeur que les opérations ne l'exigent.

« Les adjudicataires seront tenus de les entretenir et de les receper.

« A mesure de l'exploitation, ils feront enlever les bois qui tomberont sur lesdites laies, afin qu'elles soient toujours libres.

« ART. 54. Les adjudicataires useront leurs ventes conformément aux lois et règlemens, et notamment à l'ordonnance de 1669.

« Ils réserveront les arbres d'assiette, pieds corniers, témoins, parois et arbres de lisière, tous les arbres anciens et modernes, ainsi que les baliveaux de l'âge, marqués de l'empreinte du marteau de l'État, dont le nombre et l'essence se trouvent désignés au procès-verbal de balivage et martelage, et seront rappelés au procès-verbal d'adjudication.

« Dans les jeunes taillis où les baliveaux n'auraient pu, à cause de leur faiblesse, recevoir l'empreinte du marteau, il en sera réservé, sur le choix et le procès-verbal des agens forestiers, cinquante par hectare, *en brins de semence et de pied*, à défaut de la première espèce.

« Il ne pourra, et dans aucun cas et sous quelque prétexte que ce soit, leur être délivré aucun des arbres de réserve, quand même il s'en trouverait un nombre excédant celui porté aux procès-verbaux de martelage et d'adjudication.

« L'adjudication faite, ils ne seront plus reçus à réclamer pour aucun manque d'arbre.

« Ils seront tenus de représenter tous les baliveaux et arbres réservés, lors même qu'ils seraient cassés ou renversés par les vents ou par d'autres accidens.

« Si les arbres étaient ainsi abattus pendant l'exploitation, les adjudicataires seront obligés d'en avertir sur-le-champ les agens forestiers, pour en être marqués d'autres en réserve, et il en sera dressé procès-verbal.

« Dans aucun cas, les arbres abattus ne pourront être donnés à l'adjudicataire en compensation de ceux marqués en remplacement. Ils seront marqués comme chablis, et vendus en forme ordinaire, et il sera fait estimation, à dire d'experts, des arbres nouvellement marqués en réserve, pour rendre indemne l'acquéreur, s'il y a lieu. »

*Chablis, chábles ou caables* signifient la même chose ; ce sont les arbres de haute-futaie abattus, renversés, brisés ou arrachés par le vent, ou tombés de vieillesse ou de pourriture. On appelle communément dans les ventes, *chablis* ou *volis,* les arbres rompus, et ceux que les vents ont couchés à moitié ou aux deux tiers, ou dont les maîtresses branches sont abattues.

On conçoit que ces arbres ne sont point donnés à l'adjudicataire parce qu'ils ne font point partie de son acquisition ; mais les agens forestiers ont le droit de les lui vendre et même de les échanger contre d'autres non abattus et qui faisaient partie de son adjudication, en *l'indemnisant s'il y a lieu*, ou en se faisant indemniser par l'adjudicataire si l'échange est au-dessous.

« ART. 55. Les adjudicataires feront en sorte que les arbres de réserve ne soient pas endommagés par la chute de ceux à abattre. S'il s'en trouvait qui fussent *encroués*, il ne pourra en être disposé qu'après la reconnaissance d'un agent forestier, qui évaluera l'indemnité à payer. Cette indemnité ne pourra être moindre de 30 fr. pour l'arbre moderne, et de 60 fr. pour l'arbre ancien.

« Si l'arbre en étant peut encore profiter, l'agent forestier réglera le dommage.

« L'adjudicataire ou son facteur en signera le procès-verbal, qui sera remis au receveur du domaine royal pour le recouvrement. »

Un arbre est *encroué* lorsque, placé à côté d'un autre désigné pour être abattu, celui-ci tombe sur le premier, et que leurs branches s'entrecroisent de manière à ne pouvoir être séparées sans risquer d'endommager celui de l'administration.

Le bûcheron est presque toujours le maître de diriger la chute de l'arbre qu'il coupe : l'arbre ne se coupant que d'un côté doit tomber de l'autre ou à peu près, à moins qu'il ne soit tellement *courbé* que sa direction à tomber ne soit changée. C'est donc au garde de vente à veiller à ce que les arbres voisins de ceux réservés soient coupés du côté qui leur donne une direction non dommageable ; car ainsi qu'on le voit par l'article 55, l'administration fait payer ces arbres beaucoup au-dessus de leur valeur, afin qu'on use de toutes les précautions nécessaires.

« ART. 56. Les adjudicataires ne pourront, sous aucun prétexte, donner aucun bois en paiement à leurs ouvriers ; et ceux-ci ne pourront en emporter, à peine d'être poursuivis comme délinquans, et condamnés à 100 fr. d'amende.

« Il leur est aussi défendu, et à leurs ouvriers, de ramasser des feuilles et semis. (1)

« ART. 57. Les adjudicataires ne pourront prendre des harts pour lier les bois de débit (2) que dans les coupes qui leur seront adjugées. S'il est reconnu qu'elles ne peuvent en produire suffisamment, il pourra leur en être accordé dans les triages au-dessous de six ans, par l'inspecteur, sur l'estimation, le décime pour franc en sus, dont il sera dressé procès-verbal ; et les ouvriers seront acceptés par lui. (3)

« ART. 58. Il sera libre aux adjudicataires de donner aux bois de leurs ventes la destination qui leur paraîtra la plus avantageuse, en se conformant néanmoins, pour leurs dimensions, à ce qui est prescrit par les lois et règlemens.

« ART. 59. Les arbres marqués pour la marine, dans les coupes assises suivant les procès-verbaux des agens en cette partie, et conformément à l'indication faite dans l'affiche des ventes de l'ordinaire de . . . . , feront partie des adjudications, aux charges, clauses et conditions portées aux treize articles suivans ; et pour les courbes, d'après les dispositions prescrites par l'arrêté du 29 vendémiaire an 11 , ces arbres seront conservés par les adjudicataires pour le service auquel ils sont destinés. Il ne pourra en être distrait au-

_______________

(1) Les semis ou graines des arbres servant à leur reproduction , et les feuilles à leur engrais.

(2) Les fagots , falourdes , etc.

(3) On ne prend pour ces sortes de coupes que les ouvriers qui en ont l'habitude et savent réserver ce qui doit faire partie de la coupe de la vente : tous autres pourraient y faire du tort.

cun, sous les peines portées par les lois, et notamment par l'arrêt du conseil du 23 juillet 1748, contre les contrevenans.

« Art. 60. Les adjudicataires seront tenus de faire abattre et équarrir, sous l'inspection des agens de la marine, les arbres désignés dans l'article précédent; ces arbres seront conduits, aux frais desdits adjudicataires, au port de la rivière flottable la plus voisine, ou au lieu du dépôt qui sera indiqué.

« La distance à parcourir depuis la coupe jusqu'au lieu du dépôt, quel qu'il soit, ne sera pas de plus de trois myriamètres et demi ( sept lieues anciennes ).

« L'abattage des arbres destinés à la marine devra toujours être fait avant le 1er avril ; l'équarrissage imédiatement après, et le transport dans les six mois qui suivront l'abattage.

« Dans le cas où les adjudicataires n'auront pas fait transporter, au lieu de dépôt désigné et dans le délai prescrit, les arbres marqués pour le service de la marine, le transport aura lieu à la diligence des agens forestiers et aux frais des adjudicataires. Le remboursement de ces frais sera poursuivi juridiquement contre l'adjudicataire et ses cautions.

« A l'époque de la vidange de la coupe, les arbres ou pièces de marine, non rendus au dépôt ou port flottable, seront saisis et confisqués dans quelque lieu qu'ils se trouvent , à moins que le défaut de transport ne provienne de force majeure duement constatée.

« Il ne sera délivré de congé de cours qu'autant que les charges relatives à la marine auront été entièrement remplies.

La rédaction claire et précise de cet article ne demande aucun commentaire; seulement nous dirous à l'égard

du sixième paragraphe , que les causes de force majeure sont plus fréquentes pour les bois carrés et
surtout les grosses pièces de marine que pour tout
autre bois , attendu qu'il faut de plus puissans
moyens de charroi, et des chemins moins fon-
driers, plus droits, plus larges, plus libres, etc.
C'est sur quoi doit insister la réclamation de l'adjudicataire, lorsque les hauts temps ont gâté les chemins et retardé le charroi des pièces de marine qui
étaient à sa charge.

« Art. 61. Pour éviter aux adjudicataires les
dépenses d'équarrissage et de transport sur les
arbres qui présenteraient des vices après l'abattage
et l'ébranchement, il sera fait par des agens de
la marine, d'après les ordres généraux donnés par
le ministre de ce département, deux visites des
arbres dont il s'agit ; la première après l'abattage,
la seconde après l'équarrissage. Il sera donné main-
levée des arbres et pièces reconnues viciées aux
adjudicataires, qui pourront alors en disposer à
leur gré.

« Art. 62. Les bois de bonne qualité étant rendus sur un port flottable ou au lieu du dépôt ,
seront livrés par l'adjudicataire au fournisseur de
l'arrondissement indiqué par l'ingénieur de la marine, résidant à . . . . . ., et payés par ledit
fournisseur au stère ( ving-neuf.pieds deux pouces
anciens ), d'après l'état de réception du contre-
maître de la marine, et suivant l'état par espèce
qu'il délivrera à l'adjudicataire ; savoir :

« Le stère de la première espèce.. . 48 fr. 18 c.
« Celui de la deuxième espèce.. . . . 40   88
« Celui de la troisième espèce.. . . . 33   58

« Il sera toujours ajouté à ce prix une prime
d'encouragement pour chaque stère de courbe livré ; savoir :

|                        | Pour les ports de l'Océan. | Pour le port de Toulon. |
|------------------------|---------------------------|-------------------------|
| Première espèce        | 32                        | 14                      |
| Deuxième espèce        | 21                        | 10                      |
| Troisième espèce       | 10                        | 7                       |

*Nota.* Ces prix différens pour les ports de l'Océan et pour le port de Toulon sont établis pour les ventes qui avoisinent la Loire. Ce cahier des charges étant modelé sur celui de la conservation des forêts du septième arrondissement, il ne peut donc servir de règle pour les forêts du levant, du couchant et du midi de la France, où ces primes peuvent être différentes ; elles peuvent varier d'ailleurs en raison de l'augmentation dans le prix des charrois : c'est à quoi l'adjudicataire doit faire attention pour s'en expliquer avant l'adjudication.

*Suite de l'art.* 62. « Seront également ajoutés 3 francs par stère, et par chaque demi-myriamètre ( 5 kilomètres ou lieue ancienne ) de distance au port flottable ou au lieu de dépôt, au-dessus de deux myriamètres et demi ; en sorte que si les bois parcourent 3 myriamètres, on ajoutera au prix ci-dessus 3 francs par chaque stère ; si la distance est de 3 myriamètres et demi, le supplément du prix sera de 6 francs par stère.

« Art. 63. Les fournisseurs de la marine paieront comptant aux adjudicataires, le prix des bois que ces derniers leur auront livrés, savoir, un quart en numéraire au moment de la livraison sur le port flottable ou au lieu du dépôt, et les trois autres quarts par tiers, en lettres de change de trois, six et neuf mois d'échéance.

« Art. 64. Si les lettres de change délivrées aux adjudicataires par les fournisseurs, pour raison des bois de la marine, ne sont pas acquittées à leur échéance, lesdits adjudicataires pourront se pourvoir auprès du ministre de la marine. Ils devront, à cet effet, joindre à leur demande les traites protestées, ainsi qu'un certificat de l'officier de génie maritime, constatant les quantités de bois fournies par espèce; ils seront payés du montant de leur livraison, sur le vu de ces pièces, sans pouvoir être admis, à raison de ces réclamations, à un sursis, ni compenser ces sommes avec le montant de leurs traites.

« Art. 65. Si, après l'adjudication, ou dans le cours des exploitations, les agens de la marine opèrent le martelage d'arbres reconnus propres aux constructions navales, les arbres ainsi marqués seront livrés au fournisseur; mais les dispositions qui précèdent ne s'appliqueront point à ces livraisons; les adjudicataires auront la faculté d'en régler le prix de gré à gré avec le fournisseur ou à dire d'experts, lesquels, s'ils ne s'accordent pas, en choisiront un troisième pour les départager.

« Art. 66. Lorsque les bois marqués avant l'adjudication seront conduits au lieu du dépôt, et que l'adjudicataire en aura prévenu M...., officier du génie maritime, résidant à...., s'il s'est écoulé six mois depuis l'époque du transport, sans que les fournisseurs aient pris livraison des bois, et rempli avec l'adjudicataire les conditions portées aux art. 63 et 64, celui-ci pourra en disposer à son gré, sauf à justifier *d'une manière légale*, que le délai de six mois dont il vient d'être parlé est réellement expiré.

Un an après l'adjudication, à partir de sa date, si les fournisseurs n'ont pas traité du prix des bois marqués *après* l'adjudication pour le service de la marine, il sera libre à l'adjudicataire d'en disposer à son gré.

« Art. 67. Les dispositions des huit articles ci-dessus sont applicables aux bois qui seront marqués pour le service de l'artillerie (1); seulement les arbres seront cubés et transportés en *grume*.

« ART. 68. Indépendamment des arbres destinés pour les constructions navales et l'artillerie, ceux marqués pour merrains de marine avant l'adjudication, seront également réservés par l'adjudicataire.

« ART. 69. Les arbres destinés aux ateliers d'artillerie et à la fabrication des merrains, seront mesurés en grume, au milieu de leur longueur ; le cinquième de la circonférence étant déduit, le quart du surplus formera le côté du carré d'après lequel la pièce sera cubée.

« ART. 70. Tous les arbres marqués pour merrains seront classés dans la seconde espèce du tarif, et payés à raison de 40 francs 88 centimes le stère : la livraison en sera faite en forêt ; et, par ce motif, il sera réduit sur le prix ci-dessus, autant de fois 3 fr. par stère qu'il y aura de demi-myriamètres du lieu de l'exploitation au bord de la rivière, ou au lieu du dépôt déterminé par le cahier des charges, sans que cette diminution puisse excéder 15 francs par stère.

----

(1) Décret du 15 septembre 1809.

ART. 5. Nous accordons à nos ateliers d'artillerie le même privilége sur les bois, que celui dont jouissent les ateliers de la marine. A cet effet, l'artillerie fera marquer, dans toutes nos forêts, les bois qui lui sont nécessaires, et les paiera aux soumissionnaires, au même prix et de la même manière qu'il est d'usage pour le service de la marine.

Le ministre de la guerre veillera à ce que des coupes anticipées soient faites de manière que nos arsenaux soient munis de pièces de rechange de toute espèce, et bien approvisionnés.

« Art. 71. Les arbres marqués pour merrains, pour la marine avant l'adjudication, étant abattus, le contre-maître fera choix de ceux propres au service, et il en dressera un état : le fournisseur sera tenu de prendre livraison de ces derniers arbres, et de souscrire ses engagemens envers l'adjudicataire, conformément à l'art. 63 du cahier des charges. Les arbres rebutés resteront à la disposition de l'adjudicataire.

« Art. 72. L'un des officiers forestiers locaux, ou le garde général du cantonnement, constatera par procès-verbal l'époque de l'abattage des arbres marqués pour merrains, et remettra expédition de cet acte à l'adjudicataire. Si, quatre mois après l'abattage, le fournisseur n'a pas traité avec l'adjudicataire, celui-ci sera autorisé à disposer à son gré des arbres ainsi marqués.

« Art. 73. Lorsque le fournisseur aura traité avec l'adjudicataire, ce dernier sera tenu de faire sortir de la forêt les arbres pour merrains, et de les déposer dans un lieu convenable, afin d'éviter par-là qu'il y ait deux exploitations dans la vente.

Dans tous les cas, si le fournisseur et l'adjudicataire le préfèrent, ils pourront traiter de gré à gré pour la fourniture des merrains. »

Il est quelquefois de l'intérêt de l'une comme de l'autre des parties de traiter de gré à gré, attendu qu'il n'est pas besoin d'une pièce de bois, en entier, à l'usage du merrain. On peut tirer une ou deux billes du gros bout d'un arbre, et faire de la majeure partie restante, impropre à l'usage du merrain de marine, du merrain ordinaire et de la belle moulée ; le merrain des premières billes sera toujours préféré par le fournisseur, et l'adjudicataire trouvera son intérêt à s'arranger de cette manière.

Art. 74. « Seront tenus les adjudicataires, conformément à l'arrêté du 25 fructidor an 11, et au décret du 16 floréal an 13, de faire mettre à part tout le bois de bourdaine, de trois, quatre et cinq ans de crue, qui se trouvera dans leurs ventes, et d'en faire faire des bottes ou bourrées de deux mètres de longueur sur un mètre cinquante centimètres de grosseur.

Le bois de bourdaine est celui destiné à faire le charbon destiné à la fabrication de la poudre. Par l'ordonnance du 4 avril 1686, les arrêts du Conseil du 11 janvier 1789, celui du 23 août 1701 et 7 mai 1709, l'arrêté du gouvernement du 25 fructidor an 11, et le décret du 16 floréal an 13, l'administration des poudres se réserve le bois de bourdaine. L'arrêté du gouvernement du 25 fructidor an 11 ne les faisait prendre que dans un rayon de 6 myriamètres des fabriques de poudre, mais le décret du 25 fructidor an 11 étend cette faculté jusqu'à 15 myriamètres. Ici on voit que par le cahier des charges, l'adjudicataire se soumet à les faire mettre à part et à faire faire des bottes ou bourrées.

La circulaire du 15 vendémiaire an 12, n. 173, règle le mode de paiement des bois de bourdaine, et fixe le prix de chaque botte à 25 centimes. L'adjudicataire en est payé dans les bois de l'Etat à la caisse du receveur des domaines. Ceux des communes, des hospices et des établissemens publics se paient chez les maires des communes ou près des administrations de ces établissemens.

« ART. 75. Le prix en sera payé directement aux adjudicataires par les administrations des poudres, à raison de 30 centimes pour chaque botte ou bourrée. (1)

« ART. 76. La traite des bois se fera par les chemins ordinaires des ventes, sans pouvoir en pratiquer de nouveaux, sous les peines portées par la loi.

----

(1) Ce taux peut varier selon les localités et le prix de la main-d'œuvre.

« ART. 77. Seront tenus les adjudicataires, de curer à vif fond et d'aligner tous les fossés, sangsues, rigoles, glacis et laies qui se trouveront dans l'intérieur et au pourtour de leurs ventes, conformément au procès-verbal dressé par les agens forestiers lors du martelage.

« De tenir les chemins libres dans les ventes, de manière que les voitures puissent y passer librement en tout temps.

« De remplir les trous des scieurs et des ateliers.

« De faire fouir, repiquer et ressemer les places des fauldes et des fourneaux.

« De rétablir et réparer les routes, ponts, ponceaux, bornes, barrières et pierrées, endommagés ou détruits par le passage de leurs voitures et le transport de leurs bois.

« Faute par eux de représenter, lors du recolement, tous ces objets bien réparés, les travaux en seront exécutés à leurs frais, à la poursuite et diligence des agens forestiers.

« Les adjudicataires se soumettent, dès à présent, à en payer le montant aux ouvriers, sur simple mémoire visé par lesdits agens.

« ART. 78. Il est expressément défendu aux adjudicataires, ainsi qu'à leurs voituriers, ouvriers, préposés et autres personnes à leur solde, de faire ni laisser paître leurs chevaux et bestiaux dans les ventes, ni dans les forêts, même d'y conduire des bêtes à cornes sans être muselées, à peine de confiscation desdits chevaux et bestiaux, et de toutes pertes, dommages, intérêts et amendes. »

### §. III. *Récolement.*

« ART. 79. Il sera procédé, sans frais pour les adjudicataires, au récolement de chaque vente, dans les deux mois qui suivront le jour de l'expiration des délais accordés pour la vidange des coupes.

« Art. 80. Les adjudicataires seront tenus de se trouver au récolement pour y représenter. (1)

« 1°. Dans les ventes de taillis, tous les baliveaux de l'âge mis ou marqués en réserve, ensemble les anciens et modernes, les fruitiers, pieds corniers, parois et arbres de lisière ;

• 2°. Dans les ventes de futaie, tous les arbres marqués en réserve ;

« 3°. Dans celles marquées en nettoiement et en jardinant ils représenteront, sur les étocs des arbres exploités, l'empreinte du marteau royal.

« Il leur sera, à cet effet, signifié à leurs frais, à la diligence de l'inspecteur forestier, au secrétariat du lieu de la vente, et dix jours à l'avance, acte contenant indication des jours où se feront le réarpentage et le récolement.

« L'adjudicataire paiera à l'avance, au secrétariat, et par lot de vente, 1 franc 50 centimes pour les citations.

« Faute par eux, ou des fondés de pouvoir de leur part, de se trouver sur les lieux, le procès-verbal de récolement fait par les agens forestiers, sera réputé contradictoire.

« Art. 81. Les adjudicataires qui ne représenteront point tous les arbres mis en réserve, et qui n'auront pas exploité conformément au cahier des charges, encourront l'amende et l'indemnité prescrites par la loi.

« Art. 82. Tous bois sur pied ou abattus, qui se trouveront dans les ventes après les délais de l'exploitation ou de la vidange expirés, seront

---

(1) On peut se faire représenter par un fondé de pouvoir. Le garde-vente même suffit y étant légalement autorisé.

saisis et confisqués au profit du trésor royal ; et les adjudicataires, sans être dispensés de payer le prix entier de leurs adjudications, seront condamnés à une amende proportionnée à la quantité des bois restans. Cette amende ne pourra être au-dessous de 100 francs.

« ART. 83. Les salaires des soucheteurs, s'il en est appelé, soit avant l'ouverture des ventes, soit dans le cours du récolement, seront à la charge des adjudicataires, et fixés à dire d'experts.

« ART. 84. Avant ou pendant le récolement, il sera procédé au réarpentage par un arpenteur forestier, autre que celui qui aura fait le mesurage et l'assiette; mais en présence de ce dernier, s'il n'est légitimement empêché.

« Les adjudicataires pourront y appeler un arpenteur à leur choix, mais à leurs frais; à ce défaut, les procès-verbaux de réarpentage seront aussi réputés contradictoires.

« ART. 85. S'il résulte des procès-verbaux de réarpentage ou récolement des coupes, un excédant de mesure, les adjudicataires s'obligent d'en payer le montant en proportion du prix entier de l'hectare, ensemble le décime pour franc de ce prix.

« S'il y a un moins, ils en seront remboursés dans la même *proportion*, après leur décharge définitive. Il n'y aura lieu à aucune répétition, lorsque le plus ou le moins de mesure n'excédera pas cinq ares.

« Dans aucun cas, on ne pourra prétendre à compenser des moins de mesure avec des excédans.

« ART. 86. S'il se rencontre quelque outre-passe ou entreprise au-delà des pieds corniers, l'adjudicataire sera condamné au quadruple du prix principal de son adjudication à l'hectare et are.

« Si les bois sont de meilleure nature, qualité, et plus âgés que ceux de la vente, il en paiera

5

l'amende et l'indemnité comme pour bois de délit.

« ART. 87. Les adjudicataires ou leurs fondés de pouvoirs signeront les procès-verbaux de récolement ; s'ils s'y refusent il en sera fait mention.

« Dans tous les cas, les droits de timbre et d'enregistrement desdits procès-verbaux seront à la charge des adjudicataires.

« ART. 88. La décharge d'exploitation aura lieu suivant les dispositions de l'article 25 de l'instruction du 7 prairial de l'an 9, et il en sera dressé un procès-verbal conforme au modèle n. 11, annexé à ladite instruction.

« ART. 89. Aucune des clauses ci-dessus ne pourra être réputée comminatoire ; elles seront toutes de rigueur.

« ART. 90. Les adjudicataires se conformeront, au surplus, à l'ordonnance de 1669, et autres lois, règlemens et arrêtés subséquens concernant les forêts, sous les peines y portées.

« Ils se conformeront de même aux clauses particulières du conservateur, ci-après stipulées.

« Le présent cahier des charges générales a été rédigé sur celui délibéré à Paris en conseil d'administration, le 12 juin 1816, approuvé par M. le directeur général et par Son Exc. le ministre des finances.

On doit remarquer par le récolement qu'il a été utile de ne rien négliger de ce que prescrivaient les articles du cahier des charges de la vente. Il est donc utile de se pénétrer de ces articles, de les faire connaître dans le plus grand détail au garde vente chargé de suivre la coupe et la vidange de la vente, pour ne point être exposé à des frais inutiles, à des amendes que l'on ne peut éviter, à des procès presque toujours insoutenables.

D'après l'arrêté des consuls du 19 ventôse an 10, les bois communaux sont soumis au même régime que ceux de l'état, et à la surveillance des mêmes agens. Il en est de même de ceux des établissemens publics, hospices, etc. Voyez la circulaire du 8 germinal an 10, n. 78, et la loi du 9 floréal an 11.

D'après un arrêt de la cour de cassation du 29 mars 1806, *un cahier des charges*, arrêté par l'administration des forêts et approuvé par le préfet, est un véritable *règlement de police*, qu'on ne peut enfreindre sans se rendre coupable d'un délit de la compétence des tribunaux correctionnels.

*Principes consacrés par les lois forestières, et divers arrêts de la cour de cassation.*

Il faut bien se fixer sur ce principe, qu'un cahier des charges est plus qu'une obligation pour l'adjudicataire d'une coupe de bois; chaque article est autant de lois qu'il a à observer rigoureusement, auxquelles il a souscrit, et qu'il s'est imposées.

Les forêts en coupe qui font partie des apanages des princes sont soumises au même régime que les forêts dépendantes du domaine.

La vente d'une coupe de bois est considérée comme vente de *mobilier*. L'action en revendication est *personnelle* et *mobiliaire*, lors même que l'exploitation n'est point commencée.

Une instruction du 21 août 1818 décide que nul ne peut être en même temps *caution*, *certificateur de caution* et *garde-vente* de l'adjudicataire.

Un adjudicataire qui, par suite des lenteurs apportées à la coupe d'une vente par les *renonces* et *renvois*, ne peut exploiter qu'après la saison d'abattre, ne paie ses obligations et traites que comme s'il n'était adjudicataire que pour l'ordinaire suivant. Il paie seulement la valeur d'une feuille dont le bois a profité.

La responsabilité de l'adjudicataire commence à dater du permis d'exploiter.

Les *désistemens* ou *déchéances* doivent être signifiés dans les 24 heures par celui qui renvoie à l'enchérisseur précédent ; après les 24 heures écoulées ce désistement ne peut avoir lieu.

Faute de fournir sa caution dans les huit jours, à partir de celui de l'adjudication, l'adjudicataire d'une coupe en est déchu.

Une décision du ministre des finances, du 19 février 1813, annonce que le demi-tiercement peut être fait jusqu'à midi, le lendemain du jour du tiercement. Une autre du 3 décembre 1817 veut que le demi-tiercement soit signifié dans les 24 heures comme le tiercement lui-même ; que plus tard il soit nul.

Il faut dans la signification du tiercement faire mention de l'heure à laquelle on le fait, *à peine de nullité*.

Une lettre du directeur général des forêts, du 25 octobre 1808, explique clairement ce qu'il faut entendre par doublement, et les clauses à remplir pour cet objet.

Les enchères des tiercemens, demi-tiercemens, doublemens, les uns sur les autres, doivent être reçues pendant 48 heures, à partir du lendemain de l'adjudication d'une coupe de bois. Passé ce temps, la vente reste au dernier inscrit. L'adjudicataire a 24 heures après le tiercement pour enchérir cette mise. Il n'a pas besoin de tiercer pour que la vente lui reste ; faveur qui lui est unique.

Pour élire domicile lors de l'adjudication, un adjudicataire peut le faire ailleurs que chez lui ; mais quant aux délits qu'il peut commettre pendant l'exploitation, il doit être assigné à son domicile réel, et non ailleurs.

On ne peut, dans une vente dans laquelle il a été coupé des arbres réservés, les remplacer par des arbres d'une autre essence.

Dans le cas où il y aurait une plus grande quantité de baliveaux marqués que ceux annoncés dans le procès-verbal de balivage, l'adjudicataire ne devrait point pour cela les couper, mais former un recours contre l'administration forestière, si l'agent forestier refusait de démarquer ceux qui doivent faire partie de la coupe.

Dans le cas où il manquerait des arbres à un adjudicataire, d'après son traité, il ne pourrait les remplacer de son chef, mais réclamer pour obtenir ce remplacement ou une indemnité.

Les conventions, telles quelles soient, verbales ou écrites, non prévues par le cahier des charges, ne sont point obligatoires pour l'adjudicataire; et les poursuites qu'on dirigerait contre lui à cet égard ne peuvent en aucun cas l'être en raison des obligations à son traité.

Les expéditions des plans et procès-verbaux des arpenteurs, remises à l'adjudicataire, sont payées comptant et versées dans la caisse du receveur d'arrondissement et non ailleurs.

L'adjudicataire, son fondé de pouvoir ou cessionnaire, appelé régulièrement, doit être présent au procès-verbal de récolement; autrement il a le droit de le contester. Ce procès-verbal doit faire mention expresse de la citation de sa présence ou du cessionnaire, ou de l'absence de l'un ou de l'autre. Cette citation peut lui être adressée au lieu où il a élu domicile lors de l'adjudication, ou au secrétariat de la sous-préfecture.

Le récolement est réputé contradictoire, et fait foi contre l'adjudicataire lorsqu'il y a été régulièrement appelé, s'il s'est trouvé au commencement, lors même qu'il n'a point resté jusqu'à la fin et signé la clôture du procès-verbal. Dès lors, tout déficit contesté par ce procès-verbal, qui fait foi jusqu'à inscription de faux, peut lui être imputé. Cependant, si l'adjudicataire, quoique présent au commencement du procès-verbal, n'a pas été interpellé de le signer, s'il ne fait pas mention de son refus, il peut demander que la vérification en soit ordonnée. Sa demande légalement faite, le récolement n'est plus réputé contradictoire, et l'opération doit être recommencée de nouveau. Ceci a lieu lorsque l'adjudicataire conteste plusieurs points contraires à ses intérêts.

Si l'adjudicataire forme une demande de *prorogation*, pour l'exploitation ou la vidange de sa coupe, et qu'on ne lui réponde que tardivement, il ne doit point interpréter ce silence en sa faveur, mais presser pour arriver à achever cette exploitation et cette vidange dans les délais prescrits par l'ordonnance de 1669. Il est toujours tenu à toutes les clauses du cahier des charges tant qu'il n'a pas obtenu par écrit l'objet de sa demande.

Les dommages, restitutions et amendes encourues par un adjudicataire entraînent responsabilité de la part des cautions, lors même que ces cautions n'auraient pas été mis en cause lors de l'instance formée contre l'adjudicataire.

Un adjudicataire est personnellement responsable des arbres réservés et marqués qui auraient été abattus par les orages ou autres causes majeures, si, aussitôt que l'accident arrive, il ne le fait constater régulièrement et n'en donne avis aux agens de l'administration forestière.

Une vente qui n'a pas été vidée après le délai fixé pour l'exploitation, entraîne la saisie des bois sur pied et abattus. Il n'appartient qu'aux tribunaux civils de prononcer sur la validité ou la nullité de cette saisie, attendu qu'il n'y a pas ici de délits à punir. L'adjudicataire peut faire annuler toutes poursuites de ce genre formées devant un tribunal correctionnel.

Si une accusation de délits est formée dans le courant d'une exploitation, l'adjudicataire traduit devant le tribunal correctionnel pour réparation de délit, élevant une question préjudicielle, le tribunal en prononçant le renvoi à fin civile, ne peut statuer sur ce délit que si l'action préjudicielle est écartée.

Si un ouvrier commet un délit dans une vente en exploitation, l'adjudicataire en est responsable.

Il y a délit lorsque l'adjudicataire enlève ou fait enlever du bois qui ne fait point partie de son adjudication.

Si un adjudicataire ne fait pas constater les délits faits sur les arbres de réserve, il est regardé lui-même comme délinquant, et peut être traduit au tribunal correctionnel sur procès-verbal du garde forestier. Ainsi, lorsqu'un délit semblable a été commis par un inconnu, le garde-vente doit le constater à l'instant même, et en donner avis à l'administration. ( Voir l'art. 8, titre 9 de la loi du 29 septembre 1791. )

On ne peut déférer aux tribunaux civils les vices d'exploitation imputés à un adjudicataire, les tribuaux correctionnels devant seuls en connaître. L'adjudicataire traduit au civil pour de tels faits peut en décliner la compétence, quelque prétexte qu'on apporte pour y faire juger l'affaire.

Le procès-verbal d'un garde forestier qui n'est point écrit et rédigé de sa main est nul. Cependant, d'après l'art. 1er de la loi du 27 décembre 1790 (voir même le Code d'instruction criminelle), il peut être écrit et rédigé par les fonctionnaires désignés par cette loi (fonctionnaire ayant caractère public). Dans le cas d'omission de l'une ou l'autre de ces formalités, l'adjudicataire peut en demander la nullité, lors même que le garde aurait signé le procès-verbal, et que toute autre formalité aurait été remplie.

De ce qu'un garde a inséré dans son procès-verbal les réponses d'un prévenu de délit qui peuvent compromettre ce dernier, il ne s'ensuit pas que ces réponses ne puissent être démenties par ce prévenu devant le tribunal. Un garde n'étant pas juge, le délit qu'il constate est reconnu jusqu'à inscription de faux. Le prévenu niant les dires insérés dans le procès-verbal, si ce qui reste constaté ne suffit pas pour le condamner, il doit être renvoyé de l'accusation. Ce principe est de la plus grande équité ; le contraire nous paraîtrait arbitraire.

# CHAPITRE III.

## DE L'EXPLOITATION DES VENTES.

*Coupe et abattage des bois.*

La première pensée de l'adjudicataire d'une vente, est de rechercher quel est le parti le plus avantageux qu'il peut retirer de son acquisition, toujours en se conformant au cahier des charges, qui contrarie quelquefois ses intérêts privés, jusqu'à la fin de son opération.

Les ventes de vieilles ou hautes futaies où le bois de charpente domine, lui fourniront encore du merrain, de la latte, quelquefois du bois de sciage, et il trouvera de la moulée et du fagotage dans les branches. Les futaies mélangées de chêne, hêtre, charme, frêne, érable, bouleau, bois blanc, et arbres à fruits, donneront de la charpente, du merrain, de la latte, du sciage, du sabotage et diverses boisselleries.

Enfin les grands taillis et les taillis ordinaires peuvent augmenter ses bénéfices s'ils sont propres à fournir de l'écorce. Nous parlerons plus loin de cette branche de spéculation.

Le moment de la coupe arrivé, rien ne doit arrêter l'adjudicataire : il doit seulement suspendre les travaux pendant les grands vents, de peur que les arbres ne soient renversés à moitié coupés, qu'ils n'éclatent dans leur chute, ou ne s'encrouent en tombant les uns sur les autres.

Il convient aussi de ne pas abattre pendant les

grandes gelées, parce que les bois étant alors beaucoup plus durs, les bûcherons font infiniment moins de besogne et beaucoup plus de dégât, le bois étant disposé à se briser en éclats au lieu de se couper net sous la cognée.

On ne saurait mettre trop de soins quand il s'agit surtout d'abattre de belles pièces de marine ou de charpente, qui, faute de précaution, deviendraient hors de service, ou perdraient du moins beaucoup de leur prix.

Il faut examiner de quel côté l'arbre penche naturellement, et où est le plus grand poids de ses branches pour le faire tomber du côté où le choc sera moins rude, de peur qu'il n'éclate ; il faut encore faire attention s'il n'y a pas quelques branches qui, par leur contour, peuvent être plus précieuses pour la marine que le tronc même. Un habile bûcheron doit déterminer la chute d'un arbre du côté qu'il juge le plus convenable pour en retirer le meilleur profit.

On ne peut trop aussi prendre garde, en abattant un arbre de première qualité, s'il n'y en a pas aux environs quelques-uns qui puissent nuire à sa chute et l'encrouer. Dans ce cas, on doit redoubler d'attention pour éviter cet accident ; et même il est prudent de commencer par abattre les arbres du voisinage, s'ils font partie de l'exploitation. (1)

Pour opérer comme il convient, il faut couper le pied des arbres le plus près de terre qu'il est possible ; *l'ordonnance et le cahier des charges l'exigent d'ailleurs ;* et comme un arbre, surtout s'il est de qualité, doit tomber du côté opposé où il

______

(1) Dans les forêts où il y a de la moulée on coupe d'abord ces arbres pour faire place nette à la chute d'un arbre de charpente.

penche, ce qui évite les éclats et les lardoires, il faut, pour y parvenir, faire de ce côté une entaille qui passe de beaucoup le centre de l'arbre, et du côté opposé faire une seconde entaille qui dirige la chute. Le bûcheron est maître alors de faire tomber l'arbre où il veut.

On ne peut trop apporter d'attention à faire tomber sur son plat un arbre fourchu, afin de ne pas rompre les branches, et même de ne pas faire fendre le tronc dans une longueur assez grande, ce qui le mettrait hors de service. Ces espèces de fourches sont d'ailleurs avantageuses pour la marine, ou pour les courbes de bateaux. Au surplus, ces observations ne sont que pour les gros arbres qu'il est utile de ménager; car, pour l'ordinaire, on abat les arbres par un côté de la futaie, ce qu'on appelle *une orne ;* et même quand ils ne sont pas bien gros, on les fait tomber les uns sur les autres, afin que les troncs ne soient pas endommagés, surtout dans les jeunes futaies, parce que leurs branches ne servant, pour l'ordinaire, qu'à faire du bois à brûler, on ne craint pas qu'elles se rompent ou qu'elles soient forcées.

Il y a encore une autre manière d'abattre, qui est de *pivoter.* Pour faire cette opération, on déchausse le pied de l'arbre, et on coupe toutes les racines, afin qu'il tombe avec son pivot ; s'il se trouve des arbres trop profondément enracinés pour être abattus facilement, on en enlève les racines avec des crics, et on les coupe lorsqu'elles sont tirées de terre. Cette opération est moins expéditive que celle d'abattre à la cognée, conséquemment plus coûteuse ; mais elle donne au moins deux pieds de coupe de plus que l'autre, en sus d'un pivot de trois à quatre pieds. Malgré ces avantages elle est défendue par l'ordonnance (1),

_______________

(1) Excepté pour les chevalets servant à arrêter les

parce que de cette manière on détruirait toutes les souches, et l'on remuerait le terrain dans les endroits peut-être où existe ou d'où doit sortir un rejet.

Cependant, dans certains endroits, lorsque les officiers des forêts veulent favoriser l'adjudicataire, ils permettent, suivant les circonstances et la quantité de gros arbres qui se trouvent dans la vente, de faire pivoter six, huit et même quelquefois dix arbres par arpent. On ne peut qu'applaudir à cette tolérance, et l'on doit même s'y prêter d'autant plus volontiers, que la plus grande partie des souches des gros arbres pourrissent en terre; qu'elles ne peuvent jamais produire de bons recrus; que d'ailleurs les marchands en tirent parti, et que c'est pour eux le seul moyen de pouvoir fournir certaines pièces de bois, telles que les tournans ou arbres des moulins, des jumelles de pressoir, des barres de pertuis, des chevalets sur les rivières flottant à bûches perdues, etc. Il serait à souhaiter que cette manière d'abattre en pivotant fût plus commune, c'est-à-dire qu'elle eût lieu pour tous les arbres dont rien n'engage à conserver la souche. Malgré le préjugé qui fait préférer la cognée à la scie, ce procédé serait infiniment plus économique, puisqu'il conserverait une longueur de 8, 10, 12 pouces qui se réduit en copeaux sous la cognée, et dans le bout le plus précieux de l'arbre. C'est d'ailleurs une erreur de croire que la dent de la scie nuise à la souche et au rejet. L'ébranchage doit se faire immédiatement après la coupe.

L'abattage du cent d'arbres des demi-futaies, gros et petits, se paie 50 sous et 3 francs.

Celui des hautes-futaies coûte le double, quel-

---

flots de bois de moule à bûche perdue, et à former les barres des pertuis.

quefois le triple, et même davantage, à proportion de la grosseur des arbres.

A l'égard des arbres qu'on fait pivoter, c'est-à-dire arracher, on les paie 20 sous, 30 sous, 2 fr. la pièce, selon la grosseur.

Pendant la coupe de la moulée dans les taillis, on met à part les bois propres à faire des cercles, des échalas, etc., et dans les forêts distantes des ports flottables, de 10 à 12 lieues au plus, on coupe aussi des *perches d'avalans*, pour la conduite des trains, et d'autres pièces appelées *chantiers*, qui servent à leur construction.

Les premières se vendent de 75 à 100 francs et plus, le cent; les secondes se vendent à peu près le même prix, le mille, prises les unes et les autres sur place.

Ces deux marchandises, désignées dans le commerce sous le nom *d'étoffes*, sont d'un débit assuré dans l'année. Les entrepreneurs de flottage des environs se rendent sur le lieu de la coupe, et les achètent aux enchères.

Les *harres* ou *rouettes*, dont il sera parlé à l'occasion de la construction des trains, font aussi partie des étoffes, ainsi que tout ce qui sert à la construction. On les coupe en éclaircissant dans les taillis épais, où cette opération introduit l'air nécessaire à la crue des jeunes arbres : mais cette coupe se fait en hiver; car en été elle nuirait à la végétation.

Ces coupes ont lieu par adjudication, sur un cahier des charges particulier, dans les bois de l'état ; mais, dans ceux des particuliers, elles peuvent se faire de gré à gré. Les entrepreneurs de flottage en sont prévenus d'avance.

Les rouettes sont de trois sortes : les rouettes *à coupler*, ce sont les plus grosses ; les rouettes *à flotter*; et les petites *rouettes*. Elles se vendent au mille de bottes, de 50 brins pour les deux premières espèces, et de 100 brins pour les petites rouettes. Les prix de main-d'œuvre varient selon les circonstances.

### *Écorcement des arbres.*

Cette opération doit être faite à l'époque de la sève du printemps, c'est-à-dire du 15 avril au 15 mai, pour les taillis ; et de cette époque au 15 juin pour les futaies. (1)

L'arbre étant encore debout, on le cerne tout autour du pied avec un outil tranchant construit exprès, le plus près de terre possible : faisant alors des saignées perpendiculaires jusqu'à la hauteur de cinq à six pieds, on y introduit un morceau de bois taillé en spatule, avec lequel on détache l'écorce, et on la laisse pendre ainsi par le haut jusqu'à ce qu'elle soit sèche ; après quoi il est aisé d'achever de la détacher pour la mettre en bottes ; mais il faut encore, avant de la botteler, l'entasser en piles à claire-voie, pour qu'elle se dessèche parfaitement.

Les cent bottes de 5 à 6 pieds de long sur 4 à 5 de tour, emploient l'écorce de 6 à 8 cordes de bois, selon l'âge des arbres, les plus jeunes en fournissant davantage ; et coûtent de 20 à 25 francs de façon. Les personnes qui exploitent spécialement cette branche de commerce, si précieuse pour les arts, font charroyer leurs écorces sur les ports, et là les chargent sur des trains de bois, ou les embarquent, le charroi par terre augmentant de beaucoup le coût de la marchandise.

Une loi du 17 juin 1820 fixe les droits à payer au fisc pour l'exploitation des écorces ; et une ordonnance royale de la même année ( 4 octobre ) per-

---

(1) Instruction du 14 juillet 1819, n. 897 du Bulletin des lois.

met cette exploitation par les rivières d'Isère et de Meuse.

### Bois carré ou de charpente.

Avant de traiter cette matière, il n'est pas inutile d'entrer dans quelques détails sur les moyens à employer pour améliorer autant que possible la qualité des bois dont il s'agit, et qui, par l'importance de leurs usages, méritent toute l'attention des physiciens et des naturalistes ; malheureusement ces moyens ne peuvent être le plus souvent tentés ou mis en pratique que dans les propriétés particulières.

Depuis près de cent ans nous avons fait en France sur la coupe des arbres des découvertes qu'il faut tâcher de mettre à profit ; c'est à MM. de Buffon, Duhamel et nombre d'autres physiciens que nous les devons ; leurs expériences nous donnent des fruits à recueillir dont il faut profiter.

Écorcer les chênes dans toute leur hauteur au temps de la sève, et les laisser sécher sur pied, est un des plus heureux moyens qu'on ait trouvé jusqu'aujourd'hui. Les étrangers le mettent en usage. C'est ainsi que depuis que M. de Buffon en a parlé, en 1733, on le pratique dans la plus grande partie de l'Angleterre, et que l'on y trouve des ressources immenses d'économie (1). On sait que ce peuple ne laisse rien échapper de tout ce qui tient à l'invention et au perfectionnement.

Cette manière d'opérer s'est établie aussi en Allemagne (2) ; et les arbres s'en vendent plus cher aux nations qui achètent ailleurs que chez

_______________

(1) Histoire naturelle du docteur Blot, Anglais.
(2) Dictionnaire d'Histoire naturelle, par Bomare, article *Bois*.

elles les bois de marine. D'un autre côté on utilise l'aubier et l'écorce. (1)

Dans les taillis que M. de Buffon faisait exploiter l'hiver, il réservait sur pied les chênes propres à la charpente, les faisait écorcer dans la force de la sève du mois de mai suivant, et dans le mois d'octobre d'ensuite il les faisait couper.

Dans les ventes des bois de l'état, on ne permet de couper les *anciens* et les *modernes* qu'en même temps que le bois destiné à la moulée. Ne serait-il pas possible à l'administration des forêts de faire une première vente de l'écorce des arbres *non réservés*, le mois de mai qui précéderait l'abattage de la totalité de la coupe? Cela donnerait, il est vrai, plus de travail aux agens forestiers, mais aussi le rapport d'une coupe de bois deviendrait beaucoup plus considérable, et le bois de charpente en acquerrait en même temps plus de qualité.

Par l'écorcement, l'aubier se nourrit et acquiert en un an la solidité et la force d'une quinzaine d'années; on gagne d'ailleurs plus d'un sixième sur la force de l'arbre. Pour se convaincre de cette vérité, il suffit d'examiner le résultat des expériences faites en 1733 par le célèbre Buffon. Il fit couper huit arbres de même dimension, dont quatre avaient été préalablement dépouillés de leur

---

(1) En Allemagne, ainsi qu'en Angleterre, on emploie l'écorce du vieux chêne, ainsi que celle des jeunes, pour faire du *tan*. On a le soin d'en retirer ce qui est mort, desséché et couvert de mousse. Pourquoi en France ne fait-on pas usage du même expédient? ce serait un moyen d'épargner les jeunes chênes, ou au moins d'augmenter la quantité de cette marchandise, qui est d'un rapport avantageux par le débit qu'on en fait aujourd'hui.

écorce. Après qu'ils eurent tous été mis à bas et préparés en conséquence de l'opération, par les expériences qui furent faites, on vit que, moyenne proportionnelle, la solive écorcée pesait 245 livres et demie, et rompit sous 8101 livres. La solive non écorcée pesait 235 livres et rompit sous 7352 livres et demie.

On doit donc établir pour principes que le bois le plus fort est le plus lourd, et que la force des bois écorcés l'emporte sur celle des bois non écorcés, dans la raison de 11 à 10. Tout le monde sait que le bois du pied d'un arbre pèse plus que celui du sommet; mais lorsque cet arbre est écorcé et séché sur pied, la proposition change : c'est celui du haut qui est le plus lourd, et conséquemment le plus fort.

Les avantages de la découverte de l'écorcement ne peuvent donc être révoqués, et nous conseillons au propriétaire de bois de l'employer toutes les fois qu'il en aura la facilité.

Les arbres de charpente se trouvent le plus souvent englobés dans les ventes avec plusieurs autres qualités de bois; il est bien difficile d'évaluer, même approximativement, le produit que l'on en pourra retirer après l'exploitation, puisque ce produit est subordonné à la proportion plus ou moins grande des autres espèces de bois.

D'après cela, il est aisé de voir, d'un autre côté, que l'homme qui ne veut spéculer que sur les bois carrés, ne peut les avoir de première main et les exploiter lui-même, à moins qu'il ne s'entende avec l'acquéreur d'une coupe de bois, de manière à prendre pour son compte, à tant la pièce, les seuls arbres qui sont à sa convenance; la moulée, le fagotage, le charbonage, etc. restant alors à l'adjudicataire.

L'abattage des bois de charpente ne présente aucune indication particulière autre que celles dont nous avons parlé au sujet de la coupe de tous les bois qui, n'étant pas destinés à la moulée, méritent d'être ménagés ; mais il faut les équarrir huit ou dix jours après, au plus tard, afin qu'ils sèchent promptement et acquièrent de la dureté.

Un bon charpentier doit manier sa cognée d'une main assurée, afin de ne pas endommager la pièce sur laquelle il travaille, faire suivre autant que possible le copeau d'un bout à l'autre, équarrir son bois uniformément dans toute la longueur, et faire les *arêtes* bien vives. Il doit surtout enlever l'aubier avec soin ; sans quoi les vers ne tarderaient pas à se mettre dans cette substance, dont ils sont friands, et gagneraient bientôt le bois.

Ce n'est qu'après l'équarrissage que la qualité des pièces de charpente peut être évaluée d'une manière à peu près certaine. Leur valeur varie nécessairement selon la qualité et selon la facilité plus ou moins grande des transports, et la distance de la vente aux lieux de consommation.

Un arbre équarri, de 30 pieds de long et de 10 pouces sur 10 pouces d'équarrissage, vaut sur place de 25 à 30 francs ; celui de 20 pieds et de 6 pouces sur 6 pouces, de 18 à 20 francs, et ainsi de suite. (1)

Le charroi de la vente aux ports de ces mêmes bois coûte ordinairement 50 centimes la pièce (72 pouces cube) par lieue.

### *Merrain, lattes, échalas.*

L'exploitation du merrain se fait faire au millier *garni*, et coûte 60, 66 et 70 francs d'exploitation par millier.

---

(1) Les prix des bois augmentent journellement depuis quelque temps ; ceux que nous indiquons ici peuvent être considérés comme terme moyen.

La latte coûte de 5 à 6 francs le millier.

Les échalas de 3 à 3 francs 50 centimes.

Dans les pays où le transport par eau est possible, on flotte le merrain *à bûche perdue* en petite eau, c'est-à-dire en été, lorsque les flots de bois de moule n'ont plus lieu. Arrivé au-devant des ports flottables en trains, on le tire sur ces ports, on l'empile pour qu'il sèche ( moins d'un mois suffit en été ), et ensuite on le flotte en trains jusque dans les pays vignobles, tels d'Auxerre, etc.

Le prix du flottage *à bûche perdue* du merrain ne peut être fixé ; c'est un flottage particulier sujet à des chances et exposé à des avaries que n'a point à craindre le bois de moule ; il est aussi d'une difficulté toute particulière à conduire pour ne point le perdre en route. On peut cependant dire qu'il revient, sauf événemens contraires, à 10 francs le millier. Quant au flottage en trains, il est d'un quart en sus du prix d'un train de bois à brûler ; la conduite est plus payée aussi, par la difficulté à le contenir entre les perches, pendant tout le trajet qu'un train de ce bois a à parcourir, et parce que ceux qui sont chargés de sa conduite sont assujettis à réparer à chaque instant, et à une surveillance et à un travail minutieux et continuel pendant la route. (1)

Pour se mettre en règle avec les riverains et les propriétaires d'usines, il devient utile à celui qui veut flotter le merrain, de connaître la lettre du directeur général des ponts et chaussées au préfet de la Nièvre, en date du 29 octobre 1807, sur les dommages-intérêts auxquels s'exposent envers les propriétaires à qui le flot cause préjudice,

_______

(1) Une vague qui frappe fortement contre une branche de merrain flotté, peut faire sortir en se retirant toute une *mise*, s'il n'est bien serré dans ses chantiers.

les marchands de bois qui, en flottant, ne se conforment pas aux règles prescrites par l'ordonnance de 1672.

On flotte aussi en trains le bois de sciage ; le prix est le même que pour le merrain, et quelquefois moindre.

Tout le monde sait le prix que l'on donne aux scieurs de long pour équarrir et scier une toise de bois. Il en est de même dans les ventes pour les planches de chêne, de hêtre, de cerisier sauvage, cormier, etc. C'est à la toise ordinairement que l'ouvrier fait le sciage, et, dans les pays où il se fait beaucoup de bois de sciage, le prix ne varie pas.

Mais le bois de sciage ne se flotte point à bûche perdue ; on y flotte seulement quelquefois les tables ou planches de hêtre servant aux tables de cuisine, etc., etc., lorsqu'il y en a une quantité suffisante pour en faire un flottage ; autrement, les frais d'eau, de vannes et enfin du nombre d'ouvriers qu'on serait obligé d'employer, dépasseraient la valeur de cette marchandise.

Pour flotter des planches de cette épaisseur (3, 4, 5 pouces), il faudrait en réunir un millier plus ou moins, mais environ, sur un point de la rivière.

La latte et les échalas ne peuvent se flotter à bûche perdue ; mais on les transporte par terre jusque sur les ports flottables. Le prix de ce charroi est de 75 centimes le millier de lattes par lieue, et de 1 franc 50 c. le millier d'échalas.

Le fagotage et les souches coûtant quelquefois autant d'exploitation et de charroi que d'achat, cette marchandise devient souvent très chanceuse, attendu son peu de valeur réelle.

*Bois de moulée.*

Chaque province avait, pour ainsi dire, autrefois ses usages pour la coupe de la moulée ou bois à brûler. Aujourd'hui on la coupe généralement sur 42 pouces de longueur, et, dans quelques forêts, sur 48 pouces ou 4 pieds.

Il est d'usage de faire fendre sur place les bûches qui seraient trop grosses pour être maniées facilement, et celles de certaines essences qui, sans cette préparation, ne pourraient supporter l'action de l'air et les hauts temps, sans se pourrir promptement.

Certaines essences spongieuses ne flottent que très difficilement à bûche perdue si elles ne sont fendues ; il en est qui mettent quatre saisons à parcourir ainsi une distance que les bûches légères parcourent en une seule.

Le hêtre, le bouleau et tous les bois blancs en général ne peuvent ni se conserver, ni être flottés avec facilité s'ils restent en *rondins*. On ne fend cependant ce bois que jusqu'à la grosseur de 8 pouces de diamètre : au-dessous de cette grosseur, on les retire de la moulée pour le charbonnage.

Le bois fendu rend environ un quart de plus que le rondin, parce qu'il tient plus de place dans la mesure ; mais, comme le rondin étant d'un bien meilleur usage est beaucoup plus estimé, on ne doit faire fendre que les bois qui en ont absolument besoin.

Les ordonnances relatives à cette matière s'opposent d'ailleurs à ce que l'on fende le bois de moule trop menu.

On peut consulter, tant sous ce rapport que sous celui de l'empilage, l'arrêt du parlement de Paris ( 30 août 1786 ), intervenu entre les mar-

chands de Paris et les marchands de bois en gros
des rivières d'Yonne, Cure, etc. , dont le père
de l'auteur de ce Traité, nommé dans l'affaire ,
faisait partie, ainsi que l'ordonnance de police du
16 février 1785.

En attendant que les bois à brûler soient extraits
de la vente, on les entasse, pour la facilité du
mesurage, en piles d'un nombre de mètres déterminé de longueur, et d'une ou de plusieurs bûches
de profondeur.

À cet effet, on commence par élever, aux deux
extrémités de la pile, deux *roseaux* qui doivent
être compris dans sa longueur. Ce sont deux espèces de murailles formées de bûches entrelacées
et posées bien d'aplomb, afin que l'édifice ne
croule pas. Les bois sont ensuite rangés bûche à
bûche dans l'intervalle compris entre les deux
roseaux.

Une règle de bois, appelée *pige*, de trois mètres
de long, et étalonnée par l'administration, sert à
mesurer les piles.

Avant l'invention du système métrique, le mesurage adopté dans les ventes et sur les ports
était purement arbitraire, et variait de province
à province. Il en est encore à peu près de même
aujourd'hui jusque sur les ports flottables ou d'embarcation; mais là, les bois sont généralement livrés au décastère ( dix stères ).

Nous avons donc pensé qu'il était indispensable
d'enseigner au marchand de bois les moyens les
plus simples de comparer les diverses cordes de
forêts aux mesures nouvelles, pour pouvoir se
rendre exactement compte de ses opérations.

Les tables jointes à ce volume et extraites de
celle fixée par le ministre de l'intérieur, font
connaître le rapport des cordes anciennes au
décastère, et du décastère aux cordes anciennes,
sur les rivières de Cure , Marne , Ourcq et Morin ;

port de Clamecy, Montargis ; rivières d'Oise, Aisne, Seine et les canaux, Montargis excepté ; Brinon-sur-Armençon, Serrey, Sens, Villeneuve-sur-Yonne, et les ports de cette rivière.

Un adjudicataire peut, au moyen de ces tables, voir de suite ce qu'un nombre de cordes de bois provenant des ventes de différens pays lui produira en décastères, et enfin en doubles stères ou voies, au moyen des autres tables suivantes.

Les bois se mesuraient autrefois dans les chantiers de Paris, à la voie et *à l'anneau*. La bûche ayant alors 3 pieds 8 pouces de long, la voie avait 4 pieds de haut sur 4 pieds de couche, et 3 pieds 8 pouces de profondeur. Aujourd'hui la voie est conservée de nom ; mais elle est en réalité remplacée par le double stère, et la demi-voie par le stère.

Le stère est le mètre cube : ainsi, si la bûche, au lieu d'avoir aujourd'hui 3 pieds 6 pouces, n'avait que 3 pieds et un peu moins de 12 lignes, ou un mètre, la *membrure* ou mesure des chantiers aurait juste un mètre de haut sur un mètre de couche pour le stère, et 2 mètres de couche pour le double stère ou voie.

Mais, comme la bûche a un peu au-delà de 5 pouces de plus que le mètre, un arrêté du 28 fructidor an 7 a déterminé que la différence serait prise sur la hauteur, et que la membrure aurait toujours exactement un ou plusieurs mètres de longueur.

En conséquence le double stère ou la voie des chantiers étalonnée par la préfecture de police, a juste 6 pieds 1 pouce 10 lignes de couche sur 2 pieds 8 pouces 6 lignes de haut ou 2 mètres sur 88 centimètres de haut ; c'est-à-dire environ 8 centi-stères cubes de plus que la voie ancienne.

Pour se rendre compte d'une quantité quelconque de bois sans membrure, il faut multiplier la longueur de la pile par la hauteur, le produit par la longueur de la bûche, et séparer du produit général autant de décimales qu'il y en avait dans les trois facteurs réunis.

EXEMPLE :

Soit une pile de 15$^m$,12 sur 6$^m$,18 ; la bûche ayant 1$^m$,32 , on aura 6$^m$,18 $\times$ 15$^m$,12 $\times$ 1$^m$,32 $=$ 121,3.{2,912 : d'où, retranchant deux décimales par facteur, ensemble six décimales, on aura 121$^m$,34 c. cubes, les autres fractions étant négligées, vu leur peu d'importance.

Soit encore un train de 75 mètres de long sur 0$^m$,80 de flot, dont on veuille évaluer la contenance, il faudra multiplier 75 par 0$^m$,80, et ce produit par 4$^m$,56, longueur des quatre bûches qui composent le train ; en retranchant du produit quatre décimales, on aura le nombre de stères contenus dans le train. Il est bon cependant d'observer que, dans les opérations en grand, la longueur de la bûche n'est évaluée que 1$^m$,12. Ce serait alors par 4$^m$,48 qu'il faudrait faire la dernière multiplication.

Charbonnage.

Le bois destiné à faire du charbon est réuni dans l'endroit le plus vide de la vente, et le plus écarté des arbres et du recru, tant pour éviter les incendies que pour prévenir le dépérissement des jeunes plants.

Là, on creuse selon la quantité de charbonnage, un certain nombre de fauldes ou fosses rondes, au milieu desquelles on plante une grande perche, et que l'on remplit de menus branchages. On empile le bois tout au tour de la perche de manière que le bout de chaque bûche s'y appuie ; et l'on retire cette perche lorsque l'on juge la pile assez élevée.

On jette alors quelques charbons allumés dans le vidé que la perche a laissé au centre : le feu tombant dans le fond de la fosse sur le menu branchage dont elle est garnie, couve quelquefois pendant plusieurs heures ; mais il finit par se communiquer insensiblement de proche en proche, et par gagner toute la masse.

Mais les bois ne laissant point entr'eux d'intervalles par où l'air puisse circuler librement dans l'intérieur, la combustion est très lente, et le charbon *cuit* pendant plusieurs jours. Cependant, si le feu se propage trop rapidement, ce qui réduirait le bois en cendres, ou s'il est à craindre qu'il ne gagne la forêt, on l'étouffe avec de la terre ; et l'on ne découvre le charbon que lorsque l'on est sûr qu'il est parfaitement éteint.

On peut réduire en charbon tous bois impropres à la moulée, pourvu qu'ils aient moins de 6 pouces de circonférence. L'administration des poudres et salpêtres est en droit de s'approprier les bois dits de *bourdaine* nécessaires à sa consommation.

Les fauldes endommageant considérablement le terrain, il est expressément défendu par les règlemens de multiplier sans nécessité les *charbonnières*, et l'on doit autant que possible se servir de celles des années précédentes.

Chaque fourneau à charbon contient ordinairement depuis 15 jusqu'à 25 cordes de bois, ces proportions étant les plus convenables pour que la combustion se fasse d'une manière égale et uniforme.

Une méthode différente de celle des forêts de la Nièvre et autres éloignées de Paris, existe pour les fourneaux à charbon.

On les fait de quatre cordes de bois de charbonnage. Ils ont environ 15 pieds de diamètre. On met environ 3 pouces d'épaisseur de feuilles sur le bois, et par-dessus ces feuilles une couche de terre mouillée. En 24 heures la cuite est faite. Lorsqu'on est certain que le bois est réduit en charbon, on ôte la terre qui est cuite, et on en remet une couche de nouvelle pour l'étouffer : 24 heures après il n'existe plus de feu.

Cette manière coûte plus de travail que celle des grands fourneaux, puisqu'il faut faire une quantité de ces petits fourneaux, et les soigner en même temps ; mais elle a cet avantage qu'il n'y a presque point de fumerons.

En bon charbonnage, chaque corde peut produire quatre *vans* de charbon, et même plus, si la cuite a été bien conduite.

Le van est une mesure de 4 pieds 1 pouce de long ; 2 pieds 4 pouces de profondeur, sur 1 pied 1 pouce de hauteur au collet ( arrêté du 24 prairial an 3 ); 18 vans font 1 muid. Les mesureurs allouaient autrefois à l'acheteur tout le charbon tombé derrière le van ; cet abus a été réformé, et les règlemens prescrivent de mesurer à *plein van*, sans rien ajouter à la mesure sous aucun prétexte.

Les ouvriers chargés de la cuite du charbon l'entreprennent sur le pied de 60 centimes la corde ou de 15 centimes le van ; cette dernière convention convient mieux aux intérêts de l'exploitant, parce que, si la cuite n'a pas été heureuse, il ne paie qu'en raison de la quantité de charbon obtenue.

Sur les ports de l'Yonne, de la Marne, de la Seine, de la Loire et autres rivières à 50 ou 60 lieues de Paris, le charbon vaut environ 1 franc 65 centimes le van ; plus on se rapproche de la capitale, plus cette valeur augmente, en raison du prix plus élevé des bois et de la facilité des transports, qui diminue les frais.

Les charbons destinés pour l'approvisionnement de Paris ne peuvent, non plus que les autres combustibles, être détournés de cette destination. Ils sont déposés sur les ports, et là, chargés en voitures ou sur bateaux. ( Arrêté du 24 prairial an 3.)

Une circulaire de la régie des domaines, du 15 nivose an 6, défend d'insérer dans les cahiers des charges l'obligation pour l'adjudicataire de convertir en charbon telle ou telle quantité de bois.

Un arrêté du Directoire exécutif, du 2 floréal au 6, relatif à la navigation de ce combustible sur toutes les rivières affluentes à la Seine, règle en outre l'arrivage et les tours de vente : il est bon à consulter par les personnes qui se livrent à ce commerce, ainsi que plusieurs autres actes du gouvernement insérés textuellement dans l'ouvrage de Dupin.

Tous les propriétaires de bateaux à charbon destinés à l'approvisionnement de Paris doivent les marquer des initiales de leurs noms et prénoms, et leur donner une devise enregistrée, ainsi que la marque, au bureau de la navigation.

# CHAPITRE IV.

## DE L'ENLÈVEMENT DES BOIS.

*Aperçus statistiques apliqués à l'approvisionnement de Paris.*

La ville de Paris consommait, avant la révolution, année commune, environ 600,000 voies de bois à brûler ( 1,200,000 stères ). Cette consommation est à peu près la même aujourd'hui, malgré l'immense quantité de houille et autres combustibles que l'on emploie, et malgré le perfectionnement des apparreils pyrotechniques.

La consommation des bois carrés pouvait être, année commune, de 20 à 30,000 pièces ; mais, quoique l'on ne puisse pas la connaître au juste, on calcule que depuis 1790 il arrive à Paris, chaque année, au moins quatre fois autant de ces bois qu'il en venait dans le même espace de temps avant cette époque.

Les bois flottés, carrés et autres, tels que sciage, charonnage, lattes, bois d'œuvre et de boissellerie en général, bois à brûler, etc., sont fournis en amont de la Seine, par les départemens de l'Allier, de la Nièvre, de la Côte-d'Or, de Saône-et-Loire, de la Haute-Marne, de la Marne, de l'Aube, de l'Yonne, du Loiret et de Seine-et-Marne ; et en aval, par ceux de Seine-et-Oise et de l'Oise.

Dans le département de l'Allier, se trouve la

Loire, qui conduit les bois par Nevers, la Charité, Cosne, Bonny et Briare, jusqu'au canal de ce nom, qui passe à Châtillon, Montargis, Nemours, et se jette dans la Seine au-dessous de Moret, et sur lequel ils sont embarqués.

Dans celui de la Nièvre sont, au midi, les rivières de Sausai et Beuvron, et le commencement du canal de Nivernais près de Saint-Saulge. A l'est, les ruisseaux du Morvaud, la rivière d'Oussière et ses ruisseaux affluens dans l'Yonne au-dessus et au-dessous de Château-Chinon.

La rivière d'Anguison et ses ruisseaux prenant leur source au-dessus de l'Ormes et se jetant dans l'Yonne à Chitry, près de Corbigny.

La rivière d'Aussoi, prenant sa source sous les murs de l'Ormes, et se jetant en l'Yonne, une lieue en aval au-dessous de Corbigny.

A gauche de l'Yonne sont les ruisseaux de la Collancelle et de Varennes, affluens dans l'Yonne, à l'endroit même et près de la sortie du canal de Nivernais.

Ces ruisseaux et rivières, sur lesquels on ne flotte qu'à bûche perdue, fournissent, avec la Haute-Yonne, un tiers des bois à brûler consommés par la ville de Paris. Cette rivière, qui commence à être flottable à bûche perdue à une lieue et demie au-dessus de Château-Chinon, finit de l'être à Lucy-sur-Yonne, à deux lieues nord au-dessous de Clamecy.

Dans les départemens de Saône-et-Loire, depuis près d'Autun jusqu'à Arnay-le-Duc, il n'y a point de ruisseaux qui affluent soit dans l'Yonne, soit dans la Cure; mais on transporte par terre des rives du couchant de ce département, les bois de moule jusque sur les ports des ruisseaux affluens dans les deux rivières.

La rivière de Cure prend sa source à Gien, entre

Saulieu et Autun, dans le département de la Côte-d'Or; elle passe à Dun-les-Places, à Châtelux, sous Vezelai, à une lieue au midi d'Avalon, à Vermanton, et se jette dans l'Yonne à Cravan, à 4 lieues en amont d'Auxerre. Elle fournit annuellement à l'approvisionnement de Paris, environ 10,000 décastères, dont moitié en bois de hêtre.

La rivière de Cousin, qui prend sa source au-dessous de Saulieu, passe à Rouvret, à une demi-lieue au midi d'Avalon, et va se jeter dans la Cure à Blanay, à 3 lieues en aval de Vezelay. Le principal ruisseau qui afflue dans la Cure est la rivière de Chalot, dont l'étang supérieur est à Detrapis, près de Saulieu. Divers ruisseaux affluent dans la rivière de Cousin, dans le Chalot et dans la Cure, en tête, à droite et à gauche.

La rivière d'Armançon prend sa source à Sainte-Reyne, près de Semur (Côte-d'Or); passe à Montbart, à Ravières, à Tonnerre (Yonne), à Saint-Florentin, à Brinon-l'Archevêque, et se jette dans l'Yonne à deux lieues en amont de Joigny. Cette rivière fournit environ 3 à 4000 décastères par année.

Le ruisseau de Vrain en amont de la Ferté-Lompierre, flotte à bûche perdue, et se jette en l'Yonne à Cezy, à deux lieues en aval de Joigny. Il fournit environ 4 à 500 décastères.

La rivière de Vannes, affluant dans l'Yonne à Sens, flottage à bûche perdue depuis Saint-Mard en Othe (Aube), passe à Flacy, Villeneuve-l'Archevêque, à Clichy, à Pons-sur-Vannes, et de là à Sens. Cette rivière fournit environ 2000 décastères de bois.

La rivière de Seine prend sa source à Saint-Seine, à 5 lieues de Dijon (Ouest); elle flotte à bûche perdue jusqu'à 10 lieues de son embouchure,

et devient de là flottable en trains jusqu'à Paris.
Plusieurs rivières affluent dans la Seine, et flottent à bûche perdue. Cette rivière est fort irrégu-
lière sous le rapport des quantités de bois qu'elle
fournit. Cette quantité ne fut que de 45 décastères
en 1802; elle s'éleva à 7000 en 1813. On peut cependant la porter, terme moyen, à 2500 décastères
par an.

La rivière de Marne prend sa source en amont
de Langres ( Haute-Marne ), passe à Chaumont,
Vignory, Joinville, Saint-Dizier, Vitry-sur-
Marne, Châlons, Épernay, Château-Thierry,
la Ferté, Lagny, et se jette dans la Seine à Charenton. Les rivières qui y affluent sont le ruisseau
de Morin, la rivière de l'Ourcq, et divers ruisseaux flottables à bûche perdue. Il arrive à Paris
environ 3000 décastères de bois de moule de la
Marne, l'Ourcq et leurs affluans.

La rivière d'Oise prend sa source près de Ro-
croy, dans le département des Ardennes; passe
à Guise, Origny, Ribemont, la Ferté, Chauny,
Compiègne (où l'Aisne, qui vient de Clermont
en Argone, vient perdre son nom), Pont, Creil,
Beaumont, Pontoise; et se jette à Maurecourt,
près de Pontoise, dans la Seine. Ajoutons les canaux qui se jettent dans la rivière d'Oise.

On charge les bois en bateau sur ces rivières,
qu'on descend jusqu'à leur affluent dans la Seine,
et ensuite on remonte ce fleuve depuis Maurecourt.

En général, le bois de moule, dit *de Compiègne*, et autres en aval de la Seine, sont regardés
comme moins bons pour le feu.

On ne peut déterminer la quantité d'autres bois
que celui de moule sur ces rivières, parce qu'il dépend des coupes de futaies qui n'ont point de
coupes fixes, que telle ou telle rivière charroie plus

ou moins de bois de charpente, de charronnage, de sciage, etc.

Il est essentiel de connaître pour la police des rivières d'Ourcq et d'Aisne, le règlement du 17 février 1784, qui est d'ailleurs suivi dans une foule de circonstances sur les autres rivières. Passons maintenant à l'examen des divers modes de charrois adoptés pour l'approvisionnement de Paris en combustibles.

### Flottage des bois de moule à bûche perdue.

Avant d'entrer en matière sur cet objet, il est bon de jeter un coup d'œil sur l'organisation des compagnies de marchands de bois flottant.

Ces marchands se divisent en trois classes, savoir : 1°. Le propriétaire de forêts qui exploite par lui-même, et le marchand forain qui achète des coupes de bois pour les revendre. 2°. Le marchand flottant à bûche-perdue. 3°. Le marchand de bois débitant ayant chantier, soit à Paris, soit ailleurs.

Le propriétaire est libre d'exploiter son bois en se conformant aux lois et règlemens des forêts. Le marchand de bois forain n'a besoin que d'une simple patente, et de connaître les ordonnances, statuts et coutumes pour l'exploitation, le charroi et l'empilage de ses bois.

Quand au marchand de bois flottés à bûche perdue sur les ruisseaux et rivières affluans à la Seine et sur cette rivière, il peut aussi, comme le précédent, acheter des coupes de bois, et les faire charroyer sur les ports flottables : mais à partir de ce point, il doit faire partie des compagnies de commerce organisées sous la protection du gouvernement, et agir dans le sens de l'intérêt général; s'il s'en écartait, il s'exposerait à tous les dommages et intérêts résultans de son infraction *aux lois du flottage*, et même à être évincé de la compagnie. Il supporte sa quote part des frais généraux à la charge de la compagnie dont il fait partie.

Chaque marchand de bois flotté a une marque distincte qu'il applique sur le bout de chaque bûche avant de les jeter à l'eau, pour pouvoir reconnaître son bois, lors du tirage qui se fait après le flottage à bûche perdue ; cette marque est taillée en relief au bout d'un marteau d'acier. Il y en a plus de cent espèces différentes prises dans toutes les lettres de l'alphabet moulées et d'écritures, ainsi que dans toutes les figures géométriques, telles que le carré, le triangle, le rond, l'ovale, etc., etc. Quelques unes représentent des outils connus, tels que l'étrille, le fer à cheval, le chenet, la cloche, la bouteille, etc., etc.

Le corps entier des marchands de bois est organisé en autant de compagnies qu'il y a de principales rivières flottables. Chacune d'elles a un agent-général chez lequel sont les registres de toutes les opérations de la compagnie, et où les réunions, sous les dénominations d'*Assemblées générales* (1) de *comités* (2), ont lieu, chaque année, à la Saint-Martin ( 11 novembre ). D'autres agens en sous-ordres sont placés à des distances déterminées pour surveiller les intérêts de la société, et correspondre avec l'agent-général.

Chaque compagnie a encore deux agens spéciaux, chargés des opérations majeures relatives aux réparations de rivières, ruisseaux, écluses, vannes, pertuis, au flottage, etc. ; des gardes-gé-

---

(1) Sur la Haute-Yonne, la Cure , etc.
(2) A Paris ( voyez *Marchands de bois de Paris.* )

néraux d'arrondissement; et des gardes particuliers de cantons pour la recherche des délits, contraventions, et pour tout le détail du flottage. Enfin, des directeurs de ports flottables ou *entrepôts*, pour faire exécuter et surveiller le *tirage*, le *tricage* et l'*empilage* des bois flottés à bûche perdue. Tous ces agens sont soldés par la société.

La compagnie nomme dans son sein un syndic, et quatre commissaires qui lui sont adjoints pour délibérer sur les affaires majeures et d'urgence, dans l'intervalle d'une réunion générale à l'autre.

Les arrêtés des marchands de bois réunis en assemblée générale, doivent, pour avoir force de loi, être homologués par Son Excellence le ministre de l'intérieur. (1)

Les compagnies de commerce ont en commun des propriétés foncières et mobilières qui appartiennent à tous, et ne peuvent être à aucun d'eux séparément. Ces fonds sont des *étangs de flottage*, des *écluses*, des *vannes*, *des pertuis* (2), des *magasins*, etc., etc. Le mobilier consiste en *pièces de bois de charpente*, telles que *chevalets* (3), *champlat-*

---

(1) Autrefois les arrêtés ou requêtes des marchands de bois étaient homologués par le *prevôt des marchands*.

(2) Le gouvernement entre pour un tiers dans la réparation des pertuis, qui sont d'un entretien considérable ; la réparation d'un pertuis peut monter de 60 à 120,000 francs, plus ou moins.

(3) Les *chevalets* sont des arbres déracinés auxquels on adapte deux bras de bois carrés. Ils sont posés en ligne, barrant ainsi la rivière. Les *champlattes* sont des poutres appuyées sur l'un et sur l'autre bras; on grille ensuite avec des perches sur ces champlattes. Les bois venant à flots s'appuient sur ces arrêts et les bois ainsi arrêtés sont retirés sur les ports à droite et à gauche de la rivière au-dessus des arrêts.

*tes*, *perches* et autres bois destinés à divers usages; *vlanches* à bateau, *merrain*, *courbes*; et en *bateaux confectionnés* servant à la conduite des flots, à la confection des arrêts, au pêchage du bois qui échappe de dessus les arrêts, et à tous autres travaux d'un intérêt général; en câbles et autres cordages de diverses grosseurs et longueurs, etc., etc.

Ils ont en fond particulier les bois qui, lors des flots, restent en route au fond de l'eau, depuis les ports où ils ont été jetés jusqu'au lieu du tirage. Leurs diverses marques en font partie.

Lorsqu'un marchand flottant veut se retirer du commerce, il peut vendre ces deux choses qui font partie de son fonds, ainsi qu'un épicier vend le fond de sa boutique.

Tous les travaux de réparations et le flottage à bûche perdue sont donnés en entreprise, au rabais, sur un cahier des charges qui doit être homologué par le ministre de l'intérieur, ainsi que les arrêtés des compagnies.

Pour les travaux d'urgence, elles emploient annuellement des *terrassiers* ou *pionniers*, *charpentiers*, *serruriers*, *maçons*, etc., etc.

Elles ont enfin une comptabilité établie pour les recettes et les dépenses au domicile de leur agent-général.

Le gouvernement entretient un agent sur chaque point central des entrepôts pour surveiller les réparations, le flottage, et pour faire exécuter les ordonnances et règlemens sur l'approvisionnement de Paris en combustibles; cet agent, connu sous la dénomination d'*Inspecteur de la Navigation*, rend compte au commissaire général de la navigation, à la résidence de Paris, et à M. le directeur-général des ponts et chaussées, chargé de cette branche d'approvisionnement, de tout ce qui concerne ses fonctions.

C'est à la fin de septembre que commence le flottage à bûche perdue (1) des ruisseaux de la Haute-Yonne, de ceux de la Cure et autres. Ce bois relevé sur les bords de la rivière, où il est descendu au moyen des courues-d'étangs (2), est rejeté à l'eau lors du flot général qui peut être composé de 50,000 décastères de bois, plus ou moins ( environ 200,000 voies anciennes ).

Mais tous les hivers ne sont pas également favorables à ce flottage, pour lequel il faudrait toujours une eau haute et *marchande*. Si les eaux sont hautes et suivies, le flottage est plus prompt, coûte moins de main-d'œuvre, et arrive en plus grande quantité aux ports de *tirage* et de *mise en état* (3), et chaque marchand devra s'attendre à disposer, dans l'année, d'une plus grande quantité de bois.

Si, au contraire, les pluies ne viennent point alimenter l'eau des ruisseaux et rivières, et si, par contre-coup, les gelées viennent les arrêter, partie du bois de ces petits flots ou du flot général est retenue en route, et tombe à fond d'eau. Alors il faut, lors de la débâcle, faire arriver ce qui surnage encore, et faire retirer en piles grillées, sur les rivages, le bois tombé à fond.

Ce bois retiré est flotté de nouveau lors du second flot général, qui a lieu au mois de mars suivant; flot de moitié, et quelquefois des deux tiers moins considérable que le premier. On l'appelle le *flot de canards*, quoique l'on jette parmi les bois du deuxième flot ceux qui ont été déposés sur les ports pendant l'hiver.

---

(1) Décision ministérielle du 6 fructidor an 9.

(2) On appelle *courue-d'étang* l'eau lâchée des étangs chaque fois qu'ils sont pleins et qu'on les ouvre pour sortir les bois des ruisseaux.

(3) Dépôt, ports où l'on flotte les bois en trains.

Le bois flotté en hiver, en belle eau, se détériore moins, et a plus de valeur que lorsqu'il a langui dans le flottage (1) : c'est pourquoi il faut, autant que possible, profiter du flot d'hiver. Il y a mille raisons pour ne point attendre au second flot lorsque les bois peuvent être tenus prêts pour le flottage du premier.

Sur les petites rivières plus rapprochées des *dépôts*, telles que les rivières de *Sauzay* et *Beuvron*, affluant dans l'Yonne à Clamecy, on *embarque* divers flots communs, dans lesquels se trouvent dix, huit, quatre et quelquefois seulement deux marques, c'est-à-dire, les bois de six, quatre ou même deux marchands ; il y a aussi des flots d'une seule marque, appelés *flots particuliers ;* mais ces flots ne peuvent avoir lieu que lorsqu'il est reconnu que la rivière sur laquelle ils sont embarqués est débarrassée des flots généraux et communs. (2)

Divers règlemens établissent les obligations imposées aux marchands qui embarquent leurs bois en flot *commun* ou *particulier*. Il est inutile de parler ici de ces règlemens locaux connus du marchand de bois aussitôt qu'il fait partie d'une compagnie.

Les bois flottés *à bûche perdue* une fois arrivés au-devant des ports *flottables en trains* ou *dépôts*, les flots généraux et communs, le *tirage* (3), le

---

(1) Le bois se gâte plutôt en eau chaude qu'en eau froide et s'y écorce plus promptement.

(2) Il y a cette différence de *flots généraux* aux *flots communs*, que les premiers sont composés des bois de tous les marchands qui ont des bois sur la rivière, tandis que les autres ne le sont que de ceux de quelques uns d'eux.

(3) *Tirage ;* retirer le bois de l'eau et l'empiler indistinctement à la volée, clairement.

*tricage* (1) et la *mise en état* (2), se pratiquent ainsi.

Les ouvriers sont classés par compagnies de huit et dix hommes disposés sur divers points du rivage, ou *ateliers*, à 20 ou 30 mètres de distance les uns des autres.

Le bois est retiré de l'eau et amoncelé librement en piles claires (3). Deux mois après, ce bois ayant perdu sa plus grande humidité, on trie ou *trique* chaque marque dont on fait des piles séparées.

Le bois d'un flot particulier se tire de l'eau et s'empile en un seul temps.

A la fin de mars, et lorsque tous les bois sont empilés, l'agent-général délivre à chaque marchand l'état du nombre de décastères de bois dont il peut disposer sur tous les ports où le tirage a eu lieu. C'est alors que les marchands de Paris prennent connaissance des diverses qualités de bois arrivés sur les ports, et font leurs approvisionnemens.

Les livraisons sont partielles, et les prix peuvent être différens les uns des autres, chaque marchand étant maitre de fixer celui de sa marchandise.

Les frais d'*écoulage*, de *tirage*, de *tricage* et de *mise en état* des bois de flot, réparations et frais d'administration compris, sont prélevés sur la

---

(1) *Tricage;* prendre bûche par bûche dans les piles de tirage; reconnaitre la marque de chaque marchand, et leur faire à chacun une pile séparée.

(2) *Mise en état;* tricage et empilage de tous les bois du flot achevé, et la reconnaissance faite de la quantité de chaque marchand par l'agent-général.

(3) On nomme cet empilage, *manière accoutumée,* de 3 ou 5 mètres de hauteur suivant la contenance de l'atelier, en piles de travers de 4, 6 et 8 pieds de haut, montées sans autre précaution que de donner de l'à-plomb aux bois pour que ces piles ne versent pas.

masse des bois qui ont flotté, et sont répartis au décastère.

Les bois jetés dans l'Yonne peuvent coûter, *année commune*, du plus-haut ruisseau au plus bas de la rivière ( terme moyen ), 8 francs par décastère.

Sur les rivières de Sauzay et Beuvron, jetage compris ( aussi terme moyen ), 5 francs 50 c. le décastère.

Sur les ruisseaux d'Aron et d'Artel, affluant dans la rivière de Beuvron ( terme moyen ), 8 fr. par décastère.

Sur la rivière de Cure ( terme moyen ), du plus haut ruisseau au bas de cette rivière, 10 francs le décastère.

*Bois canards, et moyen de reconnaître la quantité qu'en a chaque marchand.*

Dès que le bois de flot est retiré de l'eau, on s'occupe sur toute la longueur que le flot a parcouru, à repêcher les *canards*, c'est-à-dire les bûches coulées à fond : ces bois sont ensuite empilés sur les deux rives, en *pilons*, espèces de roseaux peu élevés, et *grillés* ou à claire-voie, afin que l'air puisse circuler librement entre les bûches.

Ce travail est fait par des *cantonniers*, dont chacun a un espace déterminé, ou canton à parcourir.

D'autres ouvriers à la journée descendent ensuite la rivière d'un bout à l'autre, de chaque côté ; et au moyen d'outils à ce destinés, retirent le bois enfoncé dans le sable ou la vase ; cette opération se nomme *regale*.

Les canards retirés et la regale effectuée, deux ouvriers connaisseurs placés l'un à droite, l'autre à gauche de la rivière, comptent, en la descendant, les pilons rangés sur la rive, qu'ils évaluent en même temps en cordes. Cette opération se fait de rejet en rejet, c'est-à-dire de l'embouchure d'un ruisseau à une autre.

A chaque rejet ils donnent le nombre de cordes qu'ils ont comptées à un préposé chargé de déterminer la quote part de chaque marchand dans les bois repêchés.

Ce préposé, après avoir fait mesurer devant lui une corde de bois prise au hasard dans la masse des canards, sans distinction de marque, fait ensuite triquer les bûches une à une, et ranger séparément chaque marque.

Cela fait, et les bûches comptées marque par marque, voici le calcul très simple que fait le préposé :

Soit 600 cordes la quantité de bois canards trouvée par les compteurs ; chaque corde contenant ordinairement environ 180 bûches de toutes grosseurs, et supposé que la corde dont il est question ait fourni, savoir :

$$
\begin{array}{ll}
45 \text{ bûches de la marque} & \text{A.} \\
35 & \text{B.} \\
30 & \text{C.} \\
25 & \text{D.} \\
20 & \text{E.} \\
15 & \text{F.} \\
10 & \text{G.} \\
\end{array}
$$

Total égal. 180 bûches.

Il s'agit maintenant de savoir ce qu'il revient au propriétaire de chaque marque dans cette masse.

La corde contenant, comme il vient d'être dit, environ 180 bûches, chaque bûche représente dans la masse de 600 cordes, environ 3 cordes 3 huitièmes : or,

La marque A ayant 45 bûches, aura $151\tfrac{2}{3}$ cordes.

$$
\begin{array}{lccr}
\text{B} & 35 & & 113\;\tfrac{2}{3} \\
\text{C} & 50 & & 101\;\tfrac{1}{1} \\
\text{D} & 25 & & 84\;\tfrac{1}{4} \\
\text{E} & 20 & & 67\;\tfrac{1}{4} \\
\text{F} & 15 & & 50\;\tfrac{1}{6} \\
\text{G} & 10 & & 33\;\tfrac{3}{4} \\
\end{array}
$$

Total approximatif. $602\tfrac{5}{6}$ cordes.

On voit par cet exemple combien il est facile de déterminer, à très peu de chose près, la masse des bois canards réunis sur les bords de la rivière ; et ensuite combien il en revient sur cette masse à chaque marchand.

Cette manière d'opérer a été inventée en 1785, par M. Feuillet, agent-général de la Haute-Yonne, calculateur distingué, qui mourut avec l'espoir de trouver bientôt la cadrature du cercle, dont il s'occupait depuis plusieurs années.

# CHAPITRE V.

## DU FLOTTAGE EN TRAINS.

*Organisation des compagnies de commerce de bois flottés en train.*

JEAN ROUVET, bourgeois de Paris, conçut le premier, en 1549, et exécuta l'idée d'amener les bois sans le secours de bateaux, au moyen de radeaux auxquels on a donné depuis le nom de *trains*.

En 1656, deux autres marchands de cette ville, nommés Tournouer et Gobelin, avaient imaginé de jeter les bois à bûche perdue dans les ruisseaux : mais arrivés sur les rivières navigables, on les chargeait en bateaux ; moyen beaucoup plus dispendieux, plus embarrassant, et qui ne suffirait plus aujourd'hui à l'approvisionnement de cette immense cité.

Jean Rouvet a donc beaucoup mieux mérité de sa patrie que tant d'hommes dont le bronze a perpétué la mémoire ; et le commerce des bois de Paris a rendu un juste hommage à celle de cet utile citoyen, en plaçant son effigie sur les jetons de la compagnie, avec la légende : *Jean Rouvet, inventeur des flottages en 1549.*

Les marchands de bois de Paris et banlieue sont, ainsi que les marchands à bûche perdue, leurs vendeurs, réunis en compagnie de commerce.

Leur agent-général, chargé du mouvement de toutes les opérations relatives à la masse des marchands, réside à Paris : c'est à son domicile que se débattent les intérêts généraux ; que les dépenses et recettes sont délibérées et effectuées, que sont déposés les registres, archives, et toutes les pièces relatives à la comptabilité.

Ils se réunissent une fois par an en assemblée générale, au domicile de leur agent-général, pour délibérer sur les affaires importantes ; et dans l'intervalle d'une assemblée générale à la suivante, les affaires urgentes sont expédiées par un syndic assisté de huit adjoints, choisis parmi eux.

Comme les compagnies de province, ils ont des agens en sous-ordre ; des commis de ports, des gardes-généraux et particuliers, etc. ; ils possèdent sur divers points, des propriétés mobilières et immobilières qui appartiennent à tous et à aucun en particulier : ce sont spécialement des magasins fournis de tous les ustensiles, agrès et apparaux nécessaires au service courant, ou aux réparations d'urgence ; des *bachots*, etc.

Ils contribuent pour un tiers aux réparations des pertuis qui leur servent en commun avec les marchands de bois à bûche perdue, et pour moitié de ceux qui servent exclusivement au flottage des trains. La ville de Paris, afin d'assurer d'autant ses approvisionnemens en combustibles, supporte le second tiers ou la seconde moitié de ces frais, qui s'élèvent quelquefois à 100 ou 150 mille francs par an.

Les charges ordinaires et extraordinaires, telles qu'honoraires des agens, depuis l'agent-général jusqu'aux simples gardes; salaires d'ouvriers et hommes de peine ; frais de bureau et locations ; entretiens, réparations extraordinaires, etc., sont payées par la compagnie, qui en fait les avances, et remboursés par chaque marchand, au prorata de la quantité de bois qu'il a fait flotter pendant l'année.

Le marchand de Paris n'est donc pas quitte lorsqu'il a empilé ses bois et payé leur charroi jusque dans son chantier ; il faut encore qu'il s'acquitte envers la compagnie dont les soins ont en quelque sorte aplani et préparé la route par laquelle ils ont passé ; qui les a garantis de tous accidens depuis leur point de départ ; enfin qui veille sans cesse sur ses moindres intérêts.

Ces nouveaux frais peuvent être évalués à 3 fr. 50 cent. le décastère, terme moyen ; ainsi si les bois ont coûté 17 francs 50 centimes de flottage, ils auront payé réellement 21 francs, sans compter les entrées et droits de péage.

Quoique les compagnies de flottage à bûche perdue soient tout-à-fait distinctes de celle du flottage en train, cependant beaucoup de marchands de bois de Paris cumulent les deux parties, c'est-à-dire qu'ils achètent les coupes de bois ; les exploitent eux-mêmes ; les font flotter à bûche perdue, empiler dans les entrepôts, et ensuite flotter en train jusqu'à Paris. Ils sont alors obligés de faire partie de cette compagnie, et de celles des rivières sur lesquelles ils exploitent, et de supporter les charges des unes et des autres, puisqu'ils en reçoivent également aide et protection.

Mais on conçoit qu'il devient impossible à l'homme qui embrasse un commerce aussi étendu, d'en surveiller lui-même tous les détails , ce qui exigerait souvent qu'il se trouvât au même instant sur trois ou quatre points différens ; chose évidemment impossible. Il ne peut donc que paraître en quelque sorte aux adjudications pour faire ses achats , et doit avoir sur chaque point central de ses opérations , un agent intègre et intelligent à qui il puisse se confier entièrement.

Ces agens, appelés *facteurs,* se trouvent aisément sur les lieux : leurs attributions sont essentiellement de représenter leur patron en toute circonstance ; de le tenir au courant de tout ce qui peut l'intéresser ; de surveiller les garde-ventes et les ouvriers ; de soigner les charrois ; de tenir surtout la main à ce que l'entrepreneur ne flotte pas ses trains au-dessus de la mesure fixée par les agens de la navigation, selon la hauteur de l'eau : car si pour employer moins d'étoffes il donne à ses trains trop d'épaisseur, il s'expose non seulement à ce que le dépècement en soit ordonné, mais encore à ce qu'ils se trouvent arrêtés sur les *baissierres* ou bas-fonds, ou même ne se brisent.

Les facteurs doivent en outre faire faire le ramassage des bois restés sur les ports par une cause quelconque, après le départ des trains ; les frapper de la contremarque du propriétaire, et les faire empiler jusqu'à ce qu'ils puissent être compris dans un nouveau flottage.

*Construction et conduite d'un train de bois à brûler.*

Un train contient de 18 à 20 décastères ( environ 90 voies de bois ).

Il est composé de deux *parts*, chaque part de neuf *coupons* : chaque coupon, de quatre branches ; et chaque branche, de six *mises* et deux *accoulures*. Chaque coupon ayant environ 4 mètres de long, la longueur totale du train est de 72 à 75 mètres.

Chaque branche nécessite quatre chantiers pour recevoir le bois, et 18 rouettes pour l'assujettir entre ces chantiers ; les 4 branches se lient en un coupon, au moyen de 5 chantiers placés en dessus et en travers, et attachés par 40 petites rouettes ; il faut, en outre, 64 rouettes *à coupler*, pour réunir neuf coupons et en former une part.

Le train étant composé de deux moitiés qui se réunissent et se séparent à volonté, selon que le besoin l'exige, offre deux têtes et deux queues qui, étant destinées à la manœuvre, demandent plus de solidité que tout le reste. A cet effet, on renforce chaque coupon placé en tête ou en queue, au moyen de quatre chantiers et d'une trentaine de rouettes de plus qu'aux autres.

En outre, on donne aux conducteurs trente chantiers appelés *régipeaux*, et une botte de rouettes à coupler pour réparer les avaries qui pourraient survenir en route ; plus six perches d'*avalans* servant à diriger le train.

Rien de plus embarrassant en apparence, et de plus simple en réalité, que la construction d'un train de bois ; six personnes dont chacune a ses attributions particulières suffisent à ce travail, qui se fait sur le bord de la berge, sans toucher l'eau.

1°. Le *flotteur* pose les chantiers de dessous, y place la première mise, pose ceux de dessus, lie les deux premières rouettes, et continue de mise en mise.

2°. Le *tordeur* encoche les chantiers par chaque bout, les apporte au flotteur, et lui présente les rouettes à mesure et après les avoir tordues.

3°. L'*approcheur* prend le bois dans la pile et le brouette sous la main du flotteur.

4°. Le *garnisseur*, lorsqu'une mise est achevée et liée, introduit de force entre les bûches, d'autres bûches minces, afin de remplir tous les vides et de donner au tout plus de solidité ; il se sert pour cela d'une sorte de maillet appelé *pidance* ou *mailloche* ; ce soin est ordinairement confié à un enfant.

5°. Le *compagnon en second* lie trois chantiers sur chaque coupon pour maintenir les quatre branches dont il est formé ; deux autres chantiers de *tête* et de *queue* ou *traversins* ayant été placés par le tordeur.

6°. Enfin le *premier compagnon* réunit et assemble les neuf coupons de chaque part. A mesure qu'une branche est terminée, elle est poussée à l'eau par celle qui la suit, et les diverses parties dont le train se compose flottent déjà lorsqu'on les assemble.

Les compagnons sont les conducteurs du train : une longue habitude, une étude particulière, leur rendent ce travail facile et leur apprennent à braver sans danger tous les écueils. Il y a sans doute du talent à bien construire un train ; mais il n'y en a pas moins à le conduire sans accident pendant 60 à 80 lieues de trajet ; il faut pour cela une adresse toute particulière que la longue habitude peut seule donner.

Les trains de bois carré, de planches, merrain et autres, sont construits d'après les mêmes principes et à peu près sur le même modèle ; ils sont conduits par les mêmes ouvriers.

Le prix de main-d'œuvre pour la confection d'un train est de 25 à 30 francs, répartis entre les quatre premiers ouvriers, au prorata du salaire que mérite le travail de chacun d'eux. Le premier compagnon reçoit, sous le nom d'*ustensiles*, de 15 à 18 francs pour l'assemblage des coupons ; plus 25 à 30 francs pour la conduite du train jusqu'à Paris, en sus de ses journées fixées à 3 francs.

Sur l'Yonne et la Cure, il nourrit à ses frais le jeune homme chargé de gouverner la queue du train, jusqu'au-dessous des pertuis à 4 lieues en aval d'Auxerre. Là, il attache son train à un autre, et renvoie son second compagnon, qui reçoit alors de l'entrepreneur de flottage 15 francs de salaire.

Le maître conducteur d'un train est chargé de payer pour le compte du marchand, dans les endroits de recettes, les droits de navigation, d'octroi et autres frais usagers. Ils sont invariables et connus. Ils montent en total à environ 18 francs.

Arrivé à la garre de la Rapée, au-dessus du pont d'Austerlitz, il fait la remise de son train aux agens de la compagnie du commerce des bois de

Paris, qui, après l'avoir *garré*, remet au conducteur, à titre de décharge, un bon d'arrivage avec lequel il va chez le propriétaire du train réclamer un pour-boire qui est de 3 à 4 francs.

Les bois destinés pour la consommation de Paris paient les droits d'entrée dès leur arrivée à la garre. A cet effet, chaque marchand souscrit, selon la quantité de bois qu'il a reçue, des traites payables à la fin du flottage, c'est-à-dire au mois de novembre suivant.

Les trains qui doivent redescendre la Seine, soit pour alimenter les chantiers du Gros-Caillou et de la Madeleine, soit pour aller dans quelqu'une des communes situées au-dessous de Paris, sont confiés à un entrepreneur-général qui, au moyen d'un prix payé à forfait, se charge à ses frais de les faire conduire à leur destination, à la première réquisition du marchand ; de fournir tous les apparaux nécessaires, et de répondre jusqu'au lieu du tirage, des avaries qu'ils pourraient éprouver, soit en traversant les ponts de Paris, soit autrement.

Cette mesure générale adoptée depuis longtemps, et par laquelle un marchand ne peut faire conduire son train par des hommes à lui, a spécialement pour but de ne pas confier à des mains inhabiles cette manœuvre extrêmement difficile, eu égard aux embarras de toute nature qui obstruent le cours de la Seine ; et de prévenir les accidens graves qui pourraient en résulter, en sorte qu'elle est autant dans les intérêts particuliers du marchand que dans ceux de la chose publique.

L'entrepreneur ne peut employer à cette manœuvre un *avalant* qui ne serait pas reconnu assez fort, assez robuste ; mais surtout assez habile et assez intelligent pour ne laisser aucune inquiétude sur les risques dont il peut humainement répondre.

L'*avalage* de tous les bateaux descendant la Seine est confié au même entrepreneur, à ses périls et risques.

L'entrepreneur de flottage, moyennant un prix convenu par décastère, se charge à ses frais de la confection des trains, de la fourniture des étoffes, de la main-d'œuvre, des journées d'ouvriers, et s'engage, à ses risques et périls, à livrer les bois sains et saufs à la garre de la Rapée; répondant ainsi de toutes les avaries et pertes, hors les cas de force majeure et imprévue. La quotité de ce prix est nécessairement subordonnée à la distance du point de départ des trains, à la garre de la Rapée, et à l'état plus ou moins favorable de la saison : mais on peut l'évaluer, année commune, à environ 17 francs 50 cent. prix moyen, par décastère, tout compris excepté le pour-boire susdit.

Avant qu'il n'y eût des entrepreneurs de flottage, chaque marchand payait à part la construction de ses trains, les faisait conduire à ses frais, et comme il l'entendait; mais il supportait aussi les pertes et les avaries.

La méthode actuelle est infiniment plus commode, mais elle met jusqu'à un certain point le marchand à la discrétion de l'entrepreneur, qui, sous divers prétextes, peut retarder le flottage des trains dont il est chargé, s'il croit y trouver mieux son intérêt, et que d'ailleurs le marchand n'ait pas sur les lieux quelqu'un en état de surveiller les siens.

Au lieu de donner l'entreprise générale du flottage de ses bois au décastère, chaque marchand peut, s'il le préfère, faire son marché par trains.

Un arrêté du commissaire-général de la navigation pour l'approvisionnement de Paris, en date du 27 germinal an 11, défendait même expressément tous marchés pour le flottage au décastère. Mais cette mesure évidemment contraire aux véri-

tables intérêts du marchand, est tombée en dé-
suétude.

*Trains de bois carrés.*

Les trains de bois carrés peuvent être de même
longueur et largeur que ceux de bois de moule,
c'est-à-dire de 220 pieds de longueur, sur 14 pieds
de largeur. Cette largeur ne peut s'étendre davantage sur les rivières où il y a des *pertuis*, dont l'entrée est faite exprès pour les trains de bois de moule,
qui comportent 4 bûches de 3 pieds 6 pouces dans
leur largeur.

La longueur des trains est relative : sur les
rivières d'Yonne, de Cure, de Loire et de Marne,
on risquerait de ne pouvoir faire passer un train
dans les tournans s'il excédait la longueur donnée ;
et les hommes entendus dans cette matière con-
viennent même qu'il serait quelquefois utile de
diminuer cette longueur à l'égard des trains de
bois carrés, qui ont moins d'élasticité et sont plus
difficiles à manœuvrer que les trains de bois de
moule.

On peut d'ailleurs ne flotter qu'à deux tiers,
moitié et même moins d'un *train* ou d'une *bresle* :
la construction est la même, mais la conduite
est plus coûteuse parce qu'il faut presque autant
d'hommes pour la conduite d'une moitié de train
que pour un train entier.

L'épaisseur des trains de charpente varie suivant
la hauteur de l'eau en rivière. En *belle-eau* on flotte
de 20 à 22 pouces d'épaisseur ; en eau moyenne, de
14 à 15 pouces. (1)

______

(1) Arrêt du parlement du 30 décembre 1785.
Art. 14. L'épaisseur de chaque train qui sera fabri-
qué chaque année depuis le 1er juin au 1er novembre
suivant, ne pourra être que de 14 pouces ou de 15
pouces au plus ; il sera audit cas libre aux marchands

Ainsi un train de bois carrés, flotté en *belle-eau*, peut contenir 3 à 400 arbres de toutes dimensions, et il n'en contient que 200 à 250 en eau basse.

Il y a de deux espèces de trains de bois carrés : le *train* proprement dit, et la *bresle*. Le train se fait en assujettissant les bois entre des chantiers avec des rouettes, comme le bois de moule. On peut alors doubler les pièces de bois l'une sur l'autre, pourvu que l'épaisseur de ces deux pièces ne dépasse pas l'épaisseur déterminée en raison de la hauteur de l'eau par les agens du flottage.

Le flottage à la bresle se fait en accolant les pièces de bois l'une à l'autre sans doubler aucunement, et en les liant ainsi au moyen de rouettes passées dans les trous percés dans l'extrême partie de l'écarrissage ; et tout est renforcé avec des chantiers mis en travers en dessus, et liés à chacune des pièces.

---

de faire ajouter un 10e coupon à chaque part (*) de leurs trains, à la charge par eux de faire fortifier lesdits trains dans le milieu par des doubles liens ; et faute par eux de le faire, ils ne pourront, sous tel prétexte que ce puisse être, prétendre ni répéter à titre de grâce seulement, aucune indemnité en cas d'accident.

Art. 16. Quant aux trains qui seront fabriqués depuis le 1er novembre jusqu'au 1er mai de chaque année, l'épaisseur ne pourra être que de 20 pouces ou 22 pouces au plus, et les marchands seront tenus au surplus de se conformer à ce qui est prescrit et ordonné par les articles précédens. (Ces articles ne regardent que le flottage des trains de bois de moule.)

*Nota.* Les bois carrés sont soumis aux mêmes lois pour le flottage que les bois de moule.

(*) Une part est la moitié (séparée) d'un train. Il y a des passages où on est obligé de ne flotter qu'une moitié à la fois, qu'on réunit à l'autre plus loin.

Le breslage est plus solide et moins sujet aux avaries que le flottage en train : il lui est préféré par les négocians expérimentés, particulièrement sur les rivières rapides, étroites et tortueuses. En flottant en train sur ces rivières, ou lors des *eaux fortes* ou grosses eaux, on court les risques de le faire disloquer, de le faire *rompre*, et de perdre partie de son bois, ou au moins la perte du flottage et les frais pour la recherche des pièces séparées et entraînées par le courant. Les mariniers chargés de la manœuvre pendant le cours du trajet que ces radeaux ont à parcourir, maîtrisent plus aisément une bresle qu'un train ; ce mode de flottage est donc infiniment préférable.

Le prix de construction d'un train ou d'une bresle de bois carrés est le même à peu de chose près, malgré qu'il entre plus d'étoffes (de perches et de rouettes) dans un train que dans une bresle ; mais aussi, ainsi que nous l'avons fait remarquer, il y entre plus de pièces de bois.

Le prix de l'un comme de l'autre se compte à la pièce et coûte sur l'Yonne 1 franc 25 centimes tout compris, construction et flottage, rendu à la Rapée.

Sur les rivières plus rapprochées de la capitale, 1 franc.

Ces prix sont fixés à partir du commencement où les rivières de Seine et d'Yonne sont flottables. Il peut donc être moindre si le trajet est moins long à parcourir ; ils augmentent en proportion si le radeau est conduit sur la Seine jusqu'à Rouen, ou à la mer ; et ainsi de même sur la Loire jusqu'au canal de Briare (1), Nantes ou à la mer.

Les bois carrés sont flottables sur toutes les rivières où se flotte le bois à brûler. Ceux qui les

(1) Les bois ne pouvant venir en trains sur ce canal il faut les charger en bateau jusqu'en Seine.

font construire et mener sont ordinairement les entrepreneurs du flottage des bois à brûler, qui ont les étoffes à leur disposition et se chargent des frais et des droits à payer en route. Il serait cependant libre a un marchand de les faire flotter à son compte; mais il en coûterait davantage à celui qui pour 1, 2, et 4 trains de bois carrés voudrait faire l'acquisition des *étoffes* et faire ce flottage à son compte. On en sentira la raison si l'on considère qu'un entrepreneur de flottage qui fait construire annuellement 100, 200 et quelquefois 400 trains de bois flottés, paie les étoffes à prix modéré, et que les ouvriers qu'il emploie annuellement prennent la conduite des bois carrés au même prix que les bois flottés, ou à peu près; ce qu'ils n'accepteraient pas d'un marchand.

### *Flottage des trains.*

Le flottage en train commence vers le 15 mars, c'est-à-dire immédiatement après le flottage à bûche perdue : l'un doit toujours faire place à l'autre. Cependant cette époque peut être modifiée par les agens de l'administration lorsque les circonstances l'exigent; ainsi, par exemple, elle doit être reculée si un hiver trop sec n'a pas permis de terminer à temps le flottage à bûche perdue, tandis quelle peut être avancée si les eaux abondantes ont permis de retirer les bois plus tôt.

Un train flotté en belle eau sur les rivières de Cure et d'Yonne, ne met que de 6 à 8 jours pour arriver à la Rapée; avec d'autant plus de raison qu'il marche alors jour et nuit, excepté dans les endroits périlleux : la longueur du voyage sur les autres rivières est proportionnée à celle du trajet parcouru.

Dans les basses eaux, il peut rester trois semaines

ou un mois en route, parce qu'il ne peut marcher alors qu'au moyen des *éclusées*, qui se font attendre un, deux et trois jours, quelquefois même davantage si les eaux sont très rares, et qui souvent suffisent à peine pour le faire marcher pendant trois quarts de journée.

Les trains de bois lourd flottant en eau basse, ne peuvent souvent point arriver à Paris d'un seul voyage; ils disparaissent peu à peu sous l'eau, et finiraient par couler tout-à-fait à fond si l'on ne prenait le parti de les déchirer à l'endroit où il se trouvent, et de rejetter le bois à terre pour attendre une crue qui permette de les flotter de nouveau. Cette mesure peut être ordonnée par les agens de l'administration lorsqu'il y a danger imminent pour le train.

Au-dessus des pertuis, on est obligé d'attendre les éclusées, pour conduire les trains à travers ces passages; et lorsque l'éclusée est entièrement écoulée, on arrête le train sur le bord de la rivière, au moyen de *fermures*, pour en attendre une nouvelle.

Le public, qui voit journellement descendre des trains sous les ponts de Paris, ne peut se faire une idée des difficultés sans nombre qu'il a fallu vaincre, des travaux immenses qu'il a fallu exécuter, pour les amener sains et saufs au port de la Garre.

Ce n'est point assez de jeter pêle-mêle les bûches dans les ruisseaux qui avoisinent les ventes, pour les charroyer presque sans frais jusqu'aux rivières flottables, ni de les réunir ensuite en radeaux, pour les conduire à leur destination.

Il faut, de plus, des étangs de flottage dont les eaux, lâchées à propos, entraînent avec fracas les bois qui, sans ce secours, encombreraient bientôt le lit des ruisseaux trop faibles pour les porter; et des pertuis qui, barrant à volonté le cours des rivières trop lentes ou peu profondes, fournissent aux trains le volume d'eau qui leur est nécessaire.

Sans ce double moyen, la rareté des eaux rendrait le flottage très difficile dans les saisons sèches, même constamment impossible sur divers points, et l'approvisionnement de Paris en combustible se trouverait très souvent compromis.

Honneur donc aux hommes utiles, chargés de la confection des étangs de flottage, des vannes et des pertuis ! Ignorés de la plupart de leurs concitoyens, mais dignes de toute la considération qui s'attache au mérite réel, on les voit travaillant sans relâche au perfectionnement d'un art précieux, passer tour à tour de l'étude du cabinet à des travaux qui demandent, de leur part, une grande habitude et une expérience consommée, bien plus qu'une théorie de calculs.

Le nom de M. Pouy, dont le père s'est acquis une si grande réputation dans la construction des pertuis, est à peine connu hors de la compagnie des marchands de bois flottans. Cependant, lorsqu'après avoir dressé lui-même le devis et le plan d'un pertuis, il l'a exécuté, le marinier se précipite avec sécurité dans cette espèce de gouffre.

Son fragile radeau, poussé avec violence, s'enfonce perpendiculairement pour ressortir aussitôt du fond de la rivière ; et lui-même disparaît quelquefois sous la vague écumante. Loin d'être effrayé du péril apparent qui le menace, il semble sourire ironiquement aux flots qui bondissent autour de lui : il a fait le signe de la croix avant de s'élancer avec la nappe d'eau qui l'entraîne ; puis il s'est dit : « C'est M. Pouy qui a construit cet abîme ; mon train doit s'y précipiter sans danger d'être brisé, et moi sans crainte de périr. » Il a dit vrai.

On trouve des étangs de flottage à la naissance de tous les ruisseaux qui ne sont que faiblement alimentés par leur propre source. Situés de préférence entre deux collines, ils reçoivent les filets d'eau qui en découlent ; et, lorsqu'ils sont pleins, on les décharge dans le lit du ruisseau, au moyen d'un bondage de deux pieds carrés, plus ou moins, selon l'importance de l'étang.

Les bois étant empilés d'avance le plus près possible des bords de l'eau, on se hâte de les y jeter, et le courant les emporte avec rapidité. Il est difficile de se faire une idée du fracas qui se fait alors, et qui, répété par les échos des montagnes, se modifie de mille manières différentes, et se fait entendre à plusieurs lieues à la ronde.

Quoique la construction ou la réparation des étangs de flottage et pertuis n'ait aucun procédé caché, c'est encore, en quelque sorte, un secret, même pour les ouvriers habitués à faire des étangs à poisson. Il n'y a, jusqu'à présent, que les ouvriers du pays qui aient pu y réussir ; et tous les étangs confectionnés ou réparés par des étrangers n'ont pas tardé à s'ébouler.

*Devis de construction d'un étang de flottage.*

1º. La première pièce est le *sous-gravier*. Il faut six sous-graviers placés en travers sous le bondage. Ces pièces doivent avoir un pied d'équarrissage sur environ 15 pieds de longueur.

2º. Quatre pièces, nommées *plateaux*, forment le dessous du bondage. Elles doivent avoir 18 pouces de largeur, 5 pouces d'épaisseur, et 21 pieds de longueur, sans aubier ; elles sont clouées avec des crosses après les sous-graviers, sur lesquels elles sont placées.

3º. Huit pièces de même dimension, appelées *coussières.* Elles forment les deux côtés du bondage, et sont arrêtées avec des boulons de fer qui les traversent dans leur largeur, et les attachent aux plateaux.

4°. Les *conversiaux*. Ils se placent en travers sur toute la longueur du bondage, appuyés de chaque bout sur une coussière. Ils doivent avoir 4 pieds de longueur, 4 à 5 pouces d'épaisseur et 1 pied de largeur. Il en faut 36 ; on doit observer qu'il ne faut point d'aubier sur les bords.

5°. Les deux bras de l'étang appelés *quenouilles*, entre lesquelles monte et descend la pâle servant à ouvrir et boucher l'étang. Elles doivent avoir un pied d'équarrissage sur 26 à 30 pieds de long. Elles sont plantées ou fichées et mortoisées dans le sous-gravier qui se trouve placé sous la barbe du bondage. Immédiatement au-dessus du bondage est placée une pièce de bois d'un pied d'équarrissage, enclavée dans les quenouilles ; elle se nomme *secrète*.

6°. Une pièce de bois qui couronne les quenouilles, les fixe. A travers la pièce de bois est faite une ouverture pour passer la queue de la pâle. Elle a 6 pieds de long sur 1 pied d'équarrissage, et se nomme *le chapeau*.

7°, *La pâle* et *le paltron*. La première est une pièce de bois de 20 à 30 pieds de longueur, 6 à 7 pouces d'équarrissage, et se nomme la *queue de la pâle*. Le paltron, de la hauteur et largeur de l'avant-bondage, est composé de deux planches de 6 pouces d'épaisseur. Ces planches sont arrêtées avec des crosses après la queue.

8°. *Le chambrage*, espèce d'entonnoir pratiqué en dedans de l'étang, est composé des pièces suivantes : 1°. deux *pieds-de-chat*, ayant chacun 10 pouces d'équarrissage sur 14 pieds de longueur, arrêtés au pied par une mortaise faite dans le sous-gravier situé sous la barbe du bondage ; 2°. les deux grands *liens* de chacun 8 pouces d'équarrissage sur 14 ou 15 pieds de long, arrêtés par le pied dans le sous-gravier situé sous la barbe du glacis et tenant les quenouilles à la hauteur de la chaussée, après lesquelles ils sont arrêtés par des mortoises ; 3°. deux autres liens appelés *liens du milieu*, ayant environ 8 pouces d'équarrissage sur 9 pieds de long, arrêtés par le pied dans le bas des pieds-de-chat, et par le haut dans les quenouilles au-dessous des grands liens ; 4°. deux autres liens de même équarrissage, appelés *petits liens*, de 4 à 5 pieds de long, arrêtés par le pied dans les pieds-de-chat, également arrêtés par le haut après les quenouilles à 4 ou 5 pieds au-dessus du bondage ; 5°. trois pièces de bois, appelées *grands-bras*, appuyées et enclavées dans chaque lien, d'un travers à l'autre du chambrage servant à retenir les liens sous la chaussée. Ces pièces doivent avoir 6 pouces d'équarrissage et 7 pieds de long la plus haute ; celle du milieu, 10 pieds ; et 15 pieds celle du bas ; 6°. deux autres bras, appelés *bras du milieu*, enclavés dans les mortoises des liens du milieu, mêmes dimensions ; 7°. une autre pièce appelée *petit bras*, servant, comme les autres, à soutenir les grands liens ; 8°. les *planches du chambrage* ; elles doivent avoir 2 pouces d'épaisseur. Elles sont clouées avec de petites crosses, d'un bout après les quenouilles, et de l'autre après les grands liens. Elles servent à retenir les terres que soutiennent les pièces après lesquelles elles sont attachés.

*Travaux nécessaires à la construction d'un étang.*

La pionnerie d'un étang servant au flottage exige moins de talens que la charpente, mais plus d'expérience. Les accidens annuels qui arrivent aux étangs instruisent chaque fois les hommes chargés de les réparer ; aussi toutes les fois que des pionniers, étrangers à l'ouvrage des étangs de flottage, ont essayé de faire les réparations, les étangs n'ont pas tardé à crever ou à réclamer des réparations nouvelles. (1)

Je vais donner un aperçu de cet ouvrage, qui ne peut néanmoins être utile qu'à ceux qui veulent s'instruire de la dépense et des soins qu'exige un étang de flottage.

L'argile qui se pétrit le mieux et qui lève en peu de temps, à l'instar de la pâte lorsqu'on la pétrit, doit être préférée. Les gens du pays la distinguent à sa couleur foncée; elle est moins chargée de substance *sableuse* et *sablonneuse*; elle est rare dans le Haut-Morvand, où on en a le plus besoin. On l'amène, après qu'elle a été essayée plusieurs fois par les pionniers, de deux et quelquefois trois lieues.

La chaussée d'un étang se construit avec des terres ordinaires; seulement, pour que les renards ou filtrations ne puissent se faire en dedans, on pratique une fosse sur toute la longueur jusqu'au bondage, dans laquelle on introduit l'argile corroyée. Cette fosse doit avoir 2 pieds ou environ de largeur. Des deux côtés, le glacis est pavé du bas en haut, ce qui non seulement empêche l'éboulement des terres, mais appuie ces mêmes terres, et ne contribue pas peu à la solidité des chaussées.

Le dessus de la chaussée doit ête uni et bombé au milieu; il doit être moins haut sur le bord de l'étang qu'en dehors; ce qui fait que, lorsque

---

(1) En 1812, un nommé Pierre qui avait construit plusieurs étangs à poisson, entreprit de faire la pionnerie du bondage de l'étang de Préperny, au-dessous du prix qu'en demandaient les pionniers du pays. A la troisième courrue l'étang creva, et les bois dont le port et le ruisseau étaient pleins restèrent pour le flot de l'année suivante.

l'étang déborde, la vague arrive sans rien dégrader sur la surface bombée de la chaussée.

On pratique à l'extrémité de l'une des chaussées, et quelquefois même des deux, un déchargeoir de la largeur et de la profondeur que l'on croit utile, suivant que l'étang craint plus ou moins les inondations. Il est utile que ce déchargeoir soit pavé en gros moellons pour que l'eau ne puisse pas le dégrader au-dessous du niveau qu'on lui a donné.

Quant aux terres à poser sur la charpente du bondage, il faut toute l'expérience et le savoir du pionnier pour les disposer et les placer; elles sont, ainsi que l'argile, amenées sur les chaussées; et pendant que dans l'intérieur on arrose et on corroie l'argile, on place les terres où il convient. On ne saurait dire toutes les précautions qu'il faut prendre pour donner à cette opération la solidité qu'elle exige.

L'opération ne réussit bien qu'en été; l'argile se corroie mieux, et les levains acquièrent plus de consistance. Il est rare qu'un ouvrage de cette espèce, fait en hiver, dure long-temps, à moins que le beau temps ne seconde les travailleurs.

Un étang de la dimension telle que nous la donnons ci-dessus peut revenir à 25,000 francs, à plus ou moins, s'il est loin ou près des matériaux.

Il serait à désirer qu'on essayât d'en construire dont le bondage serait en pierre. Un tel étang, confectionné avec tout l'art et toutes les précautions possible, serait un monument durable, et l'approvisionnement de Paris en serait plus assuré. Mais un tel étang ne peut être entrepris que par le gouvernement lui-même, parce qu'il deviendrait trop dispendieux aux compagnies du commerce de bois flotté, d'autant plus que la pierre devrait être d'une qualité supérieure pour résister à la gelée, et que l'art devrait garantir un tel travail beaucoup plus difficile à réparer, s'il était manqué, qu'un étang construit en bois. Il existe un étang à poisson, construit en pierre, dans la Bourgogne, près d'Autun.

### Description d'un pertuis.

Un pertuis est une sorte de canal de 17 à 18 pieds de large sur 60 à 120 pieds de long, ou environ, construit au milieu d'une rivière, pour en arrêter les eaux à volonté, au moyen d'une barre de bois carré, placée en travers au-dessus de l'eau, et le long de laquelle on pose des planches en bout, dont l'extrémité inférieure est retenue dans la première pièce de l'*enfonçure*. Cette eau sert, lorsqu'il y en a suffisamment de retenue, à l'écoulement des trains qui, sans ces moyens, s'arrêteraient sur les *bas-fonds*. Les eaux, ainsi retenues et lâchées par intervalles, se nomment *éclusées*; elles servent aussi pour la navigation des coches et bateaux, lorsque l'eau des rivières est trop basse pour qu'ils naviguent.

Il y a une différence remarquable entre ces écluses et celles que l'on construit sur les canaux; les premières étant faites pour résister à la fureur d'un élément intraitable et à l'ébranlement continuel que leur causent les trains en les traversant; les autres, n'étant point exposées aux chocs d'un courant rapide, n'exigent pas une aussi grande solidité, et n'ont besoin que de fermer assez hermétiquement pour ne pas laisser échapper les eaux.

Tous les pertuis ne sont pas construits sur les mêmes modèles; leur position sur la rivière, le sol sur lequel ils sont assis, la nature des terrains à droite et à gauche où ils sont appuyés, influent beaucoup sur la quantité de bois, de pierres, de ma-

our retenir

çonnerie, etc., etc., etc., que nécessite leur construction. Les plus dispendieux sont ceux qui sont situés entre deux biez de moulins. La nature n'aidant en rien en ces endroits, l'art seul en assure la solidité.

Nous mettrons sous les yeux de nos lecteurs la dépense qu'une construction de pertuis peut occasionner, et nous nous servirons, à cette fin, du *pertuis de Crain*, situé sur l'Yonne, à sept lieues en amont d'Auxerre.

Un sieur Bourlet en reçut les projets et les plans de la direction générale, en 1806. Cet homme, qui n'avait pas les connaissances pratiques de cet art, voulut changer une partie du plan, et risqua, par cette innovation, de compromettre l'approvisionnement de Paris en bois de chauffage. Heureusement que M. Pouy, chargé depuis soixante ans, de père en fils, de ces constructions, fut encore choisi à temps pour prévenir les suites de l'inexpérience de son prédécesseur.

Ce pertuis, qui avait été désigné pour être fait en *palles-planches*, par les ingénieurs des ponts et chaussées, fut, sur les représentations des connaisseurs, décidé en *bois d'épaisseur* ( suivant l'ancien système ).

Il est entré, dans la construction de ce pertuis, environ 17 à 1,800 pièces de bois cubes.

| | |
|---|---|
| Ces bois coûtèrent.. . . . . . . . . . . . . | 21,000 fr. |
| Débit, façon et pose. . . . . . . . . . | 8,500 |
| Déblais, remblais en terre glaise. . . | 2,750 |
| Maçonnerie. . . . . . . . . . . . . . | 2,000 |
| Construction de trois bâtardeaux. . . | 10,000 |
| Fers.. . . . . . . . . . . . . . . . | 2,500 |
| Réparations des écluses . . . . . . . . | 600 |
| Frais de conduite des matériaux. . . | 4,000 |
| | 51,350 |

*Ci-contre.* . . . 51,350 fr.

M. Pouy, pour le parachever, en
reprenant tous les ouvrages man-
qués, dépensa environ. . . . . . . 10,000

61,350 fr.

Nous formons le désir que le gouvernement
vienne un jour au secours des compagnies de
commerce, pour qu'à l'avenir les pertuis soient
construits en pierre d'une qualité convenable, au
lieu de l'être en bois; telle que la pierre de
Chevroche, dont sont construites plusieurs écluses
sur la Haute-Yonne. Outre que cette manière de
construire ménagerait pour la marine et l'approvisionnement de Paris les belles pièces de charpente qu'on y emploie en quantité, ils seraient,
étant construits avec la précaution et la solidité
convenables, d'une plus grande durée; bâtis sur
roches ou sur pilotis, de tels ouvrages dureraient
pendant des siècles.

Les frais de la reconstruction ou de la réparation d'un pertuis sont à la charge des propriétaires de moulins attenans, pour une moitié
depuis celui de Crain en amont, et d'un tiers
depuis Lucy en aval; le gouvernement en prenant
un tiers à son compte, et le reste étant supporté par
la compagnie des flottages en trains.

Que de choses furent faites avant la révolution
pour assurer l'approvisionnement de Paris! Un
milliard ne couvrirait pas aujourd'hui les travaux
qui furent exécutés de la source de mille ruisseaux
à leur embouchure dans les rivières; de la source
de cent rivières affluantes les unes dans les autres,
et les dernières dans la Seine. Des étangs furent
construits en tête des ruisseaux pour conserver
l'eau des sources pour le flottage à bûche perdue;
et dans leur cours et celui des rivières non navigables, des vannes furent construites pour retenir

ces eaux par degrés, afin d'attendre le bois en marche lors des flots ; enfin des écluses, des pertuis pour aider et faciliter le flottage en trains.

Dans ces immenses et précieux travaux nous en feront distinguer trois qui sont l'œuvre du génie inventeur.

L'étang d'Yonne construit en tête et sur la rivière de ce nom, ayant chaussée de face et chaussée de côté ; recevant les eaux des ruisseaux d'amont, lorsque ces ruisseaux ne flottent point les bois ; rejetant cette eau de son sein par une écluse en tête, lorsque les bois flottent sur ces ruisseaux, et coulent à côté de cet étang, dans un ruisseau dont la chaussée de côté sert de berge.

L'étang d'Aron, situé commune de *Crux-la-Ville*, près Saint-Saulge, à six lieues de Nevers, à deux lieues au-dessus de la source de la rivière de Beuvron, affluant en l'Yonne à Clamecy.

Les eaux qui alimentent cet étang et ceux du grand et du petit Chausselas et de Ligny, allaient se jeter dans l'Aron qui afflue en Loire. Le comte *de Damas-Crux*, aïeul de M. le duc de Damas, aujourd'hui premier gentilhomme de M<sup>gr</sup> le Dauphin, imagina de faire une saignée considérable dans le flanc d'une montagne sur la longueur de près d'une lieue, et fit construire cet étang, et les trois de derrière construits au milieu de la forêt, dont les eaux en sortant du bondage, traversent un aqueduc pratiqué entre deux flancs de montagne, entrent alors dans la saignée, traversent une montagne, la descendent en torrent, et viennent se jeter dans la rivière de Beuvron. Nous devons à ces immenses travaux l'approvisionnement pour Paris des beaux bois de ces vastes forêts, qui flottent sur ce ruisseau et produisent quelquefois 20 mille voies de bois en un an.

Le canal de Briare, dont les écluses furent inventées par le seigneur de Saint-Fargeau. C'est sur le modèle de ces écluses que sont construites celles du canal de la Villette ou de Saint-Martin, à Paris.

Nous ne disons rien ici de l'invention et du perfectionnement des pertuis qui est aussi digne de notre admiration, puisque nous en parlons à l'article *Pertuis*.

# CHAPITRE VI.

## DE LA VENTE DES BOIS ET CHARBONS DANS PARIS.

*Chantiers de bois à brûler.*

LORS de l'empilage des bois sur les ports flottables en trains (qui a lieu en hiver), chaque marchand de Paris qui n'exploite pas, se fait rendre
compte par son facteur des diverses quantités,
qualités et prix des bois, soit neufs, soit flottés à
bûche perdue, qui s'y trouvent déposés; et fait
ses achats, soit par lui-même, soit par son facteur s'il ne juge pas à propos de se rendre sur
les lieux.

Les bois sont également livrés de gré à gré,
du vendeur à l'acheteur, ou de facteur à facteur;
ceux-ci stipulent réciproquement les intérêts de
leurs mandataires et font entre' eux les règlemens.

A mesure de la livraison, l'acheteur ou son
fondé de pouvoir frappe de son marteau les plus
grosses bûches des roseaux de chaque pile, afin
que lors du flottage, le facteur ou les ouvriers ne
prennent pas le bois d'un marchand pour celui
d'un autre; ce qui donnerait lieu à des procès
dans lesquels le prétexte d'ignorance ne pourrait
être allégué. Ces méprises sont au surplus impos-
sibles au moyen de la marque susdite.

L'acquéreur ou son facteur s'arrange de suite
avec son entrepreneur de flottage, afin que celui-
ci puisse, à son tour, se mettre en mesure de profiter du moment le plus favorable.

Le marchand doit faire attention de ne pas attendre trop tard pour s'approvisionner, et faire en sorte que les bois soient flottés au printemps plutôt qu'en automne; car le flottage peut en être très difficile, si la saison a été sèche et chaude; et il serait à craindre qu'il ne pût jouir de sa marchandise dans le moment le plus avantageux pour lui; d'un autre côté, les bois arrivés sur la fin de l'automne, n'ayant pas eu le temps de sécher, seraient d'un très mauvais usage et perdraient de leur prix.

Les principaux assortimens de bois que l'on trouve dans les chantiers bien fournis de Paris, sont :

Le bois neuf, venu par charrette ou par bateau : on ne transporte ainsi que les essences choisies ; chêne, charme, hêtré, orme, etc.

Le bois *plard*, neuf ou *flotté*; c'est celui que l'on a écorcé pour faire du tan.

Le bois *lavé* ou à demi flotté ; c'est un bois de mêmes essences que le bois neuf, qui étant venu par trains en peu de jours, et ayant été lavé bûche à bûche au moment du tirage, pour le dépouiller du limon, ne diffère presque aucunement du beau bois neuf. Il est d'ailleurs tout aussi bon, et quelquefois meilleur que ce dernier, selon la vente d'où il sort, si l'écorce tient fortement au bois. Les bois de Cesy, Sens, et autres lieux voisins de Paris, flottés à bûches perdues, puis lavés et mis en bateau, font partie des bois lavés : on en consomme fort peu de réellement neufs.

Le bois *gravier* est du bon bois flotté, chêne et charme, qui a séjourné plus long-temps dans l'eau que le précédent, et n'a pas été lavé.

Le bois *flotté* proprement dit, est le moins estimé de tous, ayant perdu presque toute son écorce par un séjour prolongé dans l'eau. Il est composé de plusieurs essences, et se divise principalement en *bois gris*, *traverse* et *bois blanc*. On appelle traverse, le bois de hêtre ou de charme dépouillé dé son écorce ; bois gris ou blanc, celui qui est de l'une ou l'autre couleur.

Le bois neuf qui se vend à Paris se distingue sur les ports en *bois de corde* et *bois de compte*. Le bois de corde, connu autrefois sous la dénomination de bois de *moule*, a 18 pouces de circonférence, et se mesurait comme il a été dit, dans un anneau de fer appelé *moule*, qui avait 6 pieds 3 pouces de circonférence. Ce bois se mesure aujourd'hui comme tous les autres, et se vend sous le nom de *bois de choix*.

Le bois de *compte* ou de *premier choix* se compose de rondins de plus de 18 pouces, et se vendait autrefois au compte.

Le bois *cadet* est choisi dans les rondins de 12 pouces de circonférence ou environ.

Le double stère ou la voie employée aujourd'hui dans les chantiers a exactement 2 mètres de couche sur 88 centimètres de hauteur. La longueur commune de la bûche étant de 1 mètre 14 centimètres, cet excédant se trouve compensé par la déduction faite sur la hauteur.

On trouve encore dans les chantiers des falourdes de bois de corde ; elles doivent être composées de bois dur ou de bois blanc, neuf ou flotté, sans mélange, et avoir 0,80 mètres de circonférence sur 55 à 58 de longueur.

Des falourdes de perches ou harts, de 1,14 de longueur sur 1 mètre de circonférence.

Des fagots de *menuise* ; on appelle ainsi les bois qui ont moins de 0,16 de circonférence ; ces fagots doivent avoir 1,14 de long sur 0,70 de tour.

Des fagots de bois taillis composés de branches et de menues branchages *sans feuilles* ; de 1,14 sur 0,50.

*De la police des chantiers de bois à brûler.*

Personne ne peut faire le commerce de bois dans Paris, transporter un chantier d'un lieu à un autre, ou en établir un nouveau, sans en avoir préalablement sollicité et obtenu l'autorisation formelle, de la part du Préfet de police, et sans se conformer aux dispositions de l'ordonnance du 27 ventôse an x.

Cette ordonnance qui embrasse *l'arrivée, le garage, le lâchage, la mise à port* et *le tirage des bois,* est utile à connaître spécialement sous le rapport de l'autorisation à demander, et pour la distribution des diverses qualités de bois dans le chantier. Le premier paragraphe de l'art. 17 est non avenu aujourd'hui, attendu que l'on ne tire plus de bois dans toute la longueur de la Halle aux vins; cet espace étant exclusivement réservé au service de cet établissement; cette ordonnance a aussi été modifiée à l'égard de quelques chantiers qui ont été supprimés depuis.

Aucun chantier ne peut avoir moins de 800 mètres carrés de superficie. Chaque essence et qualité différente de bois doit être empilée séparément et distinguée par un écriteau placé ostensiblement; l'administration n'en exige cependant que trois : *bois neuf, bois flotté, bois blanc.* Chaque marchand peut mettre à sa marchandise le prix qu'il juge à propos, sans être tenu de le faire connaître publiquement.

Les *théâtres* ou piles doivent être construits solidement, de manière à ce que l'air puisse y circuler; et placés à huit mètres de distance des rues, ou des bâtimens du voisinage.

Le cordage ne doit être fait que par les garçons de chantier; il est interdit aux particuliers de se servir eux-mêmes; mais ils doivent, s'ils se croient lésés dans la mesure, requérir la vérification des officiers mouleurs préposés à cet effet, et dont chacun a quatre ou cinq chantiers sous sa surveillance.

Les marchands de bois des communes rurales ressortissantes de la Préfecture de police, sont assujettis, à peu de chose près, aux mêmes règlemens que ceux de Paris. On peut d'ailleurs voir à cet égard l'ordonnance de police du 20 prairial an XII.

### Isle-Louviers.

L'Isle-Louviers est destinée au dépôt et à la vente des bois neufs de chauffage. Il ne peut y être tiré ni déposé aucun bois flotté, à œuvre ou de charpente, ni déchargé aucune marchandise, sans une permission spéciale du Préfet de police. Voyez à ce sujet l'ordonnance de police du 1ᵉʳ floréal an X, traçant dans un très grand détail les règles établies pour le dépôt, l'empilage et la vente des bois dans cette île.

Les marchands de l'Isle-Louviers sont d'ailleurs soumis, comme les marchands établis en chantiers, à l'ordonnance de police du 27 ventôse an X.

L'ordonnance de police du 4 mai 1812, entre autres dispositions nouvelles, ordonne que *les marchands de l'Isle-Louviers ne pourront avoir de chantiers autre part dans Paris.* Cette ordonnance est d'ailleurs, à peu de changemens près, la copie de celle du 1ᵉʳ floréal an X.

D'après une sentence du bureau de la Ville, du 8 avril 1740, il est établi que *les marchands sont tenus, chacun à leur égard, de garnir de bois les places qui leur auront été accordées dans l'Isle-Louviers, sinon qu'ils demeureront déchus de la jouissance desdites places, et seront condamnés chacun en 100 livres d'amende.* Cette sentence qui a encore force de loi aujourd'hui ne peut avoir de restriction que dans le cas où un marchand de cette île prouverait que des cas de force majeure, indépendans de sa volonté, tels que crues d'eau ou sécheresse, etc., ont empêché que sa place ne soit approvisionnée. Il devrait dans ce cas exposer ces faits au Préfet de police, en donnant un état des bois acquis par lui, et les divers ports où ils sont restés en souffrance, n'ayant pu en amener en bateaux.

Les marchands de bois de l'Isle-Louviers sont organisés en compagnie de commerce distincte de celle des marchands en chantiers de l'intérieur de Paris. Leur compagnie, quoique beaucoup moins étendue que celle-ci, est établie à peu près sur les mêmes bases, avec la différence que les marchands de Paris peuvent vendre indistinctement toutes sortes de bois, tandis que ceux de l'île ne peuvent avoir que des bois venus par bateaux ou par terre.

*Chantiers de bois de charpente, de charronnage, de sciage, lattes, etc. de Paris.*

Les marchands de bois de charpente, de sciage et autres bois de travail, ne font point partie de la compagnie des marchands de bois à brûler.

Seulement, et parce que les bois qu'ils font arriver à Paris viennent en trains, radeaux ou bresles, ils doivent non seulement les droits d'octroi et de navigation, mais aussi leur quote part des réparations annuelles, et salaires d'employés des rivières sur lesquelles leurs trains ont flotté. Ils sont soumis aux règlemens de la navigation et aux ordonnances sur la police des rivières, tels que les marchands de bois à brûler.

Leurs chantiers doivent être dans les limites voulues par les règlemens, et les piles de bois de sciage, lattes et autres doivent être à la même distance des murs des chantiers que les théâtres de bois à brûler.

L'agent général du commerce des bois à brûler fait tenir, chaque année, l'état des sommes dues par la compagnie des bois de charpente et autres, au bureau de cette compagnie, qui en fait ensuite la répartition entre tous les membres, au prorata des bois que chacun d'eux a flottés. Ce bureau se compose d'un agent général, et de cinq délégués et suppléans. (V. pour le cubage des bois en question, les tableaux ci-après.)

### Chantiers de déchirage.

Les bateaux hors de service sont conduits sur les ports de *déchirage* pour y être dépecés, et deviennent alors l'objet d'une nouvelle branche de commerce, qui n'est pas sans quelque importance à Paris.

Les ports de déchirage sont situés à la Gare, à la Rapée, à la Grève, au Gros-Caillou : les chantiers pour la vente de cette espèce de bois sont à proximité des endroits de la rivière où l'on fait approcher les bateaux inserviables pour être déchirés. Le terrain connu sous le nom d'île des Cygnes en est couvert.

Le plus grand nombre des bateaux que l'on déchire sont les bateaux de Marne appelés *toues* ou *chalands*; il en vient de la Loire : ces bateaux construits en sapin, très utiles d'ailleurs pour les divers services d'approvisionnement auxquels on les emploie, n'ont pas à beaucoup près la solidité des bateaux auxerrois construits en chêne, et faits comme les navires, pour résister pendant nombre d'années à tous les hasards de la navigation. Mais comme ceux-ci vieillissent à leur tour, on les déchire comme les autres lorsqu'ils ne peuvent plus servir.

Les planches qui proviennent du déchirage des bateaux, servent à faire des cloisons légères, des planchers grossiers, des pans de bois, et tous autres ouvrages qui ne demandent pas de la perfection. Les bois trop brisés, les courbes et les becs des bateaux se vendent pour brûler.

Les planches de sapin provenant de déchirage n'ont point une valeur fixée, leur qualité étant en raison de leur plus ou moins de vétusté ; mais lorsqu'elles n'ont pas trop souffert, elles se vendent depuis 1 franc jusqu'à 1 franc 50 centimes le mètre carré, c'est-à-dire depuis 2 francs jusqu'à 3 francs la toise aussi carrée.

Le bois à brûler provenant des bateaux se vend au tas et vaut environ 15 à 16 francs la voie.

### Commerce des charbons de bois.

L'ordonnance de police du 2 décembre 1812 règle fort au long tout ce qui a rapport à la vente du charbon dans Paris : nous en indiquons ici les dispositions principales.

On distingue à Paris deux classes de charbon de bois ; le charbon de rivière et le charbon par terre. Le premier provient de l'Allier, de l'Aube, de la Basse-Loire, des canaux, de la Haute-Loire, de la Marne et Haute-Marne, de la Haute-Seine, de l'Ourcq, de l'Yonne, de l'Aisne, de l'Oise, et de la Basse-Seine.

Il se débite par tour de vente sur les bateaux mêmes, ou toues, qui l'ont apporté ; et devant les ports de la Tournelle, de la place aux Veaux, de la Grève, de l'Ecole, du pont des Arts, et St. Nicolas.

Le charbon venu par terre provient des environs de Paris ; il ne peut arriver que par les barrières de Charenton, Vincennes, Mousseaux, des Bons-Hommes, de la Chaussée du Maine et de Fontainebleau. La vente s'en fait par des facteurs commissionnés à cet effet par le Préfet de police, dans deux places ou entrepôts, situés l'un rue d'Aval, et l'autre, place Cisalpine.

Une ordonnance de police du 19 juin 1755, relative à l'entrée et à la vente du charbon venu par
terre, quoique modifiée dans plusieurs de ses dispositions par celles qui l'ont suivie, doit être con-
sultée par les marchands.

D'après celle du 18 mars 1808, il ne peut être
mis en vente que quinze bateaux à la fois, répartis
entre les diverses rivières ci-dessus, au prorata de
la quantité fournie par chacune d'elles. Les tours
de vente sont assignés par le Préfet de police, sur
une liste générale d'inscription. Cette ordonnance
est bonne à consulter sur plusieurs autres dispositions.

Il est expressément défendu aux facteurs des
entrepôts, garçons de pelle, mesureurs, et tous
autres préposés à la vente du charbon, d'en faire
directement ou indirectement le commerce pour
leur propre compte, ni de s'écarter en rien des
attributions qui leur sont assignées.

La vente du charbon aux ports et sur les places
a lieu de six heures du matin à midi, et de deux
heures à cinq, du 1er avril au 31 octobre; de sept
heures à midi, et de deux heures à quatre pendant
le reste de l'année.

Il est sévèrement défendu aux marchands ou
préposés de faire aucune remise aux porteurs, et
à ceux-ci de la recevoir, sous quelque prétexte
que ce puisse être.

Le charbon doit être livré avec la braise et le
poussier, déduction faite des fumerons, et mesuré
devant les préposés de la Préfecture de police. La
mesure doit être remplie *charbon sur bord;* mais
non comble.

Le charbon se vend à l'hectolitre, c'est-à-dire au
10e de mètre cube. Les sacs des porteurs doivent
contenir exactement deux hectolitres ou *la voie.*

Les garçons de pelle et les porteurs sont nommés par la Préfecture de police et munis d'une

médaille numérotée qu'ils sont tenus de porter ostensiblement.

Les porteurs de charbon sont classés en séries de cent hommes désignées par numéros, ayant chacune un chef et un sous-chef choisis parmi les porteurs. ( Voir au surplus pour tous les détails relatifs à cet objet, l'ordonnance de police du 2 décembre 1812, qui est fort étendue, et que doivent connaître tous les marchands de charbon de bois.)

Les marchands de charbons de bois des rivières, et les marchands de charbons venus par terre, forment deux compagnies de commerce séparées. La première a un président ; des commissaires pris dans son sein ; un agent général et des agens particuliers, salariés : les marchands de chaque rivière nomment en outre parmi eux un syndic.

La compagnie des charbons venus par terre, beaucoup moins étendue que la première, a un président et des délégués nommés par les *électeurs;* et un agent général salarié.

# CHAPITRE VII.

## EXTRAIT DES LOIS ET ORDONNANCES CONCERNANT LE COMMERCE DES BOIS.

### ORDONNANCE DE LOUIS XIV.

#### Du mois d'août 1669.

Louis, par la grâce de Dieu, roi de France et de Navarre : à tous présens et à venir, salut . . . . .

. . . . . . . . . . . . . . . . . . . . . . . . . . . . . . . . .

A ces causes, après avoir ouï le rapport de personnes intelligentes et versées dans la matière, de l'avis de notre conseil, et de notre certaine science, pleine puissance et autorité royale ; nous avons dit, déclaré et ordonné ; disons, déclarons, ordonnons, et nous plaît ce qui ensuit.

### Titre XI. — *Arpenteurs.*

Art. 1er. Sera par nous choisi et commis un arpenteur, homme d'expérience et de probité reconnue, en chacun département, pour être à la suite du grand-maître, pendant qu'il fera ses visites, adjudications et réformations ; et par ses ordres faire tous les arpentages, mesures et recolemens ordinaires ou de réformation ; et deux autres en chacun bailliage ou maîtrise.

Art. 3. Feront de toutes les assiettes des ventes un plan figuré, sur lequel ils désigneront les pieds corniers avec leurs témoins, les arbres de lisière

ou de paroi, leur nombre, qualité, et toutes les
marques qui y auront été faites, la distance de
pieds corniers en pieds corniers, l'emprunt tant
de la droite ligne que de l'angle, et des circonstances nécessaires pour servir à la reconnoissance
ou conservation de tous les arbres réservés lors du
récolement.

Art. 4. Feront tous les arpentages et mesures
qui écherront en leur détroit, tant pour nos bois,
fonds et domaines, que pour ceux tenus en grurie,
grairie, tiers et danger, apanage, engagement,
usufruit, et par indivis, même pour ceux des
ecclésiastiques, communautés et gens de main-
morte, ensemble pour tout ce qui sera ordonné
par autorité de justice pour quelque cause que ce
soit, préférablement à tous autres arpenteurs, à
peine de nullité ; laissant aux particuliers la liberté
de s'en servir en tous actes, mesures et délivrances
volontaires, ou d'autres mesureurs à leur choix,
ainsi que bon leur semblera.

Art. 5. Sera tenu l'arpenteur du grand-maître de
le suivre lorsqu'il lui sera ordonné, et de faire
par ses ordres toutes assiettes de ventes, arpentages, mesurages, récolemens, plans, figures, assiettes et reconnaissances de bornes, lisières ou
fossés, et généralement tous actes de sa profession,
et d'en tenir bon et fidèle registre, dont il mettra
le double avec autant des plans et figures ès mains
du grand-maître et au greffe de la maîtrise, huit
jours après la consommation de l'ouvrage, et en
retirera décharge, à peine d'interdiction pour la
première fois, et de privation en récidive.

Art. 7. Seront tenus de visiter, chacune année,
tous les fossés, bornes et arbres de lisières, sé-
parant et fermant nos forêts et bois dans lesquels
nous avons intérêt, pour connaître s'il y a quelque chose de rempli, changé, coupé, arraché ou
transporté ; et s'il est besoin, feront les assiettes,

remises et remplacemens de bornes qui auront été arrachées et transportées, ou qui manqueront, suivant les ordres des grands-maîtres et jugemens des officiers, et marqueront tous les alignemens des fossés à faire et à relever, dont ils feront procès-verbal sur leur registre signé du sergent de la garde, et en mettront autant, trois jours après la visite, au greffe de la maîtrise, à peine d'interdiction pour la première fois, et de punition en récidive.

Art. 8. Si aucun des arpenteurs avait par connivence, faveur ou corruption, celé un transport ou arrachement de bornes, souffert ou fait lui-même un changement de pieds corniers, il sera dès la première fois privé de sa commission, condamné à l'amende de cinq cents livres, et banni pour toujours de nos forêts, sans que les officiers puissent modérer ou différer la condamnation, à peine de perte de leurs offices.

### Titre XV. — *De l'assiette, balivage, martellage, et vente de bois.*

Art. 6. L'arpenteur fera, en présence du sergent de la garde, les tranchées et layes nécessaires pour le mesurage; marquera de son marteau, le plus près de terre que faire se pourra dans les angles, tel nombre de pieds corniers, arbres de lisière et paroi qu'il estimera convenable, avec désignation du côté sur lequel il aura fait des faces pour imprimer son marteau, le nôtre, et celui du grand-maître; fera mention s'il a emprunté quelques arbres pour servir de pieds corniers, de leur âge, qualité, nature et grosseur, et de leur distance des uns aux autres par perches et pieds; comme aussi observera les noms des ventes où il les aura prises, s'il y a des places vides, avec leurs contenences; et sera tenu de se servir au moins de l'un des pieds corniers de l'ancienne vente ; dressera les plans et figures de la pièce qu'il aura assise ; et de tout fera son procès-verbal qui sera signé des sergens et gardes, et en mettra une expédition au greffe de la maîtrise, trois jours après l'avoir fait, qui sera paraphé du maître et de notre procureur, avec mention du jour qu'elle aura été apportée, et une autre expédition en sera par lui incessamment envoyée au grand-maître.

Art. 7. Défendons aux arpenteurs et sergens à garde de faire les routes plus larges de trois pieds pour passer les porte-perches et les marchands qui iront visiter les ventes, à peine de cent livres d'amende, et de la restitution du double de la valeur du bois abattu.

Art. 8. Les bois abattus dans les layes et tranchées ne pourront être enlevés, mais demeureront au profit de l'adjudicataire, et lui appartiendront sans que les arpenteurs ni les sergens y puissent prétendre aucune part ; leur faisant défense de les enlever, à peine de cent livres d'amende et d'interdiction ; et aux riverains, sous quelque prétexte que ce soit, à peine de punition exemplaire.

Art. 9. Les arbres de lisière et de paroi seront marqués de notre marteau et de celui de l'arpenteur sur une face, à la différence des pieds corniers qui le seront sur chaque face qui regardera la vente.

Art. 10. Ne pourront, les arpenteurs, mesurer plus grande ni moindre quantité dans chacun triage, que celle qui leur aura été prescrite par le grand-maître pour l'assiette, sous prétexte de rendre la figure plus régulière, ou pour quelqu'autre considération que ce puisse être ; en sorte que le plus ou le moins ne puisse excéder un arpent sur vingt, et ainsi à proportion, à peine d'interdiction et d'amende arbitraire, qui sera réglée par le grand-maître ; et s'il tombait jusqu'à trois fois dans cette erreur, il sera interdit et déclaré incapable de faire la fonction d'arpenteur.

Art. 11. Le procès-verbal de l'arpenteur étant au greffe, il en sera délivré autant au garde-marteau pour le martellage qui se fera en la présence des officiers de la maîtrise, et sera, à cet effet, notre marteau délivré au garde-marteau par ceux qui en auront la clef, qui se transportera avec les officiers aux triages où les ventes auront été assises, et par leur avis, il fera choix de dix arbres en chacun arpent de futaye ou haut recru, des plus vifs, et de la plus belle venue de chêne, s'il se peut, brin de bois, et de grosseur compétente, qu'il marquera pour baliveaux de notre marteau, avec les pieds corniers tournans et arbres de lisière; et incontinent après le martellage, sera le marteau remis et enfermé dans sa boîte.

Art. 12. Lorsque les adjudications des coupes de nos bois taillis seront faites, tous les baliveaux anciens et modernes qui s'y trouveront seront réservés avec ceux de l'âge; et s'il se trouvait que les baliveaux pour leur quantité et grosseur empêchassent par l'ombrage ou autrement le taillis de pousser et de croître, les grands-maîtres en dresseront leurs procès-verbaux, qu'ils enverront avec leurs avis en notre conseil, ès mains du contrôleur-général de nos finances, pour y être par nous pourvu, ainsi qu'il appartiendra.

Art. 13. Ne sera donné aucun bois par forme de remplage sous prétexte de places vides et de chemins qui se seront rencontrés dans les ventes; mais l'adjudication en sera faite en l'état qu'elles se trouveront, à peine de restitution du quadruple contre les marchands qui auront obtenu le remplage, et de trois mille livres d'amende, avec privation de charge contre les officiers qui l'auront donné.

Art. 14. Les ventes ne pourront être changées

en tout ou en partie, sous quelque prétexte que
ce soit, après l'adjudication, sur peine de punition
exemplaire contre les officiers, et perte de leurs
charges, et de restitution du quadruple du prix
des ventes changées, et d'amende contre les marchands, sans que cette peine puisse être modérée
sous quelque prétexte que ce soit.

Art. 15. Révoquons les droits de cire et de greffe,
mais les ventes de ces bois seront faites à l'avenir,
à la charge de payer seulement le sol pour livre
par les adjudicataires, du prix principal de leur
adjudication, ès main du receveur particulier ou
général des bois, s'il y en a, ou du domaine, pour,
sur la somme à laquelle il reviendra, être les officiers des maîtrises et gruries payés de leurs droits,
journées et taxations, suivant les états qui en seront arrêtés par les grands-maîtres, sur lesquels et
les quittances des officiers, les sommes y contenues
seront passées et allouées en la dépense des comptes
des receveurs.

Art. 16. Si le fonds du sol pour livre n'est suffi-
sant, le grand-maître pourra prendre le supplément sur le fonds des ventes, sans que les officiers puissent recevoir aucune chose que par les
mains des receveurs, à peine de restitution du quadruple, et d'interdiction de leurs charges.

Art. 17. Les jours pour les adjudications des
ventes ayant été indiqués par les grands-maîtres
aux officiers des maîtrises, ils en feront faire les publications, et notre procureur sera tenu d'envoyer
incessamment des billets proclamatoires aux lieux
ordinaires, contenant le nombre d'arpens, la situation, la qualité, les réserves, le jour, le lieu,
l'heure, et pardevant qui les ventes se feront.

Art. 19. Il y aura au moins huitaine franche entre
la dernière publication et l'adjudication.

Art. 20. Seront toutes personnes reçues à mettre
leurs enchères; si toutefois un enchérisseur était

notoirement insolvable, les receveurs de nos bois ou du domaine pourront lui demander les noms de ses cautions ; et s'il n'en a point, à l'audience, le receveur en donnera avis au grand-maître, pour y pourvoir ainsi qu'il avisera bon être.

ART. 21. Ne pourront à l'avenir aucuns ecclésiastiques, gentilshommes, gouverneurs des villes et places, capitaines des châteaux et maisons royales, leurs lieutenans et officiers, magistrats de police et de finance, faisant fonctions de juges ou de nos procureurs dans nos justices, se rendre adjudicataires, directement ou par association, des ventes qui se feront de nos bois, pour le tout ou partie, ni en prendre des retrocessions, ou se rendre pleiges et cautions des adjudicataires, sous leur nom ou sous celui d'aucunes personnes interposées, à peine de confiscation des ventes, ou du prix pour lequel elles auront été faites, et d'être déchus de leur priviléges, déclarés roturiers et imposés à la taille, et de privation de charges contre nos officiers qui auront fait ou consenti l'adjudication, ou souffert l'exploitation, même de plus grandes peines s'il y échet.

ART. 22. Défendons pareillement aux officiers de nos forêts et chasses, tant ceux des maîtrises où se feront les ventes, que tous autres de quelque département qu'ils soient sans distinction, et à leurs enfans, gendres, frères, beaux-frères, oncles, neveux et cousins-germains, de prendre part aux adjudications, soit comme parties principales, associés, pleiges ou cautions, à peine contre les officiers adjudicataires de confiscation des ventes et privation de leurs charges, d'amende arbitraire, et d'être bannis du ressort de la maîtrise où ils feront leur résidence, et contre leurs parens et alliés, de pareille peine de confiscation et d'amende arbitraire.

ART. 23. Les marchands adjudicataires, ni autres

particuliers, de quelque qualité que ce soit, ne pourront faire aucunes associations secrètes, ni empêcher par voies indirectes les enchères sur nos bois ; et où ils se trouveraient convaincus de monopole ou complot concerté entre eux par parole ou par écrit de ne point enchérir les uns sur les autres, voulons que, outre la confiscation des ventes, ils soient condamnés en une amende arbitraire, qui ne pourra être au-dessous de mille livres, et bannis des forêts.

ART. 24. L'adjudicataire ne pourra avoir plus de trois associés, lesquels ils sera tenu de nommer au greffe de la maîtrise dans la huitaine de l'adjudication, ensemble y mettre une expédition du traité de leur association, et d'y faire, lui et ses associés, leur submission de satisfaire à toutes les charges de l'adjudication, à peine de mille livres d'amende contre lui, et de déchéance de la société contre les associés.

ART. 25. Il sera libre aux marchands de renoncer à leurs enchères au greffe de la maîtrise dans le lendemain midi du jour de l'adjudication, en le faisant signifier dans cet intervalle au précédent enchérisseur au domicile par lui élu, et au receveur auquel ils paieront comptant leurs folles enchères.

ART. 26. Au cas qu'il y ait révocation d'enchères, les précédens enchérisseurs seront graduellement et successivement subrogés aux lieux et places de ceux qui auront révoqué leurs enchères ; et toutes personnes qui enchériront, seront tenues d'élire domicile au lieu où les adjudications seront faites, tant pour la validité des actes qui doivent suivre l'adjudication, que pour l'exécution de leurs enchères, révocations et adjudications, tiercement et demi-tiercement, et de tous autres actes qu'il sera nécessaire de faire, et, à faute d'en élire, assignations leur seront faites au greffe de la maîtrise, qui seront réputées valables.

ART. 27. Si le marchand adjudicataire se désistait de son enchère, et renonçait à la vente, il sera arrêté jusqu'à ce qu'il ait payé ou donné bonne caution de la folle enchère, et la vente retournera au précédent enchérisseur, et successivement de l'un à l'autre, ainsi qu'il a été ci-devant prescrit.

ART. 28. Les adjudications seront signées sur-le-champ par le marchand, grand-maître, ou celui qui aurait fait l'adjudication, ensemble par le maître particulier, notre procureur, et les autres officiers de la maîtrise, sur le registre du greffier, immédiatement au bas de l'acte, et sans qu'il soit laissé aucun blanc entre la fin du texte de l'adjudication, et les signatures; et seront chacun des feuillets, sur lesquels seront employées les réceptions d'enchères et adjudication, paraphés par le grand-maître.

ART. 29. Les marchands adjudicataires seront tenus dans la huitaine du jour de l'adjudication, avant de commencer l'usance des ventes, de donner bonne et suffisante caution, et certificateur, qui seront reçus par le receveur; et, à son refus, par le maître et notre procureur, lesquels s'obligeront solidairement de payer ès mains du receveur de nos bois, s'il y en a, ou du domaine, le prix principal en deux paiemens égaux, qui seront faits dans les temps portés par le cahier des charges, et outre de satisfaire aux autres charges, clauses et conditions y mentionnées.

ART. 30. Le receveur sera tenu, la huitaine passée, de faire signifier incessamment, et dans le jour, à celui qui étoit le pénultième enchérisseur, qu'il est substitué au lieu et place de l'adjudicataire qui aura manqué de donner caution, et que dès ce moment l'adjudication est à sa charge.

Art. 31. Toutes personnes non prohibées pourront enchérir, tiercer et doubler les ventes pour tous les triages en général, ou chacun en particulier, ainsi qu'ils auront été adjugés dans le lendemain midi du jour de l'adjudication; après lequel temps il n'y aura plus de lieu au tiercement et doublement, sous quelque prétexte et pour quelque considération que ce puisse être.

Art. 32. Les tiercemens et doublemens seront faits au greffe, dans le temps ci-dessus préfini, et signifiés le même jour aux marchands adjudicataires et receveurs, en parlant à leurs personnes ou domiciles, s'il en a été élu, sinon au greffe de la maîtrise, par exploit qui contiendra ponctuellement l'heure en laquelle il aura été donné, et le nom de ceux à qui les sergens auront parlé, à peine de nullité de l'exploit.

Art. 33. Le tiercement est une enchère qui augmente du tiers le prix de la vente, et fait le quart sur le total; et le demi-tiercement une autre enchère sur le tiercement, qui est de la moitié du tiers; en sorte que si le prix de l'adjudication est de quinze cents livres, le tiercement sera de cinq cents livres, et le demi-tiercement de deux cent cinquante livres.

Art. 34. Enjoignons aux greffiers de marquer le jour et l'heure précise dans les actes qu'ils dresseront et délivreront sur les adjudications, tiercemens et doublemens, à peine de trois cents livres d'amende, et de tous dépens, dommages et intérêts pour la première fois, et pour la seconde de pareille peine, et de privation de leurs charges.

Art. 35. Le demi-tiercement ne sera reçu que sur le tiercement; mais on pourra d'une seule enchère faire le tiercement et demi-tiercement, ce qui s'appelle doublement, lequel étant signifié en la forme ci-dessus prescrite à l'adjudicataire, il sera reçu à y mettre une simple enchère, et sur cette enchère l'adjudicataire et le tierceur et doubleur seront reçus à enchérir l'un sur l'autre entre eux seulement, et la vente demeurera au dernier enchérisseur, sans plus revenir; ce qui sera fait par-devant le grand-maître, ou le commissaire qui aurait fait l'adjudication, s'ils sont sur les lieux, sinon par-devant les officiers de la maîtrise.

ART. 36. Après que les marchands auront fourni leurs cautions et certificateurs, le receveur leur donnera ses certificats pour les représenter, et faire registrer au greffe sans frais, dont une expédition sera mise ès mains des garde-marteaux, auxquels et aux officiers nous défendons de souffrir qu'aucunes coupes soient commencées, qu'ils n'aient vu et fait registrer le certificat du receveur, à peine d'en répondre en leurs propres et privés noms.

ART. 37. L'adjudicataire des bois de futaie dans nos forêts, dans lesquelles ils s'emploient en ouvrages, sera tenu d'avoir un marteau, dont il mettra l'empreinte au greffe, pour marquer le bois qu'il vendra en pied, sans qu'il puisse en débiter de cette qualité, qu'ils n'aient cette marque, et d'avoir lui, ses facteurs ou garde-ventes, un registre, dans lequel seront écrits les noms, surnoms et domiciles de ceux auxquels ils vendront du bois, la quantité et le prix, à peine de cent livres d'amende, et de confiscation; sans que plusieurs associés puissent avoir plus d'un marteau, ni marquer d'autres bois que ceux de leurs ventes, à peine d'être punis comme faussaires.

ART. 38. Si néanmoins un marchand avait plusieurs ventes, et que pour la distance des lieux il fût obligé d'y tenir différens registres, en ce cas, il pourra avoir autant de marteaux que de registres, et de même marque, pourvu qu'il en ait fait faire procès-verbal et empreinte, comme il est dit ci-dessus.

Art. 40. Les bois tant de futaie que taillis seront coupés et abattus dans le quinzième d'avril, et le temps des vidanges réglé par le grand-maître, suivant la possibilité des forêts, à peine d'amende arbitraire, et de confiscation des marchandises contre les adjudicataires, sans que les officiers puissent accorder aucune prorogation pour coupes et vidanges, sous pareille peine d'amende arbitraire, et de privation de leurs charges.

Art. 41. Si toutefois les marchands étaient obligés par de justes considérations de demander quelque prorogation de délai, pour couper et vider les ventes, ils se pourvoiront en notre conseil, pour, au rapport du contrôleur général de nos finances, leur être par nous pourvu de ce qu'il appartiendra sur les avis des grands-maîtres.

Art. 42. Les futaies seront coupées le plus bas que faire se pourra, et les taillis abattus à la cognée à fleur de terre, sans les écuisser, ni éclater, en sorte que les brins des cepées n'excèdent la superficie de la terre, s'il est possible, et que tous les anciens nœuds recouverts, et causés par les précédentes coupes, ne paraissent aucunement.

Art. 43. Les arbres seront abattus en sorte qu'ils tombent dans les ventes, sans endommager les arbres retenus, à peine de nos dommages et intérêts contre le marchand; et s'il arrivait que les arbres abattus demeurassent encroués, les marchands ne pourront faire abattre l'arbre sur lequel celui qui sera tombé se trouvera encroué, sans la permission du grand-maître ou des officiers, après avoir pourvu à notre indemnité.

Art. 44. Les bois de cepées ne seront abattus et coupés à la serpe ou à la scie, mais seulement à la cognée, à peine contre les marchands qui les ex-

ploiteront , de cent livres d'amende et de confiscation de leurs marchandises et outils des ouvriers.

Art. 45. Enjoignons aux adjudicataires de faire
couper , réceper et ravaler le plus près de terre
que faire se pourra, toutes les souches et estocs de
bois pillés et rabougris étant dans les ventes ; et
aux officiers d'y avoir l'œil et tenir la main , à
peine de suspension de leurs charges.

Art. 46. Si pendant l'usance des ventes aucuns
des arbres réservés et marqués étaient arrachés ôu
abattus par les vents et orages , ou par autre accident , les marchands ou leurs facteurs les laisseront sur la place, et en donneront incessamment
avis au sergent à garde , qui sera tenu d'en avertir
le garde-marteau, pour se transporter ensemble
sur les lieux , afin d'en dresser leurs procès-verbaux , qu'ils présenteront aussitôt aux officiers de
la maîtrise , pour en marquer d'autres , le tout
sans frais.

Art. 47. Les temps des coupes des bois et vidanges désignés par les adjudications étant expirés , s'il se trouve des bois dans les ventes sur pied
et abattus , ils seront confisqués à notre profit ; et
le gisant incessamment transporté hors de la
forêt.

Art. 48. Ne pourront les marchands adjudicataires retenir dans leurs ventes d'autres bois que
ceux qui en proviendront, à peine d'être punis
comme s'ils avaient volé les bois ainsi retirés
contre notre prohibition.

Art. 49. Nul marchand ou autre personne ne
pourra faire travailler nuitamment , ni les jours
de fête, dans les ventes en coupe, ni y prendre et
enlever du bois , sur peine de cent livres d'a-
mende.

Art. 5o. Avant que de faire exploiter les ventes,
les marchands pourront faire procéder au souchetage par-devant le maître particulier, en présence

du garde-marteau et du sergent à garde, par deux experts, desquels l'un sera nommé par notre procureur de la maîtrise, et l'autre de leur part, dont il sera dressé procès-verbal sans frais ni droits, à peine de concussion; à la réserve des journées des soucheteurs, qui seront taxées par le maître, et payées par le sergent collecteur des amendes; dans lequel procès-verbal seront employés le nombre des souches qui auront été trouvées, leur qualité et grosseur, et demeurera au greffe de la maîtrise, pour y avoir recours, et s'en servir lors du récolement.

ART. 51. Les marchands demeureront responsables de tous les délits qui se feront à l'ouïe de la cognée aux environs de leurs ventes, estimés pour les bois de cinquante ans et au-dessus, à cinquante perches; et à vingt-cinq perches, pour ceux depuis cinquante ans et au-dessous, si les marchands ou leurs facteurs n'en font leur rapport.

ART. 52. Le transport, passage, voiture ou flottage des bois, tant par terre que par eau, ne pourra être empêché ou arrêté sous quelque prétexte de droits de travers, péages, pontonnages ou autres, par quelque particulier que ce soit, à peine de répondre de tous les dépens, dommages et intérêts des marchands, sauf à ceux qui prétendent avoir titre pour lever aucuns droits, de se pourvoir par-devant le grand-maître, qui y pourvoira ainsi qu'il appartiendra.

TITRE XVII. — *Vente des chablis et menus marchés.*

ART. 1er. S'il se trouve quelques arbres qui aient été abattus, arrachés ou rompus par l'impétuosité des vents, ou par quelques autres accidens, le sergent à garde dressera procès-verbal sur son registre, de leurs qualité, nature et grosseur, et du lieu où il les aura trouvés, et observera si, en tombant, ils en ont rompu ou touché d'autres par leur chute; duquel il sera tenu de mettre une expédition sous son seing au greffe de la maîtrise, trois jours après, dont il retirera décharge du greffier, à peine de cinquante livres d'amende.

ART. 2. Le garde-marteau et le sergent à garde veilleront à la conservation des bois chablis, et empêcheront qu'ils ne soient pris, enlevés ou ébranchés par les usagers et autres, sous prétexte de coutume et usage, quel qu'il puisse être; et en cas qu'il s'en rencontre de coupés par troncs, ou ébranchés, ils en feront leur rapport, de même que s'ils avaient été abattus sur pied, et les officiers les condamneront au pied le tour, à peine d'amende arbitraire, et d'en répondre en leurs noms.

ART. 3. Aussitôt que les officiers auront été avertis, ils se transporteront sur les lieux, accompagnés du garde-marteau et du sergent, avec son procès-verbal, pour voir les arbres chablis, et reconnaître si le rapport du sergent est fidèle; lesquels seront marqués de notre marteau, à peine d'amende arbitraire, et d'en répondre en leurs privés noms.

ART. 4. Les arbres chablis ne pourront être réservés ni façonnés sous prétexte de les aménager ou débiter en autre temps pour notre profit; mais seront vendus incessamment en l'état qu'ils se trouveront, et l'adjudication faite en l'auditoire de la justice des eaux et forêts par le grand-maître ou par les officiers de la maîtrise, à l'extinction des feux, après deux publications faites à l'audience ou marchés du lieu, et aux prônes des messes par les curés de la paroisse du siége de la maîtrise, et des villes et villages des environs de la forêt; et pour cet effet billets proclamatoires seront envoyés et affiches mises, ainsi qu'il a été prescrit pour les ventes ordinaires : et le temps de vidange ne sera que d'un mois pour le plus, à peine de nullité et de confiscation des bois vendus.

ART. 5. Défendons au garde-marteau de marquer, et aux officiers de vendre aucuns arbres en estaut, sous prétexte qu'ils auraient été fourchés ou ébranchés par la chute des chablis; mais voulons qu'ils soient conservés, à peine d'amende arbitraire.

ART. 6. Incontinent après la vente des chablis, et l'adjudication des menus marchés, il en sera dressé un état pour être délivré dans la huitaine par le greffier au receveur des bois, s'il y en a, ou du domaine, qui en doit faire la recette.

ART. 7. Les vacations des officiers et du greffier, tant pour la reconnaissance et martelage, que pour l'adjudication des chablis et arbres de délit, seront taxées par les grands-maîtres lorsqu'ils seront sur les lieux, selon le travail et à proportion du temps, à prendre sur les amendes et deniers dont le sergent collecteur fait le recouvrement : auquel effet ils leur représenteront leurs procès-verbaux, ordonnances et autres actes; et seront les deniers du prix des bois chablis payés au receveur, et par lui au receveur-général, et compris dans son état de recouvrement, ainsi que le prix principal de nos bois.

TITRE XXIV. — *Des bois appartenans aux ecclésiastiques et gens de main-morte.*

ART. 5. Nos lettres ne seront octroyées pour vente de futaies, ou baliveaux réservés, qu'en cas d'incendies, ruines, démolitions, pertes et accidens extraordinaires, arrivés par forfait, guerre ou cas fortuit, et non par le fait ou faute des bénéficiers et administrateurs, qui pour y parvenir feront leurs remontrances au grand-maître, lequel informera des causes et de la nécessité, visitera les lieux en présence de notre procureur en la maîtrise, fera priser par experts les réparations nécessaires, et enverra au conseil ès mains du contrôleur-général de nos finances son procès-verbal, qui contiendra au vrai la valeur, l'état et qualité des bois qu'on demandera permission de couper; ensemble le nombre et la qualité de ce qui en restera au bénéfice ou à la communauté, et son avis lequel sera joint avec le procès-verbal aux lettres sous le contre-scel.

**TITRE XXV.** — *Des bois, prés, marais, landes, pâtis, pêcheries, et autres biens appartenans aux communautés et habitans des paroisses.*

**ART. 1er.** Tous les bois dépendans des paroisses et communautés d'habitans, seront arpentés, figurés et bornés dans six mois, à la diligence des syndics, et les procès-verbaux et figures incessamment portés aux greffes des maîtrises. A quoi nous enjoignons à nos procureurs de tenir exactement la main.

**ART. 2.** Le quart des bois communs sera réservé pour croître en futaie dans les meilleurs fonds et lieux plus commodes, par triage et désignation du grand-maître, ou des officiers de la maîtrise par son ordre.

**ART 3.** Ce qui restera, la réserve étant faite, sera reglé en coupes ordinaires de taillis, au moins de dix ans, avec marque et retenue de seize baliveaux de l'âge du bois en chacun arpent, des plus beaux brins de chênes, hêtres, ou autres de la meilleure essence, outre et par-dessus les anciens, modernes, et fruitiers.

**TITRE XXVI.** *Des bois appartenans aux particuliers.*

**ART. 1er.** Enjoignons à tous nos sujets sans exception ni différence, de régler la coupe de leurs bois

taillis au moins à dix années (1), avec réserve de
seize baliveaux en chacun arpent, et seront tenus
d'en réserver aussi dix des ventes ordinaires de
futaie, pour en disposer néanmoins à leur profit,
après l'âge de quarante ans pour les taillis, et de
vingt-six ans pour la futaie : et qu'au surplus ils
observent en l'exploitation ce qui est prescrit pour
l'usance de nos bois, aux peines portées par les
ordonnances.

Art. 2. Permettons aux grands-maîtres et aux
autres officiers des eaux et forêts, la visite et inspection dans les bois des particuliers, pour y faire
observer la présente ordonnance, et réprimer les
contraventions, sans qu'ils y exercent autre juridiction, prennent connaissance des ventes, garde,
police et délits ordinaires, s'ils n'en sont requis
par les propriétaires.

Art. 3. Ne pourront ceux qui possèdent bois de
haute futaie, assis à dix lieues de la mer, et deux
des rivières navigables, les vendre ou faire exploiter, qu'ils n'en aient, six mois auparavant, donné
avis au contrôleur-général des finances, et au grand-
maître, à peine de trois mille livres d'amende, et
de confiscation des bois coupés ou vendus.

Art. 4. Les possesseurs des bois joignans nos forêts à titre de propriété ou d'usufruit, seront tenus
de déclarer au greffe de la maîtrise, le nombre et
la qualité qu'ils en voudront vendre chacune année,
à peine d'amende arbitraire et de confiscation.

Art. 5. Sera libre à tous nos sujets de faire punir
les délinquans en leurs bois, garennes, étangs et
rivières, même pour la chasse et pour la pêche,
des mêmes peines et réparations ordonnées par ces
présentes pour nos eaux et forêts, chasses et pêcheries ; et, à cet effet se pourvoir, si bon leur

_______________

(1) Il n'y a aujourd'hui que la coupe au furetage
qui soit permise ainsi.

semble, par-devant le grand-maître, et les officiers
de la maîtrise, auxquels, en tant que besoin serait,
nous attribuons toute connaissance et juridiction.

### Titre XXVII. — *De la police et conservation des forêts, eaux et rivières.*

Art. 2. Tous arbres de réserve et baliveaux sur
taillis, seront à l'avenir réputés faire partie du fonds
de nos bois et forêts, sans que les douairières, do-
nataires, engagistes, usufruitiers, et leurs receveurs ou fermiers y puissent rien prétendre, ni
aux amendes qui en proviendront.

Art. 3. Les grands-maîtres faisant leurs visites
seront tenus de faire mention, dans leurs procès-
verbaux, de toutes les places vides non aliénées ni
données à titre de cens ou d'afféage, qu'ils auront
trouvées dans l'enclos et aux reins de nos forêts,
pour être pourvu sur leurs avis, à la semence et
repeuplement, et à ce qui sera convenable à l'état
et au bien de nos affaires.

Art. 4. Tous les riverains possédant bois joignant
nos forêts et buissons, seront tenus de les séparer
des nôtres par des fossés ayant quatre pieds de largeur et cinq pieds de profondeur, qu'ils entre-
tiendront en cet état, à peine de réunion.

Art. 5. Nos officiers des maîtrises faisant leurs
visites, feront mention, dans leurs procès-verbaux,
de l'état des bornes et fossés entre nous et les riverains, et réparer les entreprises et changemens
qu'ils reconnaîtront y avoir été faits depuis leur
dernière visite; même feront mention dans leur
procès-verbal de visite suivante, du rétablissement
des choses dans leur premier état, et les jugemens
qu'ils auront rendus contre les coupables, à peine
d'en demeurer responsables solidairement en leurs
privés noms.

Art. 6. Défendons à toutes personnes de planter

bois à cent perches de nos forêts sans notre permission expresse, à peine de cinq cents livres d'amende et de confiscation de leurs bois, qui seront arrachés ou coupés.

ART. 11. Faisons très expresses défenses d'arracher aucuns plans de chênes, charmes, ou autres bois dans nos forêts, sans notre permission et attache du grand-maître, à peine de punition exemplaire et de cinq cents livres d'amende.

ART. 12. Défendons à toutes personnes d'enlever dans l'étendue et aux reins de nos forêts, sables, terres, marnes ou argiles, ni d'y faire de la chaux à cent perches de distance, sans notre permission expresse, et aux officiers de le souffrir, sur peine de cinq cents livres d'amende et de confiscation des chevaux et harnois.

ART. 13. Ne sera fait aucune délivrance de taillis ou menus bois, vert ou sec, de telle qualité ou valeur qu'ils puissent être, aux poudriers et salpêtriers, auxquels et aux commissaires des poudres et salpêtres, faisons très expresses inhibitions et défenses d'en prendre sous aucun prétexte, à peine de cinq cents livres d'amende pour la première fois, du double et de punition exemplaire en récidive, nonobstant édits, déclarations, arrêts, permissions et concessions contraires.

ART. 19. Défendons aux marchands ventiers, usagers, et à toutes autres personnes de faire cendres dans nos forêts, ni dans celles des ecclésiastiques ou communautés, aux usufruitiers et à nos officiers de le souffrir, à peine d'amende arbitraire, et de confiscation des bois vendus, ouvrages et outils, et privation de charge contre les officiers, s'il n'y a lettres-patentes vérifiées sur l'avis des grands-maîtres.

ART. 20. Les marchés qui se feront en vertu des lettres-patentes, seront enregistrés aux greffes des maîtrises, et ne pourront les cendres être faites qu'aux places et endroits désignés aux marchands par les grands-maîtres ou officiers.

Art. 21. Faisons défenses à toutes autres personnes de tenir ateliers de cendres, ni en faire ailleurs que dans les ventes, ou en faire transporter que les tonneaux ne soient marqués du marteau du marchand, sur peine d'amende arbitraire et de confiscation.

Art. 22. Défendons à toutes personnes de charmer ou brûler les arbres, ni d'en enlever l'écorce, sous peine de punition corporelle et seront les fosses à charbon placées aux endroits les plus vides et les plus éloignés des arbres et du recru, et les marchands tenus de les repeupler et ressemer, s'il est jugé à propos par le grand-maître, avant qu'ils puissent obtenir leur congé de cour, à peine d'amende arbitraire.

Art. 23. Les cercliers, vanniers, tourneurs, sabotiers et autres de pareille condition, ne pourront tenir ateliers dans la distance de demi - lieue de nos forêts, à peine de confiscation de leurs marchandises, et de cent livres d'amende.

Art. 26. Défendons à tous marchands adjudicataires de nos bois, ou ceux des particuliers joignant nos forêts, et même aux propriétaires qui les feront user, d'en donner aux bûcherons et autres ouvriers pour leurs salaires, à peine de répondre de tous les délits qui se commettront dans nos forêts pendant les usances et récolement des ventes, et aux bûcherons et autres ouvriers travaillant dans nos forêts, d'emporter, sortant des ateliers, aucun bois scié, fendu ou d'autre nature, à peine de cinquante livres d'amende pour la première fois, et de punition en récidive.

Art. 27. Faisons défenses aux usagers et à tous autres d'abattre la glandée, faîne et autres fruits des arbres, les amasser ni emporter, ni ceux qui seront tombés, sous prétexte d'usages ou autrement, à peine de cent livres d'amende.

ART. 28. Et à tous marchands de peler les bois de leurs ventes étant debout et sur pied, sur peine de cinq cents livres d'amende et de confiscation.

ART. 29. Ne pourront les marchands ni leurs associés, tenir aucuns ateliers et loges, ni faire ouvrer bois ailleurs que dans les ventes, sur peine de cent livres d'amende et de confiscation.

ART. 30. Ceux qui habitent les maisons situées dans nos forêts et sur leurs rives, ne pourront y faire commerce, ni tenir ateliers de bois, ni en faire plus grand amas que ce qui est nécessaire pour leur chauffage, à peine de confiscation, d'amende arbitraire et de démolition de leurs maisons.

ART. 31. Ne pourront les sergens à garde ni autres officiers de nos forêts, tenir taverne, ni exercer aucun métier où l'on emploie du bois, à peine de destitution et de cinquante livres d'amende, outre la confiscation des bois qui se trouveront en leurs maisons.

ART. 32. Faisons aussi défenses à toutes personnes de porter et allumer feu, en quelque saison que ce soit, dans nos forêts, landes et bruyères, et celles des communautés et particuliers, à peine de punition corporelle et d'amende arbitraire, outre les réparations des dommages que l'incendie pourrait avoir causés, dont les communautés et autres qui ont choisi les gardes, demeureront civilement responsables.

ART. 33. Abrogeons les permissions et droits de feu, loges et toutes délivrances d'arbres, perches, mort-bois, sec ou vert en estant, sans qu'il soit permis à aucuns usagers de telle condition qu'ils soient d'en prendre ou faire couper, et d'en enlever autre que gisant, nonobstant tous titres, arrêts et priviléges contraires, qui demeureront nuls et révoqués, à peine contre les contrevenans d'amende, restitution, dommages et intérêts, et de privation de droit d'usage.

Art. 34. Les usagers et autres personnes trouvés de nuit dans les forêts hors les routes et grands chemins, avec serpes, haches, scies ou cognées, seront emprisonnés, et condamnés, pour la première fois, en six livres d'amende, vingt livres pour la seconde, et pour la troisième bannis de la forêt.

Art. 40. Ne seront tirés terres, sables et autres matériaux à six toises près des rivières navigables, à peine de cent livres d'amende.

Art. 41. Déclarons la propriété de tous les fleuves et rivières portant bateaux de leur fonds, sans artifices et ouvrages de mains dans notre royaume et terres de notre obéissance, faire partie du domaine de notre couronne, nonobstant tous titres et possessions contraires, sauf les droits de pêche, moulins, bacs et autres usages que les particuliers peuvent y avoir par titres et possessions valables, auxquels ils seront maintenus.

Art. 43. Ceux qui ont fait bâtir des moulins, écluses, vannes, gords et autres édifices dans l'étendue des fleuves et rivières navigables et flottables, sans en avoir obtenu la permission de nous ou de nos prédécesseurs, seront tenus de les démolir, sinon le seront à leurs frais et dépens.

Art. 44. Défendons toutes personnes de détourner l'eau des rivières navigables et flottables, ou d'en affaiblir et altérer le cours par tranchées, fossés et canaux, à peine contre les contrevenans d'être punis comme usurpateurs, et les choses réparées à leurs dépens.

**TITRE XXVIII.** — *Des routes et chemins royaux ès forêts et marche-pieds des rivières.*

ART. 7. Les propriétaires des héritages aboutissant aux rivières navigables laisseront le long des bords vingt-quatre pieds au moins de place en largeur pour chemin royal et trait des chevaux, sans qu'ils puissent planter arbres ni tenir clôture ou haie plus près de trente pieds du côté que les bateaux se tirent, et dix pieds de l'autre bord, à peine de cinq cents livres d'amende, confiscation des arbres, et d'être les contrevenans contrains à réparer et remettre les chemins en état à leurs frais.

**TITRE XXXII.** — *Peines, amendes, restitutions, dommages, intérêts et confiscations.*

ART. 1er. L'amende ordinaire pour délits commis depuis le lever jusqu'au coucher du soleil, sans feu et sans scie, par personnes privées n'ayant charges, usages, ateliers ou commerce dans nos forêts, bois et garennes, sera, la première fois, de quatre livres pour chacun pied de tour de chêne et de tous arbres fruitiers, indistinctement, même du châtaigner; cinquante sous pour chacun pied de tour de saule, hêtre, orme, tillot, sapin, charme et frêne, et trente sous pour pied d'arbre de toute autre espèce, vert, en étant, sec ou abattu, et sera le tout pris et mesuré à demi-pied près de terre.

ART. 2. Ceux qui auront échoupé, ébranché, et déshonoré des arbres, paieront la même amende au pied le tour que s'ils les avaient abattus par le pied.

ART. 3. Pour chacune charretée de merrain, bois carré de sciage ou de charpenterie, l'amende sera de quatre-vingts livres; pour la charretée de bois de chauffage, quinze livres; pour la somme ou charge de cheval ou bourrique, quatre livres, et pour le fagot ou fouée, vingt sous.

A<sub>RT</sub>. 4. Pour étallons, baliveaux, parois, arbres de lisière, et autres arbres de réserve, cinquante livres; pour pied cornier, marqué de notre marteau, abattu, cent livres; et deux cents livres pour pied cornier arraché et déplacé: réduisons néanmoins l'amende pour baliveaux de l'âge du bois réservé dans les taillis au dessous de vingt ans, à dix livres.

A<sub>RT</sub>. 5. Si les délits se trouvent avoir été commis depuis le coucher jusqu'au lever du soleil, par scie ou par feu, soit par les officiers des forêts ou des chasses, arpenteurs, layeurs, gardes, usagers, coutumiers, pâtres, paissonniers, marchands ventiers et leurs facteurs, garde-ventes, bûcherons, charbonniers, charretiers, maîtres de forges, fourneaux, tuiliers, briquetiers, et tous autres employés à l'exploitation des forêts et les ateliers des bois en provenant, l'amende sera double.

A<sub>RT</sub>. 6. Voulons que toutes les personnes ci-dessus soient privées, en cas de récidive, savoir: les officiers de leurs charges, les marchands de leurs ventes et les usagers de leurs droits et coutumes, et que tous soient bannis à perpétuité des forêts, sans qu'ils puissent espérer aucunes lettres de pardon, rétablissement, commutation et rappel de ban, que nous défendons à notre amé et féal chancelier de sceller, et à tous juges d'entériner, nonobstant commandemens ou jussions contraires; déclarant dès à présent nulles et de nul effet et valeur toutes celles qui pourraient être obtenues.

A<sub>RT</sub>. 7. Demeureront les marchands, maîtres de forges, fermiers, usagers, riverains et autres occupans les maisons, fermes et autres héritages dans l'enclos, et à deux lieues de nos forêts, responsables civilement de leurs commis, charretiers, pâtres et domestiques.

Art. 8. Et d'autant que les amendes au pied du tour ont été réglées selon la valeur et état des bois de l'année 1518, depuis laquelle ils sont montés à beaucoup plus haut prix, ordonnons que, conformément à l'ordonnance faite par Henri III, en l'année 1588, et aux arrêts et règlemens des mois de septembre 1601, juin 1602 et octobre 1623, les restitutions, dommages et intérêts seront adjugés de tous délits, au moins à pareille somme que portera l'amende.

Art. 9. Outre l'amende, restitution, dommages et intérêts, il y aura toujours confiscation de chevaux, bourriques et harnois qui se trouveront chargés de bois de délit, et des scies, haches, serpes, cognées, et autres outils dont les particuliers coupables et complices seront trouvés saisis.

Art. 10. Les bestiaux trouvés en délits ou hors des lieux des routes et chemins désignés, seront pareillement confisqués; et où les bêtes ne pourraient être saisies, les propriétaires seront condamnés en l'amende, qui sera de vingt livres pour chacun cheval, bœuf ou vache; cent sous pour chacun veau, et trois livres pour mouton ou brebis; le double pour la seconde fois; et pour la troisième, le quadruple de l'amende; bannissement des forêts contre les pâtres et autres gardes et conducteurs, desquels en tout cas les maîtres, pères, chefs de famille, propriétaires, fermiers et locataires des maisons y résidant demeureront civilement responsables.

Art. 12. Toutes personnes privées, coupant ou amassant de jour des herbages, glands ou faines, de telle nature et âge que ce soit, et les emportant des forêts, boqueteaux, garennes et buissons, seront condamnées pour la première fois à l'amende, savoir: pour faix à col, cent sous; pour charge de cheval ou bourrique, vingt livres, et pour harnois, quarante livres; le double pour la seconde; et la troisième, bannissement des forêts, même du ressort de la maîtrise; et en tout cas confiscation des chevaux, bourriques et harnois qui se trouveront chargés.

ART. 23. Lorsqu'il y aura eu appel des condamnations d'amende, les collecteurs préposés dans les maîtrises en feront le recouvrement après que l'appel aura été jugé, soit que les amendes aient été augmentées ou modérées au siège de la table de marbre ou ailleurs; défendons à tous autres de s'immiscer en la recette et collecte, à peine de mille livres d'amende.

ART. 25. Les amendes ne pourront être prescrites que par dix ans, nonobstant tous usages et coutumes contraires.

ART. 26. S'il arrivait que les officiers fussent convaincus d'avoir commis supposition ou fraude dans leurs rapports et procédures, ils seront condamnés au quadruple, privés de leurs charges, bannis des forêts, et punis corporellement comme fauteurs et prévaricateurs, et les gardes qui auront fait le rapport, envoyés aux galères perpétuelles, sans aucune modération.

---

### GRANDE ORDONNANCE DE LOUIS XIV.

(Cette ordonnance est surnommée par excellence *Ordonnance de la Ville.*)

*Concernant la juridiction des prévôts des marchands et échevins de la ville de Paris.*

Décembre 1672.

Louis, par la grâce de Dieu, roi de France et de Navarre; à tous présens et à venir, salut:

L'affection singulière que nous portons à nos fidèles sujets, bourgeois et habitans de notre bonne ville de Paris, nous ayant obligé de procurer en toutes choses la décoration, commodité et avantage de cette capitale de notre état, en même temps que nous nous sommes appliqué à renouveler et rétablir les ordonnances et règlemens sur le fait de la justice et police dans tout notre royaume; nous avons fait rédiger de nouveau les ordonnances, coutumes, statuts et règlemens de la prevôté des marchands et échevinage de ladite ville, concernant le régime et administration d'icelle, la police et vente des marchandises qui y arrivent par les rivières, et qui se distribuent sur les ports, places et étapes; ce que nous aurions estimé d'autant plus nécessaire et utile à ladite ville, que les ordonnances anciennes, faites dès l'année 1415, n'ayant été revues ni réformées, étaient hors d'usage en plusieurs choses, et conçues en des termes de police et de navigation qui ne sont plus usités : joint que l'agrandissement de ladite ville aurait apporté plusieurs changemens dans la police et distribution de toutes les provisions nécessaires à la subsistance du grand nombre de ses habitans.

A ces causes, après avoir fait voir et examiner en notre conseil les articles, ordonnances et règlemens sur le fait de la police et administration de la prevôté et échevinage de notre bonne ville de Paris, vente et exposition des marchandises qui viennent par les rivières, et qui se distribuent sur les ports, places et étapes de ladite ville, et de notre certaine science, pleine puissance et autorité royale; nous avons confirmé, approuvé et ordonné, confirmons, approuvons et ordonnons les articles, statuts et règlemens qui en suivent :

### CHAPITRE I<sup>er</sup>. — *Concernant les rivières et bords d'icelles, pour la commodité de la navigation.*

ART. 1<sup>er</sup>. Pour faciliter le commerce par les rivières, et le transport des provisions nécessaires à la ville de Paris, défenses sont faites à toutes personnes de détourner l'eau des ruisseaux et des rivières navigables et flottables, affluentes dans la Seine, ou d'en affaiblir ou altérer le cours par des tranchées, fossés, canaux, ou autrement ; et en cas de contravention, seront les ouvrages détruits réellement et de fait, et les choses réparées incessamment, aux frais des contrevenans.

ART. 2. Ne sera loisible de tirer ou faire tirer terres, sables ou autres matériaux à six toises près du rivage des rivières navigables, à peine de cent livres d'amende.

ART. 3. Seront tous propriétaires d'héritages aboutissant aux rivières navigables, tenus de laisser le long des bords vingt-quatre pieds pour le trait des chevaux, sans pouvoir planter arbres, ni tirer clôtures ou haies plus près du bord que de trente pieds ; et en cas de contravention, seront les fossés comblés, les arbres arrachés et les murs démolis aux frais des contrevenans.

ART. 4. Ne seront pareillement mis ès-rivières de Seine, Marne, Oise, Yonne, Loing et autres y affluentes, aucuns empêchemens aux passages des bateaux et trains de bois montans et avalans ; et si aucuns se trouvent, seront incessamment ôtés et démolis, et les contrevenans tenus de tous dépens, dommages et intérêts des marchands et voituriers.

ART. 5. Enjoint à ceux qui, par concessions bien et duement obtenues, auront droit d'avoir arches, gords, moulins et pertuis construits sur les rivières, de donner auxdits arches, gords, pertuis et passages, vingt-quatre pieds au moins de largeur ; enjoint aussi aux meuniers et gardes des pertuis de les tenir ouverts en tout temps ; et la barre d'iceux tournée, en sorte que le passage soit libre aux voituriers montant et avalant leurs bateaux et trains, lorsqu'il y aura deux pieds d'eau en rivière ; et quand les eaux seront plus basses, de faire l'ouverture de leurs pertuis, toutefois et quantes ils en seront requis ; laquelle ouverture ils feront lorsque les bateaux et trains seront proches de leursdits pertuis, qui ne pourront être refermés, ni les aiguilles remises que lesdits bateaux et trains ne soient passés ; et seront lesdits meuniers tenus laisser couler l'eau en telle quantité que la voiture desdits bateaux et trains puisse être facilement faite d'un pertuis à un autre : défenses auxdits meuniers, gardes desdits pertuis et à leurs garçons de prendre aucuns deniers ou marchandises des marchands ou voituriers, pour l'ouverture et fermeture desdits pertuis, à peine du fouet et de restitution du quadruple de ce qui aura été exigé.

Art. 6. Lorsqu'il conviendra faire quelques ouvrages aux pertuis, vannes, gords, écluses et moulins sur les rivières de Seine et autres navigables et flottables et y affluentes, qui pourraient empêcher la navigation et conduite des marchandises nécessaires à la provision de Paris, seront les propriétaires d'iceux tenus d'en faire faire aux paroisses voisines la publication un mois auparavant que de commencer lesdits ouvrages et rétablissemens ; sera aussi déclaré le temps auquel lesdits ouvrages seront rendus parfaits, et la navigation rétablie ; à quoi les propriétaires seront tenus de satisfaire ponctuellement, à peine de demeurer responsables des dommages, intérêts et retards des marchands et voituriers.

Art. 9. Défenses à toutes personnes de jeter dans le bassin de la rivière de Seine, le long des bords d'icelle, quais et ports de ladite ville, aucunes immondices, gravoirs, pailles et fumiers, à peine de punition corporelle contre les serviteurs, et d'amende arbitraire, au paiement de laquelle pourront être les maîtres contraints ; et enjoint aux propriétaires des maisons bâties sur les ponts, le long des quais et bords de ladite rivière, et aux entrepreneurs qui auront travaillé ou travailleront à la construction et rétablissement des ponts et arches ou murs des quais, de faire incessamment enlever les décombres provenant des bâtardeaux qu'ils auront fait faire pour lesdits ouvrages, à peine d'amende, et de répétition contre eux des peines d'ouvriers employés à l'enlèvement desdites décombres. Et à ce que le présent règlement soit plus ponctuellement gardé, sera affiché à la diligence du procureur du roi et de la ville, et renouvelé de six mois en six mois.

Art. 10. Enjoint aux marchands et voituriers de faire incessamment enlever de la rivière les bateaux étant en fonds d'eau, et de faire ôter de la rivière, et de dessus les ports et quais, les débris desdits bateaux, et ce à peine d'amende et de confiscation : à cet effet seront lesdits bateaux et débris marqués du marteau de la marchandise, pour être vendus dans la huitaine sans autre formalité de justice, et les deniers provenant appliqués aux hôpitaux de ladite ville.

Chapitre II. — *Concernant la conduite des marchandises par eau.*

Art. 1er. Pourront les voituriers aller par les rivières, et conduire les bateaux chargés de marchandises pour la provision de Paris, aux jours fériés et non fériés, à l'exception seulement des quatre fêtes solennelles de Noël, Pâques, Pentecôte et Toussaint : défenses à tous seigneurs, hauts-justiciers, ecclésiastiques ou laïcs, et à leurs officiers, d'empêcher le passage desdits bateaux ès autres jours, ni d'exiger des marchands ou voituriers aucunes sommes de deniers, sous quelque prétexte que ce soit, à peine de concussion, et de demeurer responsables des dommages et intérêts causés pour les retards.

Art. 3. Pour éviter les naufrages qui pourraient arriver aux passages des ponts et pertuis, les voituriers conduisant bateaux et trains aval la rivière, seront tenus, avant que de passer les pertuis, d'envoyer un de leurs compagnons pour reconnaître s'il n'y a point quelques bateaux ou traits montans embouchés dans les arches desdits ponts ou dans lesdits pertuis, et si les cordes ne sont point portées pour les monter au-dessus desdits ponts, auquel cas l'avalant sera tenu de se garer jusqu'à ce que le montant soit passé, et que les arches et pertuis soient entièrement libres, à peine de répondre par le voiturier avalant du dommage qui pourrait arriver aux bateaux et traits montans.

Art. 4. Quand aucuns voituriers seront chargés de la conduite de plusieurs bateaux, et que, pour plus grande commodité, ils les auront accouplés, arrivant nécessité de les découpler, soit au passage des ponts et pertuis ou autres endroits difficiles, sera le principal voiturier tenu de les dépasser séparément, et les compagnons de rivière aussi tenus de faire le travail, et se joindre ensemble à cet effet, à peine de demeurer les uns et les autres responsables de la perte desdites marchandises, dommages et intérêts des marchands.

Art. 5. Voituriers de bateaux montans, venant à rencontrer en pleine rivière des bateaux avalant, seront tenus se retirer vers terre pour laisser passer lesdits avalans, à peine de demeurer responsables du dommage causé tant aux bateaux que marchandises.

ART. 6. Pour prévenir les accidens qui peuvent arriver par la rencontre des bateaux descendans, avec les coches et traits des bateaux montans, seront tenus tous conducteurs de traits de bateaux montans, pour faciliter le passage desdits coches et bateaux descendans, faire voler par-dessus lesdits bateaux montans la corde appelée *cincenelle*, et empêcher que les bascules, accouplées en fin desdits traits, ne s'écartent et empêchent le passage desdits coches et autres bateaux, et seront tenus les conducteurs desdits coches descendans, pour faciliter le passage desdits coches et bateaux montans, de lâcher leur cincenelle, en sorte qu'elle passe par-dessous le bateau montant, à peine aussi de toutes pertes, dommages et intérêts.

ART. 10. Les marchandises destinées pour la provision de Paris ne pourront être arrêtées sur les lieux ni en chemin, sous quelque prétexte que ce soit, même de saisies faites d'icelles, soit par les propriétaires ou créanciers particuliers du marchand, soit aussi pour salaire et prix de la voiture, nonobstant lesquelles saisies lesdites marchandises seront incessamment voiturées et amenées à la garde des gardiens établis à icelle, pour être vendues et débitées sur les ports, et les deniers de la vente tenus en justice, à la conservation de qui il appartiendra ; à cet effet, les saisissans seront aussi tenus d'avancer les frais de garde, sauf à les répéter, faute de quoi seront lesdites saisies déclarées nulles.

ART. 11. Pour empêcher le monopole et les mauvaises pratiques d'aucuns marchands, qui pour causer disette et augmenter le prix des marchandises, s'entendent ensemble, sous prétexte de

sociétés, et affectent de ne point faire charger et
voiturér en cette ville, celles qui sont existantes
sur les ports et achetées dans les provinces : défenses sont faites à tous marchands de contracter
telles sociétés, sous peine de punition corporelle,
et pourront les prevôts des marchands et échevins, en cas de besoin, faire voiturer lesdites
marchandises en cette ville, aux frais de la chose,
pour être vendues au public, ou octroyer permission à autres marchands de les faire voiturer pour
leur compte, aux soumissions de rembourser par eux
les propriétaires du prix de leurs marchandises.

CHAPITRE III. — *Concernant l'arrivée des bateaux et
marchandises aux ports de la ville de Paris.*

ART. 2. Défenses à tous marchands d'aller au-
devant des marchandises destinées pour la provision de Paris, et de les acheter en chemin, à peine
contre les marchands-vendeurs de confiscation de
la marchandise, et de perte du prix contre l'acheteur, et, en cas de récidive, d'interdiction du
commerce.

ART. 5. Pour débarrasser les ports, et les rendre
capables de contenir plus grande quantité de bateaux et marchandises : enjoint aux voituriers et
marchands, aussitôt que leurs bateaux auront été
fermés, d'en ôter les gouvernaux; lesquels ils
seront tenus mettre dans leurs bateaux ou le long
des bords d'iceux, à peine d'amende.

ART. 6. Les bateaux et marchandises étant arrivés en cette ville au port de leur destination,
seront les voituriers tenus d'en donner avis, dans
les vingt-quatre heures au plus tard, aux marchands propriétaires d'icelles ou à leurs commissionnaires, et leur exhiber leurs lettres de voiture,
en marge desquelles lesdits marchands et commissionnaires seront obligés de coter le jour de l'ex-

hibition; et en cas de refus, leur sera fait sommation à la requête des voituriers : et à l'égard des marchandises qui ne doivent tenir port, lesdits marchands les feront incessamment conduire en leurs maisons et magasins, sans que les voituriers soient tenus à autre chose, sinon à l'égard de celles qui arrivent au port du guichet et Saint-Thomas-du-Louvre, que de délivrer les marchandises de la quantité et qualité portées par la lettre de voiture, sans être tenus de payer la décharge qui sera faite par les compagnons de rivière pour le prix que les marchands ont accoutumé d'en donner, et sans que les voituriers demeurent garans de la conduite et enlèvement desdites marchandises ès maisons des marchands ; et à l'égard de ceux qui arriveront au port Saint-Paul, délivrer les marchandises des quantités et qualités portées par ladite lettre de voiture, pour être déchargées par les officiers-forts, ainsi qu'il se pratique.

ART. 7. En cas de négligence par les marchands ou commissionnaires de faire enlever leur marchandises, pourront les voituriers, après une sommation bien et duement faite aux marchands ou commissionnaires auxquels la lettre de voiture sera adressante, faire décharger ladite marchandise du bateau à terre, soit par les officiers-forts au port Saint-Paul, ou compagnons de rivière ès ports du guichet et Saint-Thomas-du-Louvre, en faisant néanmoins par lesdits voituriers mention par écrit sur leur registre de voiture, des quantités et qualités desdites marchandises ainsi déchargées, et faisant attester ledit registre par lesdits officiers-forts ou par deux personnes dignes de foi ; et demeureront ce faisant lesdits voituriers, ensemble lesdits forts et compagnons de rivière, déchargés desdites marchandises.

ART. 8. Et où les marchands ou commissionnaires, après une sommation à eux faite, feraient refus d'accepter les lettres de voiture et marchandises à eux adressées, pourront lesdits voituriers se pourvoir par-devant les prevôts des marchands et échevins, pour obtenir le séquestre desdites marchandises, même, si besoin est, en faire ordonner la vente avec le procureur du roi et de la ville, pour éviter au dépérissement et faciliter le paiement de la voiture; et en justifiant par le voiturier de la permission desdits prevôts des marchands et échevins, du procès-verbal de vente ou séquestre des marchandises et de la décharge d'icelles, attestée en la forme que dessus, en demeureront lesdits voituriers bien et valablement quittes et déchargés : et en cas de vente desdites marchandises, les deniers seront tenus en justice, à la conservation de qui il appartiendra, sur iceux préalablement pris les frais ordinaires, ceux de décharge, garde, prix de voitures, retards et séjours desdits voituriers, s'il y échet.

Art. 13. Si le principal voiturier est en demeure de payer les compagnons de rivière, pourront lesdits compagnons s'adresser aux marchands, et à leur refus à la marchandise, même au bateau dans lequel elle aura été voiturée, qu'ils pourront faire saisir et vendre pour leurs salaires, frais, dépens et séjours, sauf le recours du marchand contre le principal voiturier.

Art. 14. Demeurera tout marchand responsable des bateaux qui auront servi à la voiture de ses marchandises, dès l'instant qu'ils auront été mis à port, et tant qu'il restera de ses marchandises dans lesdits bateaux.

Art. 15. Le bateau répond de la marchandise, en sorte que si le voiturier défaut au marchand en la livraison de la quantité dont il a été chargé, ou si la marchandise se trouve endommagée par le défaut du soustrait, ou faute par le voiturier d'avoir couvert les marchandises de qualité à périr par l'injure du temps ; en tous ces cas, le marchand peut procéder par voie de saisie et vente du bateau.

Art. 16. S'il se trouve dans le bateau plus grande quantité de marchandise que celle portée par la lettre de voiture, elle appartiendra au marchand, en augmentant le prix de la voiture à proportion de ce qu'il s'est trouvé de bon.

Art. 17. Arrivant que les marchandises étant sur les ports de cette ville soient saisies sur le marchand, et les bateaux sur le voiturier, ne pourront lesdites marchandises être enlevées desdits ports par lesdits propriétaires ou saisissans, sous quelque prétexte que ce soit, au préjudice de ladite saisie, ni les bateaux emmenés, à peine, contre les contrevenans, d'amende arbitraire et d'emprisonnement de leurs personnes.

Art. 18. Ne sera néanmoins sursis, sous prétexte de ladite saisie, à la vente desdites marchandises ; mais seront celles sujettes à taxe, vendues aux prix de ladite taxe : et à l'égard de celles dont le prix n'est point fixé, seront vendues au prix courant, et les deniers provenant desdites ventes, reçus par les gardiens établis auxdites saisies, ou tenus en justice, à la conservation de qui il appartiendra.

Art. 19. Ne sera amené ni exposé en vente en cette ville aucunes marchandises qu'elles ne soient bonnes, loyales et non défectueuses, à peine de confiscation.

Chapitre IV. — *Concernant les maîtres des ponts, leurs aides, maîtres des pertuis, gardes de nuit, chargeurs et déchargeurs de fardeaux, etc.*

Art. 2. Défenses à tous marchands ou voituriers, sous quelque prétexte que ce soit, de passer eux-

mêmes les bateaux sous les ponts, ou par lesdits
pertuis où il y a des maîtres établis, à peine de
cent livres d'amende; et seront les marchands et
voituriers tenus s'arrêter aux gares ordinaires, et
d'avertir les maîtres des ponts, lesquels seront
tenus passer lesdits bateaux suivant l'ordre de leur
arrivée, sans user de préférence, à peine des dommages et intérêts des marchands et d'amende arbitraire.

ART. 3. Ne sera loisible aux maîtres des ponts,
pertuis ou chableurs, de faire commerce sur la
rivière, entreprendre voiture, ni tenir taverne,
cabaret, ou hôtellerie sur les lieux, à peine
d'amende pour la première fois, et d'interdiction
de leurs charges, en cas de récidive.

ART. 5. Seront tous les maîtres des ponts et chableurs tenus dénoncer aux prevôts des marchands
et échevins les entreprises qui seront faites sur les
rivières, par constructions de moulins, pertuis,
gords et autres ouvrages qui pourraient empêcher
la navigation.

ART. 7. Enjoint aux gardes de nuit de faire leurs
fonctions en personne, et de faire, sur les ports,
bonne et sûre garde pour la conservation des marchandises y étant, à peine d'en répondre en leurs
propres et privés noms, et d'interdiction de leurs
charges; à l'effet de quoi, par chacun jour, après
l'heure de vente, leur seront données par comptes,
les marchandises qui se pourront compter; et les
autres marchandises qui ne se pourront compter,
leur seront confiées au même état qu'elles auront
été reconnues le soir par deux marchands qui en
auront au lieu le plus proche, pour être lesdites
marchandises le lendemain rendues au même
compte et état qu'elles leur auront été données en
garde; et en cas de contestation sur la quantité
desdites marchandises, en seront crus les deux
marchands qui auront été présens à la reconnois-

sance faite le soir précédent ; et sur leur déclaration lesdits gardes de nuit condamnés à indemniser les marchands de la perte de leurs marchandises, au dire d'experts ; et où les gardes de nuit seroient accusés d'avoir abusé de la garde desdites marchandises, et icelles appliquées à leur profit, en ce cas pourront les marchands intenter leur action dans les vingt-quatre heures, pour être contre lesdits gardes de nuit procédé extraordinairement, après lequel temps les marchands déclarés non-recevables.

ART. 8. Enjoint aux planchéeurs de mettre sur les bateaux de fortes planches, portées sur tel nombre de tréteaux qu'il conviendra, depuis le bord de la rivière jusque sur les bateaux chargés de marchandises, et d'en mettre de travers sur les bateaux qui se trouveront vides auxdits ports : autrement demeureront lesdits planchéeurs déchus et privés des droits à eux attribués, et condamnés aux dommages et intérêts des bourgeois, marchands, officiers ou gagne-deniers, travaillant sur lesdits ports : enjoint aussi au planchéeur du port au vin de fournir et mettre des planches pour aller du bord de la rivière dans les bateaux, par autres endroits que ceux où les déchargeurs de vins auront fait leurs chemins et posé leurs chantiers, sous les peines ci-dessus, et d'amende arbitraire.

ART. 25. Sera loisible à tous bourgeois de faire décharger par leurs domestiques, du bateau à terre, les denrées et marchandises qu'ils auront fait arriver, et d'en faire faire la voiture dans leurs chariots, si bon leur semble : défenses aux charretiers et gagne-deniers de troubler lesdits bourgeois en cette liberté, et d'entreprendre de faire aucun travail sur les ports, qu'ils n'aient été choisis et mis en besogne par les bourgeois, à peine du fouet.

CHAPITRE XVII. — *Concernant la marchandise de bois neuf, flotté et d'ouvrages.*

ART. 1er. Seront.tous marchands trafiquans de bois pour la provision de Paris, tenus de faire façonner tous les bois à brûler de trois pieds et demi de longueur, et des grosseurs suivantes, savoir : les bois de moule, de dix-huit pouces au moins de grosseur ; les bois de taillis, de six pouces aussi au moins de grosseur ; les fagots de trois pieds et demi de long, et de dix-sept à dix-huit pouces de tour, garnis de leurs paremens, remplis au dedans de bois et non de feuilles ; les cotrets de quartier ou de taillis, de deux pieds de long, et de dix-sept à dix-huit pouces de tour ; et seront lesdits marchands ventiers tenus de fournir auxdits bûcherons des chaînes et mesures desdites longueurs et grosseurs : défenses auxdits marchands de faire façonner des bois qui ne soient des échantillons ci-dessus spécifiés, à peine de confiscation.

ART. 2. Les menus bois étant au-dessous de six pouces, seront convertis en charbon, ou débités en cotrets et fagots ès lieux d'où la voiture ne peut être commodément faite : à l'égard des menus bois provenant de l'exploitation des forêts, dont les bois viennent par flottages, lesdits marchands pourront s'en servir pour façonner leurs trains, et les faire venir avec autre bois ; à la charge néanmoins de ne les mêler avec lesdits bois d'é-chantillon, et de ne les vendre qu'au prix de la taxe qui y sera mise par les prevôts des marchands et échevins de ladite ville.

ART. 3. Pourront aussi les bois dandelles et autres venant par les rivières de Somme et Oise, quoiqu'ils ne soient pas des longueurs ci-dessus, être amenés en cettedite ville, pour y être ven-dus au prix et en la manière qui sera réglée lors de l'arrivage qui en sera fait.

ART. 4. Pour faciliter à la ville de Paris la pro-

vision desdits bois, pourront les marchands trafiquans desdites marchandises, faire tirer et sortir
des forêts, passer les charrettes et harnois sur les
terres et chemins étant depuis lesdites forêts jusqu'aux ports flottables et navigables, en dédommageant les propriétaires desdites terres au dire
d'experts et gens à ce connaissans, dont les parties
conviendront, sans que pour raisons desdits dommages les propriétaires desdits héritages puissent
faire saisir lesdits bois, chevaux et charrettes, et
empêcher la voiture sur lesdits ports, en faisant
par les marchands leurs soumissions de payer lesdits dommages tels que de raison.

Art. 5. Et d'autant que les marchands de bois
flottés ne pourraient souvent exploiter lesdits bois
sans faire de nouveaux canaux, et se servir des
eaux des étangs, sera permis auxdits marchands
de bois de faire lesdits canaux, et de se servir des
eaux desdits étangs, en dédommageant lesdits pro-
propriétaires desdites terres et desdits étangs, au
dire d'experts et gens à ce connaissans, dont les
parties conviendront.

Art. 6. Les marchands de bois flottés pourront
faire jeter leurs bois à bois perdu, sur les rivières,
et ruisseaux, en avertissant les seigneurs intéressés,
par publications qui seront faites dix jours avant
que de jeter lesdits bois, au prône des messes de
paroisses étant depuis le lieu où les bois seront
jetés, jusqu'à celui de l'arrêt, et à la charge
de dédommager les propriétaires des dégradations, si aucunes étaient faites aux ouvrages et
édifices contruits sur lesdites rivières et ruisseaux.

Art. 7. Afin que le flottage desdits bois puisse
être plus commodément fait, seront tenus les
propriétaires des deux côtés desdits ruisseaux,
de laisser un chemin de quatre pieds pour le
passage des ouvriers préposés par les marchands,
pour pousser aval-l'eau lesdits bois.

Art. 8. Pourront aussi les marchands de bois

les faire passer par les étangs et fossés appartenant
aux gentilshommes et autres, lesquels seront tenus
à cet effet de faire faire ouverture de leurs basse-
cours et parcs, aux ouvriers préposés par lesdits
marchands, à la charge de dédommager lesdits
propriétaires, s'il y échet.

Art. 9. Sera loisible auxdits marchands de faire
pêcher par telles personnes que bon leur semblera,
les bois de leur flot qui auront été à fond d'eau,
pendant quarante jours après que ledit flot sera
passé : et si durant lesdits quarante jours autres
marchands jetent un autre flot, lesdits quarante
jours ne commenceront de courir que du jour que
le dernier flot sera entièrement passé ; et ne pourront ceux qui se prétendent seigneurs des rivières
et ruisseaux, se faire payer aucune chose, sous
prétexte de dédommagement de la pêche, ou autrement, pour raison desdits bois-canards.

Art. 11. Pour prévenir les constestations fréquentes d'entre les marchands et les seigneurs, et
autres propriétaires des moulins, vannes, écluses
et pertuis, établis et construits sur lesdites rivières
et ruisseaux, pour prétendues dégradations causées
par le passage des bois, seront lesdits marchands
tenus, avant que de jeter leur flot, de faire visiter
par le premier juge ou sergent sur ce requis, partie présente, ou duement appelée aux domiciles
de leurs meuniers, lesdits vannes, écluses, pertuis et moulins, et de faire faire le récolement de
ladite visite, après le flot passé, par le même juge
ou sergent, à peine d'être tenus de toutes les
dégradations qui se trouveront auxdits vannes,
écluses, moulins et pertuis.

Art. 12. Si par la visite faite avant le flot, il
paraît qu'il y ait aucune réparation à faire auxdits
vannes, écluses, pertuis et moulins, les propriétaires seront tenus de les faire incessamment rétablir, après une simple sommation faite auxdits

propriétaires, à leurs personnes, ou domiciles de leurs meuniers, sinon permis auxdits marchands d'y mettre ouvriers, et d'avancer pour ce les deniers nécessaires, qui leur seront déduits et précomptés sur ce qu'ils pourront devoir pour le chômage desdits moulins, causé par le passage de leurs bois, et le surplus sera porté par lesdits propriétaires, et pris par préférence sur le revenu des moulins, qui demeurera par privilége affecté auxdites avances.

ART. 13. Quand aucuns moulins construits par titres authentiques sur les rivières et ruisseaux flottables, tournant et travaillant actuellement, chômeront au sujet du passage des bois flottés, sera payé pour le chommage d'un moulin, pendant vingt-quatre heures, de quelque nombre de roues que le corps du moulin soit composé, la somme de quarante sous, si ce n'est que les marchands ne soient en possession de payer moindre somme auxdits propriétaires desdits moulins, ou leurs meuniers ; auquel cas sera payé suivant l'ancien usage : défenses auxdits meuniers, à peine du fouet, de se faire payer aucune autre somme, si ce n'était pour leur travail particulier, et dont ils seront convenus de gré à gré avec les marchands ou leurs facteurs.

ART. 14. Pourront lesdits marchands de bois se servir des terres proches des rivières navigables et flottables, pour y faire les amas de leurs bois, soit pour les charger en bateaux, soit pour les mettre en trains, en payant pour l'occupation desdits héritages, savoir : dix-huit deniers pour chacune corde qui sera empilée sur les terres étant en pré, et un sou pour chacune corde empilée sur les terres étant en labour, lesquelles sommes seront payées pour chacune année que lesdits bois demeureront empilés sur lesdits lieux d'entrepôts ; et moyennant lesdites sommes, seront tenus lesdits propriétaires de souffrir le passage des ouvriers sur leurs héritages, tant pour faire lesdits empilages que pour façonner les trains ; ensemble laisser passer harnois et chevaux portant les rouettes, chantiers, et autres choses nécessaires pour la construction desdits trains.

Art. 15. Et afin que lesdits propriétaires puissent être payés par chacun des marchands qui auront des bois dans un flot, seront tenus lesdits marchands de faire marquer leurs bois de leur marque particulière, de les faire triquer et empiler séparément sur lesdits ports flottables, et de faire faire les piles de huit pieds de haut, sur la longueur de quinze toises, ne laissant entre les piles que deux pieds de distance ; et ne pourront lesdits marchands faire travailler à la confection de leurs trains, qu'après avoir payé ladite occupation, à l'effet de quoi seront tenus de faire compter et mesurer lesdites piles par les compteurs des ports, en présence des propriétaires desdits héritages et prés, ou eux duement appelés.

Art. 16. Pour procurer l'abondance de la marchandise de bois, pourront tous marchands, tant dans cette ville que forains, faire mettre en chantier les bois flottés qu'ils feront arriver, et tiendront lesdits prevôt des marchands et échevins la main à ce que lesdits forains soient pourvus de chantiers en lieux convenables pour la distribution de leurs bois.

Art. 18. Enjoint aux marchands de bois flottés faire triquer leurs bois, et les faire empiler dans leurs chantiers séparément, selon leurs différentes qualités, à peine de confiscation de leurs marchandises, et sera chacune pile mise à telle distance qu'elle puisse être entièrement vue et visitée par les officiers à ce préposés.

Art. 19. Pour éviter au mélange de bois de différentes qualités, qui en pourrait causer la survente, les marchands qui feront arriver des bois neufs de différentes qualités, en même bateau, seront tenus les y faire mettre par piles séparées, à peine de confiscation.

Art. 24. Tous bois qui n'auront dix-sept pouces de grosseur au moins, seront réputés de corde ou taillis, et vendus par la membrure, qui aura quatre pieds de haut sur quatre pieds de large; et demeureront les marchands qui auront fourni les membrures et les mouleurs qui s'en seront servis, responsables de la continence d'icelles.

Art. 25. Défenses aux aides, aux mouleurs de bois de mettre en membrures des bois qui soient si tortus que la mesure en soit notablement diminuée, et aux jurés-mouleurs de le souffrir, ni aussi qu'il y ait plus du tiers de bois blanc dans les bois, à peine d'être responsables des dommages et intérêts des acheteurs.

Art. 26. La voie du bois dandelles, et autres bois de mesure extraordinaire, sera réglée pour le prix et pour la quantité des bûches qui la composeront, par les prevôt des marchands et échevins, lorsque la montre en sera apportée au bureau de la ville, sur le rapport des officiers mouleurs, dont sera fait mention sur les registres par l'un desdits échevins.

Art. 27. Les fagots et cotrets seront vendus par compte, par cent, et seront fournis suivant l'usage, les quatre au par-dessus de cent.

Art. 28. Tous bois à brûler, même les fagots et cotrets, seront livrés aux acheteurs à terre, et en état d'être chargés en charrettes, sans qu'ils soient tenus de payer autre chose que le prix de la taxe.

Art. 29. Ne sera loisible aux marchands ni à leurs domestiques de s'immiscer au compte ou à la mesure des bois, ni de les mettre dans les membrures, à peine d'amende.

ART. 33. Seront les marchands de bois carrés, sciage, charronnage, merrain et d'ouvrages, soit de cette ville ou forains, tenus de laisser lesdits bois sur les ports pendant trois jours, à ce que les bourgeois s'en puissent fournir; et, après lesdits trois jours, les artisans les pourront lottir dans vingt-quatre heures; et ledit temps passé, seront tenus les marchands de Paris de faire enlever lesdits bois dans leurs chantiers; et, à l'égard des forains, les laisseront sur les ports jusqu'à ce qu'ils aient été actuellement vendus.

## CHAPITRE XVIII. — *Merrain à treilles, osier et ployon.*

ART. 1er. Les échalas servant aux vignes auront quatre pieds et demi de long au moins, et sera chacune botte ou javelle composée de cinquante échalas; et ceux servant à faire palissades auront onze pieds de long, et seront pareillement chacunes bottes composées de cinquante.

ART. 3. Les perches servant aux treilles auront, savoir : celles dont les bottes ne seront composées que de 4 perches, 10 pouces de tour, depuis le gros bout, sur la longueur de 6 pieds de haut; et celles dont la botte sera composée de 6 perches, auront pareille grosseur de 10 pouces, jusqu'à 3 pieds et demi de haut ; et les perches dont la botte sera composée de 12, auront au moins 8 pouces au gros bout, et reviendront à 2 pouces au moins de grosseur par le haut ; celles dont il y en aura 26 à la botte, auront au moins 6 pouces au gros bout, et à l'extrémité au moins un pouce ; et à l'égard des bottes de perches composées de cinquante, elles auront au moins 4 pouces par le gros bout, et un pouce à l'extrémité, et pourront y être mêlées 13 perches de moindre grosseur, pour servir de losange des jardins.

Art. 4. Les gerbes d'osier, soit de celui qui est rond et rouge, ou de l'osier des rivières, seront chacune de quatre pieds de lien ou de deux pieds, sans qu'elles soient mélangées d'osier sec ou de branches de saule surannées : pareillement seront les gerbes de ployon de la même mesure ; et seront les marchands tenus de faire tenir port auxdites marchandises pendant trois jours, pour la fourniture et provision des bourgeois, après lesquels les pourront faire enlever.

CHAPITRE XXI. — *Concernant la marchandise de charbon, tant de bois que de terre.*

Art. 1er. Seront les marchandises de charbon de bois et de terre conduites ès ports et places à ce destinés, et les marchands tenus, à l'instant de l'arrivée d'icelles, exhiber aux jurés mesureurs et contrôleurs de ladite marchandise, leurs lettres de voiture, dont sera fait registre par lesdits mesureurs, pour y avoir recours quand besoin sera.

Art. 2. Lesdits mesureurs seront tenus, à l'instant de l'arrivée desdites marchandises, les aller visiter ès bateaux et places, et venir déclarer au bureau de la ville le nom du marchand, la quantité et la qualité de la marchandise, pour être le prix mis au charbon de bois sur l'échantillon qui en sera apporté, dont sera fait registre par l'un des échevins à ce commis.

Art. 3. Tous charbons amenés par rivière seront entièrement vendus dans les bateaux qui les auront voiturés, et ceux amenés par charrettes et bannes, incessamment conduits ès places à ce destinées, sans qu'il soit loisible de faire aucun entrepôt ou magasin de ladite marchandise, sans permission expresse des prevôt des marchands et échevins, ni faire séjourner lesdites charrettes et bannes dans les hôtelleries et autres lieux de cette ville et faubourgs, à peine de confiscation.

Art. 5. Ne sera la marchandise de charbon vendue sur les ports et places à plus haut prix que la taxe; et pour la donner à connaître aux acheteurs, seront les jurés-mesureurs tenus apposer par chacun jour à chacun bateau qui sera en vente, et aux places publiques, quand il s'y fera débit de ladite marchandise, une banderolle contenant ladite taxe, à peine d'amende contre lesdits jurés-mesureurs départis pour la mesure desdits charbons, et d'être responsables en leurs noms des dommages et intérêts de l'acheteur, en cas de survente.

CHAPITRE XXII. — *Concernant la fonction des jurés-mesureurs de charbon.*

Art. 1er. Les jurés-mesureurs de charbon se trouveront aux jours et heures de vente sur les ports et places où ils auront été départis par les procureurs-syndics de leur communauté, pour mesurer les charbons de bois et de terre, sans souffrir qu'il soit fait aucune mesure par les garçons la pelle qu'en leur présence, à peine d'interdiction contre l'officier, et de privation de ses droits.

Art. 2. Les procureurs-syndics de ladite communauté nommeront deux desdits mesureurs, pour se trouver assiduement en leur chambre par chacune semaine, pour y recevoir les déclarations des marchands, tant de Paris que forains, et enregistrer les lettres de voitures qui leur seront représentées : seront les procureurs-syndics aussi tenus de nommer deux autres de leurs compagnons, pour faire par chacun jour le contrôle desdites marchandises sur les ports, en faire le rapport au bureau, et faire mettre le prix audit charbon sur l'échantillon qui y sera apporté par les jurés-porteurs, ou leurs garçons.

Art. 3. Quand un mesureur aura été départi par

les procureurs-syndics à un bateau de charbon de bois et de terre, il ne pourra entreprendre nouvelle besogne que ledit bateau n'ait été entièrement vidé.

Art. 4. Si, dans le cours de la vente, le mesureur départi à aucun bateau reconnaît le charbon être de moindre qualité dessous que dessus, et être différent du premier échantillon, sur lequel il a été mis à prix, il sera tenu de le dénoncer au procureur du roi et de la ville, pour, sur son réquisitoire, être pourvu, par les prevôt des marchands et échevins, et ce à peine d'interdiction contre l'officier.

## Chapitre XXIII. — *Concernant les fonctions des jurés-porteurs de charbon.*

Art. 1er. Les jurés-porteurs de charbon se trouveront par chacun jour aux ports et places auxquels ils auront été départis, pour faire le partage du charbon acheté par les bourgeois, à peine d'être privés de leurs émolumens.

Art. 2. Seront les procureurs-syndics de la communauté tenus de départir deux d'entre eux pour porter ou faire porter les échantillons au bureau de la ville, et être présens aux rapports qui y seront faits par lesdits mesureurs, pour être les charbons mis à prix, et registrés sur les registres des arrivages.

Art. 3. Pourront lesdits jurés-porteurs de charbon, conformément aux édits et déclarations, s'aider de gagne-deniers, dits plumets, pour le transport de ladite marchandise, à la charge de les payer de leurs deniers, sur le droit à eux attribué pour ledit portage.

Art. 4. Demeureront lesdits jurés-porteurs responsables des exactions qui pourraient être commises par lesdits plumets, et seront solidairement

condamnés à la restitution de ce qu'ils auront exigé
au par-dessus la taxe, pourquoi seront toutes dé-
nonciations reçues, et le tiers des amendes adjugé
au dénonciateur.

Art. 5. Défenses aux plumets desdits porteurs de
rien ôter des sacs de charbon qui auront été mesurés, et qu'ils porteront, et d'y faire mélange de
braise et de charbons d'autre qualité, ni de recevoir des bourgeois aucune chose au par-dessus de
huit sous, attribués auxdits porteurs, sous quelque prétexte que ce soit, même de gratification,
à peine du fouet.

---

## ORDONNANCE DE POLICE,

*Concernant les bois à brûler, l'époque à laquelle ils
doivent être rendus, chaque année, des ventes où ils
auront été exploités, sur les ports voisins d'icelles,
et le martelage de ceux à jeter à flot, et à mettre en
trains.*

### Du 6 mai 1785.

A tous ceux qui ces présentes lettres verront, etc.

Que continuellement occupés du soin de pourvoir à l'approvisionnement de cette capitale, en
bois à brûler, et considérant que, pour faire absolument cesser le reste des obstacles et retards que
quelques marchands, adjudicataires et propriétaires
des bois affectés à cet approvisionnement, cher-
chent encore à mettre à l'exécution des ordonnances par nous récemment rendues à ce sujet, il
convient de prescrire une époque fixe pour que,
chaque année, les bois provenus de la coupe des
ventes en exploitation, soient à cette époque charroyés, rendus et empilés sur les ports flotables ou
chargeables en bateaux, les plus à proximité desdites ventes ; que, l'empilage fait d'iceux, ils puis-

sent y être reçus sans autre délai; et qu'à l'égard
de ceux desdits bois destinés à être jetés à flot, et
à être mis en train, ils y soient, immédiatement
après leur réception, préalablement martelés de
la marque particulière à chacun des marchands et
propriétaires d'iceux.

Nous, après avoir ouï sur ce le procureur du roi
et de la ville, disons que les ordonnances, senten-
ces, arrêts et règlemens concernant les marchandises de bois à brûler, affectées et destinées à
l'approvisionnement de cette ville, et notamment
l'arrêt de la cour de parlement, du 24 juillet 1725,
et nos ordonnances des 10 décembre, 14 janvier
et 16 février derniers, seront exécutés selon leur
forme et teneur, et sous les peines y portées. En
conséquence, que, chaque année, la présente
comprise, tous marchands, adjudicataires et propriétaires desdits bois, fréquentant les ports des
rivières d'Yonne, Cure, Cousin, Armence et Ar-
mençon, Vannes, Seine, Aube, Loin, Marne,
Ourc, grand et petit Morin, Aisne, Oise et
autres rivières, canaux et ruisseaux y affluens,
seront tenus, à la suite et au fur et à mesure de
leurs exploitations, de les faire charroyer sans dis-
continuation ni retard, des ventes aux ports flotables ou chargeables en bateaux, les plus voisins
desdites ventes; de les faire empiler sur lesdits
ports, et ensuite les y recevoir, le tout de manière
qu'au plus tard à l'époque du 11 novembre de la
présente année, et à pareil jour de chacune des
années suivantes, lesdits bois soient sortis des ventes, charroyés, rendus, empilés et reçus sur lesdits ports.

Qu'en ce qui est de ceux desdits bois qui seront
dans le cas d'être jetés à flot, conduits et retirés
ès ports inférieurs, pour ensuite y être flottés et
mis en trains, les marchands, adjudicataires et
propriétaires d'iceux seront en outre tenus, immé-

diatement après leur réception, et dans la quinzaine au plus tard, à compter du 11 novembre de chaque année, de les faire marteler de la marque particulière à chacun d'eux, pour qu'ils puissent être jetés et mêlés dans le flot qui lors sera commencé, ou le plus prochain à faire couler, sinon et en cas de négligence ou retard dans la réception et martelage desdits bois, et pour en accélérer l'arrivée en cette ville, ordonnons qu'en vertu des présentes, et sans qu'il en soit besoin d'autres, ils seront et demeureront confisqués sur les marchands et propriétaires d'iceux, au profit commun des autres marchands et propriétaires intéressés audit flot, et qu'aux frais de ces derniers ils seront jetés confusément, quoique non martelés, avec ceux de ce même flot, pour le tout être conduit sans retard en cettedite ville, et y être par eux vendu et débité dans leurs chantiers.

Mandons, etc. etc.

## ARRÊTÉ

*Sur l'emploi du décastère.*

Du 3 nivôse an VII.

Le Directoire exécutif, considérant que l'exécution de son arrêté du 3 nivose an VI, portant établissement du stère dans les chantiers du département de la Seine, est étroitement liée avec les opérations qui concernent la mise en état des bois sur les ports d'approvisionnement, où il est nécessaire d'établir enfin une manière de compter uniforme;

Arrête ce qui suit :

Art. 1er. A compter du 1er pluviôse prochain, le bois de chauffage ne sera plus mesuré sur les ports flottables et navigables, à la corde, mais au décastère ou mesure de dix stères.

Art. 2. Tant que les bûches continueront à être coupées à la longueur actuelle de 114 centimètres, il faudra, pour former un décastère, trois mètres de hauteur sur trois mètres de couche; la hauteur comptée au niveau du terrain, jusqu'au haut de la pile, et égale sur les deux faces; la longueur ou couche, prise de bout en bout, *sans addition de bûches dans aucun sens*, ni *aucune* AUTRE AUGMENTATION, sous quelque dénomination que ce soit. (1)

Art. 3. En conséquence, les piles de bois à brûler seront uniformément de trois mètres de hauteur sur les deux faces et dans toute leur étendue, ni plus ni moins; et comme il faut qu'elles soient par nombre exact de décastères, elles devront avoir de couche 3, 6, 9, 12, 15 ou 18 mètres, c'est-à-dire un nombre de mètres toujours divisible par trois, afin que le nombre de décastères puisse être immédiatement connu par l'application d'une règle de trois mètres de longueur, laquelle donnera autant de décastères qu'il aura fallu l'appliquer de fois pour mesurer la longueur de la pile.

Art. 4. Sur les ports où les bois sont chargés en bateaux, seulement il pourra être formé des piles d'un mètre 50 centimètres de hauteur : en ce cas, la longueur pour former le décastère sera de six mètres de couche.

Art. 5. Les garde-ports, les facteurs, les commis préposés à la surveillance des empilages sur les ports, seront tenus de fournir aux ouvriers et de se procurer à eux-mêmes une règle de trois mètres de longueur, vérifiée par les inspecteurs de la na-

---

(1) Il est d'usage ancien et reçu dans cette branche de commerce, de compenser ce défaut de mesure que produisent les roseaux où les bûches sont croisées, par une addition de bûche.

vigation sur le mètre modèle qu'ils auront reçu à cet effet ; ces inspecteurs appliqueront sur chaque règle qu'ils auront vérifiée, un poinçon de reconnaissance.

Art. 6. Tous usages contraires au présent arrêté sont abrogés, à compter dudit jour 1er pluviôse ; en conséquence, les ouvriers qui donneraient à leurs piles plus ou moins de hauteur et de longueur que celles prescrites par les articles 3 et 4, pourront être privés des travaux des ports jusqu'à leur entière soumission à la loi et aux règlemens ; et les garde-ports et pourvus de commission du gouvernement, destitués, sans préjudice des poursuites qui seront dans le cas d'être exercées contre les uns et les autres, comme faisant usage de mesures illégales.

---

### LETTRE DU MINISTRE DE L'INTÉRIEUR,

*Relative au crédit accordé aux marchands, pour le paiement des droits d'octroi.*

Du 23 floréal an 11.

Le ministre de l'intérieur, vu les lois des 27 vendémiaire et 19 frimaire an 8, relatives à l'établissement et à la perception de l'octroi de Paris ;

En vertu de l'arrêté du gouvernement, du 13 thermidor an 8, arrête :

Art. 1er. Le crédit dont jouiront les marchands de bois, ayant patente, pour les droits d'octroi de la ville de Paris, est fixé, savoir :

Pour les bois de chauffage qui arriveront en vendémiaire. . . . . . . . *quatre mois.*

Pour ceux qui arriveront en brumaire, frimaire, nivôse, pluviôse et ventôse. . . . . . . . . . . . . *trois mois.*

Pour ceux arrivés en germinal et floréal. . . . . . . . . . . . . . . . . *cinq mois.*
Pour ceux arrivés en prairial. . . . . *quatre mois.*
Pour ceux arrivés en messidor, ther-
midor et fructidor. . . . . . . . . . *quatre mois.*

Art. 2. Le préfet du département de la Seine est chargé de l'exécution du présent arrêté.

Le ministre de l'intérieur. *Signé*, Chaptal.

---

ARRÊTÉ DU MINISTRE DES FINANCES,

*Sur la fourniture des étoffes nécessaires pour la con-*
*fection des trains.*

Du 4 frimaire an 11.

Le ministre des finances arrête ce qui suit :

Les agens forestiers des arrondissemens dans lesquels se trouvent les forêts voisines de la Seine et des rivières qui y affluent, sont autorisés à délivrer sur les points et aux marchands qui leur seront indiqués par le citoyen Magin, commissaire général de la navigation, la quantité de rouettes, de chantiers et autres étoffes qui leur seront nécessaires pour la formation des trains des bois de chauffage qui seront prêts à être expédiés pour Paris.

Les quantités à fournir seront déterminées par ces agens sur les indications du citoyen Magin, et seront délivrées à mesure des besoins.

Le prix de ces objets sera fixé par ces mêmes agens, et payé aux receveurs de l'administration de l'enregistrement et domaine national des mêmes arrondissemens.

L'administration générale des forêts est chargée de surveiller l'exécution du présent arrêté.

Le ministre des finances. *Signé*, Gaudin.

*Décret du 11 thermidor an 12 ( 30 juillet 1804 ).*

ART. 5. En cas de retard de paiement desdites traites, les receveurs généraux sont autorisés à exiger des adjudicataires de bois l'amende du vingtième des sommes non acquittées à leur échéance.

ART. 6. Les receveurs généraux sont autorisés à assister, soit par eux-mêmes, soit par un fondé de pouvoir, aux adjudications, pour discuter la solvabilité des cautions : en cas de contestations, il sera statué par les préfets.

ART. 7. En cas de moins de mesure, résultant des procès-verbaux de récolement, les receveurs généraux seront autorisés à se pourvoir auprès du ministre des finances, pour obtenir un mandat de remboursement sur la régie de l'enregistrement, de la somme dont le prix de l'adjudication se sera trouvé diminué.

---

## DÉCRET

*Relatif aux adjudications de coupe de bois.*

Du 11 janvier 1808.

. . . . . . ART. 1er. Il ne pourra être enlevé des coupes destinées au flottage, aucun bois de cinquante-quatre millimètres ( deux pouces ) de diamètre, ou cent soixante-deux millimètres ( six pouces ) de circonférence et au-dessus, qu'au préalable il n'ait été procédé au comptage du nombre de stères que ces coupes auront produit.

Ce comptage sera fait par les agens de la navigation et de l'approvisionnement en présence de l'agent forestier, et en celle des adjudicataires, ou eux dûment appelés.

Art. 2. Il sera inséré dans le cahier des charges des adjudicataires, la clause que les marchands ou exploitans seront tenus d'une indemnité de cinq francs par stère de bois qui aurait été distrait des quantités portées par le procès-verbal de comptage.

---

*Ordonnance du roi, du 23 octobre 1816.*

Art. 1er. Toutes les traites souscrites par les adjudicataires de coupe de bois, et qui se trouvent entre les mains des directeurs des domaines, ou qui leur seront ultérieurement versées, seront par eux remises sans délai au receveur général de leur département.

Art. 4. Lorsque le défaut de paiement de la traite par le souscripteur proviendra d'une différence en moins dans la mesure, ainsi qu'il est prévu par l'art. 7 du décret du 11 thermidor an 12 ( 30 juillet 1804 ), ou de toute autre cause qui se serait opposée à l'exploitation des bois adjugés, le remboursement de la traite ne devra pas être poursuivi par le receveur général contre le souscripteur, et ce comptable en sera couvert sur les fonds du trésor.

---

*Ordonnance du roi, du 4 octobre 1820.*

Art. 1er. L'exportation par le cours de la Meuse, des écorces à tan, charbons de bois et perches provenant de la forêt des Ardennes, continuera à être permise jusqu'à nouvel ordre, sous le paiement des droits fixés par la loi du 17 juin 1820.

FIN DE LA PREMIÈRE PARTIE.

# TABLEAUX

## ET COMPTES FAITS

APPLIQUÉS AU CUBAGE ET AU CORDAGE DES BOIS EN
GRUME, CARRÉS, BATARDS, A BRULER, ETC.

# CUBAGE

## DES BOIS DE CHARPENTE

### ET AUTRES.

LES mesures linéaires se distinguent en mesures de longueur ou courantes ;

En mesures superficielles ou carrées ;

En mesures solides ou cubiques.

La mesure courante ne suppose qu'une seule dimension : longueur, largeur et hauteur.

La mesure carrée ou superficielle suppose longueur et largeur.

La mesure de solidité réunit les trois dimensions.

Ainsi, par exemple, la toise courante n'est autre chose qu'une ligne de 6 pieds de long, sans autre dimension.

La toise carrée est une surface de 6 pieds de long sur 6 pieds de large ; elle vaut 36 pieds superficiels ou carrés ; car, si l'on divise chacun de ses côtés en six parties égales, par autant de lignes transversales, la surface elle-même se trouvera partagée en 36 carrés d'un pied chaque en tous sens.

La toise cube représente un corps solide de 6 pieds de long sur 6 pieds de largeur, et autant de hauteur, et vaut 216 pieds cubes ;

car si on la divise sur la hauteur en six tranches égales, d'un pied d'épaisseur, chaque tranche sera formée, d'après ce qui vient d'être dit ci-dessus, de 36 petits cubes d'un pied en tous sens; or, 6 fois 36 font 216.

Il suit de là que, pour trouver la valeur superficielle d'une mesure quelconque, il faut multiplier la longueur par la largenr, et pour en obtenir la valeur cubique, multiplier ce produit par la hauteur. Exemples :

Le carré de 5 sur 5 donnera $5 \times 5 = 25$. Celui de 5 sur 4 donnera $5 \times 4 = 20$; c'est-à-dire que la première surface sera de 25 pieds carrés ; et la seconde qui n'a que 4 pieds de large sur 5 de long, sera de 20 pieds aussi carrés.

De même le cube de 5, ou la valeur d'un solide de 5 pieds en tous sens, donnera $5 \times 5 \times 5 = 125$ ; celui de 5 de long sur 5 de large et 4 de hauteur, donnera $5 \times 5 \times 4 = 100$. Enfin celui de 5 de long sur 4 de large et 3 de hauteur, donnera $5 \times 4 \times 3 = 60$ pieds cubes, etc. etc.

Les mesures anciennes n'étaient point uniformes quant à leur valeur ou leurs divisions : les nouvelles mesures partent toutes d'une base commune, qui est le *mètre*. On parvient à exprimer les plus petites quantités comme les plus grandes, en divisant et subdivisant cette unité par 10, ou en la multipliant par le même nombre.

Ainsi, tout chiffre placé à droite de l'unité métrique vaut, savoir : le premier, des décimètres ou dixièmes de mètre ; le deuxième, des dixièmes de décimètre ou des centimètres ; le troisième, des dixièmes de centimètre ou des millimètres, etc. etc.

De même, tout chiffre placé à la gauche vaut, savoir : le premier, des décamètres ou dizaines de mètres ; le second, des hectomètres ou dizaines de décamètres ; le troisième, des kilomètres ou dizaines d'hectomètre, etc. etc. Exemple :

2,453 mètres valent 2 mètres 4 décimètres 5 centimètres et 3 millimètres, ou 2 mètres 452 millimètres. Pour rendre cette quantité 10, 100 ou 1000 fois plus grande, il suffira de reculer la virgule de un, deux ou trois chiffres : dans le premier cas, on aura 24 mètres 53 centimètres ; dans le second, 245 mètres 3 décimètres ; dans le troisième, 2453 mètres ronds.

Il est donc extrêmement essentiel, dans les calculs décimaux, de ne pas perdre de vue que les chiffres placés à gauche de la virgule sont des entiers ; ceux à droite, des fractions, et de ne pas oublier de la placer toujours où elle doit être.

La longueur exacte du mètre est de 3 pieds 11 lignes $\frac{296}{1000}$ de ligne, et la superficie du mètre carré, de 9 pieds 5 pouces 7 lignes $\frac{617}{1000}$ carrés.

Le mètre cube ou *stère* vaut 29 pieds 300 pouces 756 lignes $\frac{579}{1000}$ de ligne ; cubes, ou 50,400 pouces cubes.

Le décistère ou dixième de stère vaut par conséquent 5,040 pouces cubes, le centistère, ou dixième du décistère, 504 pouces cubes, et 215 lignes cubes; le millistère, 50 pouces et 712 lignes cubes, etc. etc.

Parmi les multiples du stère, le décastère seul est employé.

Un arrêté des consuls, du 13 brumaire an ix, a décidé que, dans le cubage des bois de charpente, le stère prendrait le nom de *solive*; cette mesure a par conséquent 28 dix millistères de moins que l'ancienne pièce ou solive, comme on le verra plus loin.

### *Rapports des Mesures anciennes et nouvelles.*

Pour trouver le rapport entre une mesure ancienne et une mesure nouvelle, il faut diviser la première par la seconde : le quotient sera la valeur cherchée. Exemples :

Voulant convertir la toise en mètres et fractions de mètres, divisez 72 pouces, valeur de la toise, par 37 pouces, valeur approximative du mètre pour simplifier l'opération : vous trouverez, pour la valeur de la toise en mètre, 1,945, valeur approximative de la véritable.

De même, pour réduire le mètre en toises et fractions décimales de toises, divisez 37 par 72, vous aurez, pour valeur du mètre, 0,513 de toise.

Pour convertir un nombre quelconque de mètres en toises, divisez-les par 72; multipliez

le reste par 6, et divisez-le également par 72,
pour avoir des pieds; multipliez le nouveau
resté par 12, et divisez-le à son tour pour
avoir des pouces, et ainsi de suite, jusqu'à ce
que vous ayiez obtenu toises, pieds, pouces et
lignes.

Soit, par exemple, 1 mètre à réduire ainsi :
72 ne pouvant diviser 37 sans faire des fractions décimales, multipliez tout de suite ce
nombre par 6, et divisez le produit comme il
vient d'être dit ; vous aurez pour valeur du
mètre 3 pieds 1 pouce.

Ce petit nombre d'exemples s'applique à
toutes les opérations du même genre que l'on
peut avoir à faire.

# RÉDUCTION

## DES TOISES, PIEDS, POUCES ET LIGNES

## EN MÈTRES ET FRACTIONS DE MÈTRES.

| toises. | mètres. | pieds. | décimètres. | pouces. | centimèt. |
|---|---|---|---|---|---|
| 1 = | 1.9490 | 1 = | 3.2484 | 1 = | 2.707 |
| 2 = | 3.8980 | 2 = | 6.4968 | 2 = | 5.414 |
| 3 = | 5.8471 | 3 = | 9.7452 | 3 = | 8.121 |
| 4 = | 7.7961 | 4 = | 12.9936 | 4 = | 10.827 |
| 5 = | 9.7451 | 5 = | 16.2420 | 5 = | 13.534 |
| 6 = | 11.6942 | 6 = | 19.4904 | 6 = | 16.242 |
| 7 = | 13.5432 | 7 = | 22.7388 | 7 = | 18.949 |
| 8 = | 15.6923 | 8 = | 25.9872 | 8 = | 21.656 |
| 9 = | 17.5413 | 9 = | 29.2355 | 9 = | 24.363 |
| 10 = | 19.4903 | 10 = | 32.4840 | 10 = | 27.070 |
| 20 = | 38.9807 | 20 = | 64.9680 | 11 = | 29.777 |
| 30 = | 58.4711 | 30 = | 97.4520 | | |
| 40 = | 77.9614 | 40 = | 129.9360 | lignes. | millimètres. |
| 50 = | 97.4518 | 50 = | 162.4195 | 1 = | 2.256 |
| 60 = | 116.9422 | 60 = | 194.9040 | 2 = | 4.512 |
| 70 = | 136.4325 | 70 = | 227.3873 | 3 = | 6.767 |
| 80 = | 155.9229 | 80 = | 259.8720 | 4 = | 9.023 |
| 90 = | 175.4133 | 90 = | 292.3551 | 5 = | 11.279 |
| 100 = | 194.9036 | 100 = | 324.8390 | 6 = | 13.535 |
| | | | | 7 = | 15.791 |
| | | | | 8 = | 18.047 |
| | | | | 9 = | 20.302 |
| | | | | 10 = | 22.558 |
| | | | | 11 = | 24.814 |

# RÉDUCTION

## DES MÈTRES

### EN TOISES, PIEDS, POUCES ET LIGNES.

| Mètres. | Toises. | Pieds. | Pouces. | Lignes. | Mètres. | Toises. | Pieds. | Pouces. | Lignes. |
|---|---|---|---|---|---|---|---|---|---|
| 1 = | » | 3 | » | 11.296 | 0.001 = | » | » | » | 0.44 |
| 2 = | 1 | » | 1 | 10.592 | 0.002 = | » | » | » | 0.89 |
| 3 = | 1 | 3 | 2 | 9.889 | 0.003 = | » | » | » | 1.33 |
| 4 = | 2 | » | 3 | 9.184 | 0.004 = | » | » | » | 1.77 |
| 5 = | 2 | 3 | 4 | 8.480 | 0.005 = | » | » | » | 2.22 |
| 6 = | 3 | » | 5 | 7.777 | 0.01 = | » | » | » | 4.43 |
| 7 = | 3 | 3 | 6 | 7.072 | 0.02 = | » | » | » | 8.87 |
| 8 = | 4 | » | 7 | 6.369 | 0.03 = | » | » | 1 | 1.30 |
| 9 = | 4 | 3 | 8 | 5.664 | 0.04 = | » | » | 1 | 5.73 |
| 10 = | 5 | 1 | 9 | 4.960 | 0.05 = | » | » | 1 | 10.16 |
| 20 = | 10 | 1 | 6 | 9.920 | 0.10 = | » | » | 3 | 8.33 |
| 30 = | 15 | 2 | 4 | 2.280 | 0.27 = | » | » | 7 | 4.66 |
| 40 = | 20 | 3 | 1 | 7.840 | 0.31 = | » | » | 11 | 0.99 |
| 50 = | 25 | 3 | 11 | 0.800 | 0.4 = | » | 1 | 2 | 9.32 |
| 60 = | 30 | 4 | 8 | 5.760 | 0.5 = | » | 1 | 6 | 5.65 |
| 70 = | 35 | 5 | 5 | 10.720 | 1.0 = | » | 3 | 0 | 11.296 |
| 80 = | 41 | » | 3 | 3.680 | | | | | |
| 90 = | 46 | 1 | » | 8.640 | | | | | |
| 100 = | 51 | 1 | 10 | 1.600 | | | | | |
| 1000 = | 513 | » | 5 | 4.000 | | | | | |

# RÉDUCTION

## DES TOISES, PIEDS, POUCES ET LIGNES CARRÉS, EN MÈTRES CARRÉS.

| Toises carrées. | Mètres carrés. |
|---|---|
| 1 = | 3.7987 |
| 2 = | 7.5975 |
| 3 = | 11.3962 |
| 4 = | 15.1950 |
| 5 = | 18.9938 |
| 6 = | 22.7924 |
| 7 = | 26.5912 |
| 8 = | 30.3900 |
| 9 = | 34.1887 |
| 10 = | 37.9874 |
| 20 = | 75.9749 |
| 30 = | 113.9623 |
| 40 = | 151.9498 |
| 50 = | 189.9371 |
| 60 = | 227.9245 |
| 70 = | 265.9120 |
| 80 = | 303.8994 |
| 90 = | 341.8869 |
| 100 = | 379.8743 |
| 1000 = | 3798.7426 |

| Pieds carrés. | Décimètres carrés. |
|---|---|
| 1 = | 10.5521 |
| 2 = | 21.1041 |
| 3 = | 31.6562 |
| 4 = | 42.2082 |
| 5 = | 52.7603 |
| 6 = | 63.3124 |
| 7 = | 73.8644 |
| 8 = | 84.4165 |
| 9 = | 94.9686 |
| 10 = | 105.5207 |
| 20 = | 211.0414 |
| 30 = | 316.5621 |
| 40 = | 422.0828 |
| 50 = | 527.6035 |
| 60 = | 633.1242 |
| 70 = | 738.6449 |
| 80 = | 844.1656 |
| 90 = | 949.6863 |
| 100 = | 1055.2070 |
| 1000 = | 10552.0700 |

| Pouces carrés. | Centimètres carrés. |
|---|---|
| 1 = | 7.3278 |
| 2 = | 14.6557 |
| 3 = | 21.9835 |
| 4 = | 29.3113 |
| 5 = | 36.5391 |
| 6 = | 43.9670 |
| 7 = | 51.2948 |
| 8 = | 58.6225 |
| 9 = | 65.9504 |
| 10 = | 73.2782 |
| 11 = | 80.6060 |
| 12 = | 87.9339 |

lignes carrées en millim. carrés.

| | |
|---|---|
| 1 = | 5.0888 |
| 2 = | 10.1775 |
| 3 = | 15.2663 |
| 4 = | 20.3550 |
| 5 = | 25.4439 |
| 6 = | 30.5326 |

# RÉDUCTION

## DES MÈTRES

### CARRÉS EN TOISES, PIEDS, POUCES ET LIGNES CARRÉS.

| Mètres carrés. | Toises carrés. | Pieds carrés. | Pouces carrés. | Lignes carrés. |
|---|---|---|---|---|
| 1 = | » | 61 | 68 | 95.344 |
| 2 = | » | 18 | 137 | 46.687 |
| 3 = | » | 21 | 61 | 142.031 |
| 4 = | 1 | 1 | 130 | 93.374 |
| 5 = | 1 | 11 | 55 | 44.718 |
| 6 = | 1 | 20 | 123 | 140.062 |
| 7 = | 1 | 30 | 49 | 91.405 |
| 8 = | 2 | 3 | 117 | 42.749 |
| 9 = | 2 | 13 | 41 | 138.092 |
| 10 = | 2 | 22 | 110 | 89.436 |
| 20 = | 5 | 9 | 77 | 34.872 |
| 30 = | 7 | 32 | 43 | 124.308 |
| 40 = | 10 | 19 | 10 | 69.745 |
| 50 = | 13 | 5 | 121 | 15.181 |
| 60 = | 15 | 28 | 87 | 104.617 |
| 70 = | 18 | 15 | 54 | 50.053 |
| 80 = | 21 | 2 | 20 | 139.489 |
| 90 = | 23 | 24 | 131 | 84.925 |
| 100 = | 26 | 11 | 98 | 30.362 |

| Millim. carrés. | Pieds carrés. | Pouces carrés. | Lignes carrés. |
|---|---|---|---|
| 1 = | » | » | 0.196 |
| 2 = | » | » | 0.393 |
| 3 = | » | » | 0.589 |
| 4 = | » | » | 0.786 |
| 5 = | » | » | 0.982 |
| centimèt. | | | |
| 1 = | » | » | 19.665 |
| 2 = | » | » | 39.302 |
| 3 = | » | » | 58.953 |
| 4 = | » | » | 78.604 |
| 5 = | » | » | 98.256 |
| décimètr. | | | |
| 1 = | » | 13 | 93.113 |
| 2 = | » | 27 | 42.227 |
| 3 = | » | 40 | 135.340 |
| 4 = | » | 54 | 84.454 |
| 5 = | » | 68 | 33.567 |

# RÉDUCTION

## DES TOISES, PIEDS, POUCES ET LIGNES CUBES

### EN STÈRES OU MÈTRES CUBES.

| Toises cubes. | Mètres cubes, ou stères. | Pieds cubes. | Décistères. | Pouces cubes. | Centistères. |
|---|---|---|---|---|---|
| 1 = | 7.4039 | 1 = | 34.2772 | 1 = | 19.8364 |
| 2 = | 14.8078 | 2 = | 68.5545 | 2 = | 39.6727 |
| 3 = | 22.2117 | 3 = | 102.8318 | 3 = | 59.5091 |
| 4 = | 29.6155 | 4 = | 137.1090 | 4 = | 79.3455 |
| 5 = | 37.0194 | 5 = | 171.3863 | 5 = | 99.1819 |
| 6 = | 44.4233 | 6 = | 205.6635 | 6 = 119.0182 | |
| 7 = | 51.8272 | 7 = | 239.9408 | 7 = 138.8547 | |
| 8 = | 59.2311 | 8 = | 274.2180 | 8 = 158.6910 | |
| 9 = | 66.6350 | 9 = | 308.4953 | 9 = 178.5274 | |
| 10 = | 74.0389 | 10 = | 542.7725 | 10 = 198.3637 | |
| 20 = | 148.0777 | 20 = | 685.5450 | 11 = 218.2001 | |
| 30 = | 222.1166 | 30 = | 1028.3175 | 12 = 258.0364 | |
| 40 = | 296.1555 | 40 = | 1371.0900 | lig. cub. en milist. | |
| 50 = | 370.1943 | 50 = | 1713.8625 | 1 = | 11.4794 |
| 60 = | 444.2382 | 60 = | 2056.6350 | 2 = | 22.9588 |
| 70 = | 518.2721 | 70 = | 2399.4075 | 3 = | 34.4381 |
| 80 = | 592.3110 | 80 = | 2742.1800 | 4 = | 45.9175 |
| 90 = | 666.3499 | 90 = | 3084.9525 | 5 = | 57.3970 |
| 100 = | 740.3887 | 100 = | 3427.7250 | 6 = | 68.8763 |
| 1000 = | 7403.7871 | 1000 = | 34277.2500 | | |

# RÉDUCTION

## DES STÈRES OU MÈTRES CUBES

### EN TOISES, PIEDS, POUCES ET LIGNES CUBES.

| Stères. | Toises cubes. | Pieds cubes. | Pouces cubes. | Lignes cubes. | Millistères. | Pouces cubes. | Lignes cubes. |
|---|---|---|---|---|---|---|---|
| 1 = | » | 29 | 300 | 756.579 | 1 = | » | 0.087 |
| 2 = | » | 58 | 600 | 1513.159 | 2 = | » | 0.174 |
| 3 = | » | 87 | 901 | 541.759 | 3 = | » | 0.261 |
| 4 = | » | 116 | 1201 | 1298.318 | 4 = | » | 0.348 |
| 5 = | » | 145 | 1502 | 326.898 | 5 = | » | 0.435 |
| 6 = | » | 175 | 74 | 1085.477 | | | |
| 7 = | » | 204 | 375 | 112.057 | centistères. | | |
| 8 = | 1 | 17 | 675 | 868.637 | 1 = | » | 87.113 |
| 9 = | 1 | 46 | 975 | 1625.216 | 2 = | » | 174.225 |
| 10 = | 1 | 75 | 1276 | 653.796 | 3 = | » | 261.338 |
| 20 = | 2 | 151 | 824 | 1507.592 | 4 = | » | 348.451 |
| 30 = | 4 | 11 | 373 | 253.388 | 5 = | » | 435.563 |
| 40 = | 5 | 86 | 1649 | 887.184 | | | |
| 50 = | 6 | 162 | 1197 | 1540.980 | décistères. | | |
| 60 = | 8 | 22 | 746 | 466.775 | 1 = | 50 | 712.692 |
| 70 = | 9 | 98 | 294 | 1120.572 | 2 = | 100 | 1423.385 |
| 80 = | 10 | 173 | 1571 | 46.368 | 3 = | 151 | 410.078 |
| 90 = | 12 | 33 | 1119 | 700.164 | 4 = | 201 | 1122.770 |
| 100 = | 13 | 109 | 667 | 1353.960 | 5 = | 252 | 107.453 |

# DES DIVERSES

# MESURES EN USAGE

## POUR LES BOIS DE CHARPENTE.

Les bois de charpente reçoivent diverses dénominations, selon leur forme et leurs dimensions : on peut réduire ces distinctions à quatre principales,

1°. *Bois en grume* : c'est l'arbre abattu et ébranché, mais non équarri ;

2°. *La poutre*, ou *la pièce* (1) de bois *d'échantillon* : c'est l'arbre équarri ; des premières grosseurs, et propre à faire de belles pièces de marine ou de charpente ;

3°. *Le bois bâtard*, ou *la solive* : c'est une pièce de bois carrée, de grosseur moyenne, entre la poutre et le chevron ;

4°. *Le bois méplat* : moins épais que large. C'est le bois de sciage ou la planche.

---

(1) Il ne faut pas confondre une *pièce* de bois, généralement parlant, avec la *pièce*, qui est une mesure dont nous parlerons plus bas : il en est de même de la solive.

Les mesures adoptées autrefois pour le cubage des diverses sortes de bois de charpente variaient à l'infini. Aujourd'hui le gouvernement ne reconnaît que le stère; mais les particuliers ont conservé quelques unes des anciennes mesures. Les plus usitées sont :

*La cheville* : elle vaut douze pouces cubes, et représenté un morceau de bois d'un pouce carré sur un pied de long, ou douze petits cubes d'un pouce en tous sens, placés à la suite les uns des autres.

*La pièce*, ou *solive* la plus usitée : elle vaut trois pieds cubes, ou 432 chevilles, et représente un morceau de bois d'un pied d'équarrissage sur trois pieds de long; ou trois cubes d'un pied chaque, placés à la suite l'un de l'autre. Elle se compose de 5184 pouces cubes, car la valeur de chacune des trois dimensions du pied cube pouvant très bien s'exprimer par 12 pouces, multipliant trois fois ce nombre par lui-même, on aura $12 \times 12 \times 12 = 1728$ pouces cubes, qui, multipliés par 3, donnent 5,184 pouces cubes pour la valeur totale de la pièce.

*La somme* : elle vaut 8 pièces, ou 3456 chevilles, ou 24 pieds cubes, ou 41,472 pouces cubes.

*La marque* : il y en a deux différentes : la marque de 96 chevilles, ou 1,152 pouces cubes ( moins d'un pied ); et celle de 300 chevilles ou 3,600 pouces cubes ( 2 pieds 144 pouces cubes ); mais, de ces diverses mesures, la plus usitée est la pièce de Paris, et c'est celle dont nous nous servirons comme point de comparaison dans tous les calculs relatifs au cubage des bois de charpente.

Pour faciliter les calculs inférieurs à la pièce, on a subdivisé cette mesure de plusieurs manières différentes : celle de Desclos, adoptée par M. Herbin de Halle, paraît la plus simple et la plus commode. Elle consiste à considérer la pièce comme ayant 6 pieds de long sur 72 pouces carrés de grosseur : ce qui est absolument la même chose que trois pieds cubes, et de partager cette longueur en 72 pouces réduits, c'est-à-dire en autant de tranches de 72 pouces carrés ; d'où il s'ensuit, pour l'intelligence des tarifs ci-après, que chaque 72$^e$ de la pièce vaut 72 pouces carrés, et que pour évaluer en pièce une quantité quelconque de bois de charpente, il faut la réduire en pouces courans, et la diviser ensuite par 72 pouces carrés.

Dans toutes les transactions avec le gouvernement, on ne reconnaît plus d'autre mesure pour les bois de charpente que le stère et ses divisions. Cette mesure n'étant autre chose que le mètre cube, peut être représentée par un morceau de bois ayant 3 pieds 11 lignes, et quelques fractions de ligne en tous sens vaut, à très peu de chose près, 50,400 pouces cubes, ou 9 pièces $\frac{2}{3}$.

Donc la cheville de 12 pouces cubes vaut un peu plus de 2 dix millistères.

La pièce vaut exactement 0,1028 stères, c'est-à-dire 1 décistère et 28 dix millistères. La fraction est si minime, que l'on prend communément la pièce ou solive pour le décistère et *vice versa*, sans tenir compte de la légère différence ; et l'on ne compte 10 pièces que comme un stère rond, quoiqu'il vaille en effet 28 dix millistères de moins.

La somme de 8 pièces vaut 8 décistères et 224 dix millistères, etc. etc.

L'usage veut que la longueur des bois se mesure en nombre de pied rond, et la largeur en nombre de pouces aussi rond ; les fractions de pieds sur la première dimension, et les lignes sur la seconde, sont toujours au profit de l'acquéreur ; mais, dans les chantiers, on compte la mesure pleine quand il ne s'en manque que de peu de chose : 10 pieds 8 à 9 pouces comptent pour 11 pieds ; 5 pouces et 99 lignes de large comptent pour 6 pouces, etc.

Quand on se sert du calcul métrique, on néglige toutes les longueurs au-dessous du double décimètre, et les largeurs au-dessous du double centimètre : 3,17 de longueur comptent pour trois mètres ronds, et 0,317 de largeur pour 3 décimètres.

# CUBAGE
## DES BOIS EN GRUME,
### ET DES BOIS CARRÉS.

L'usage a consacré quatre manières principales de cuber les bois en grume,

1°. En prenant pour mesure de l'équarrissage, le tiers de la circonférence moyenne;

2°. En prenant le quart de cette circonférence;

3°. et 4°. En déduisant le 6e ou le 5e de cette circonférence, et en prenant le quart du reste : la dernière méthode paraît la plus rapprochée de la vérité. On peut également prendre le cinquième sans déduction, ce qui est absolument la même chose.

Pour avoir la circonférence moyenne, on mesure avec un cordeau le tour de l'arbre à chaque bout, un peu au-dessus des racines et au-dessous des premières branches; on additionne les deux quantités trouvées, et la moitié du produit donne la circonférence moyenne plus exactement que l'on ne pourrait l'obtenir en la prenant par une seule opération sur le milieu de la longueur.

Pour les bois vendus à la somme, on est

aussi dans l'usage de prendre pour mesure de l'équarrissage le diamètre moyen de l'arbre, avec une équerre appelée *sommoir* : ce qui équivaut au tiers brut de la circonférence. On déduit ensuite, pour l'épaisseur de l'écorce, 1 pouce sur les arbres de 14 pouces ou au-dessus ; deux pouces sur ceux de 14 $\frac{1}{2}$ à 21, ainsi de suite : cette déduction n'a pourtant lieu que pour les arbres à écorce épaisse.

Pour cuber un arbre en grume il faut, après avoir évalué par l'une des quatre méthodes désignées, la largeur qu'il aura étant équarri, multiplier cette quantité par elle-même pour en obtenir le carré ; réduire en-suite la longueur en pouces, la multiplier par le produit de la première multiplication, convertir ce nouveau produit en toises et pieds, en le divisant par 72, valeur de la toise en pouces ; enfin diviser le quotient par 72 pouces *réduits*, valeur de la *pièce* ou solive. Le quotient sera le nombre de *pièces* et de pouces réduits contenus dans l'arbre.

Si vous voulez cuber un arbre de 60 pou-ces de circonférence moyenne sur 25 pieds de long, prenez le cinquième qui est 12, multi-pliez ce nombre par lui-même :

<table>
<tr><td>12</td><td>Multipliez encore le produit</td></tr>
<tr><td>12</td><td>144 par 300 pouces, longueur</td></tr>
<tr><td>——</td><td>de la pièce :</td></tr>
<tr><td>24</td><td></td></tr>
<tr><td>12</td><td>144</td></tr>
<tr><td>——</td><td>300</td></tr>
<tr><td>144</td><td>——————</td></tr>
<tr><td></td><td>43,200 pouces.</td></tr>
</table>

réduisez ce nouveau produit en toises courantes, en le divisant par 72 pouces.

| | | |
|---|---|---|
| 43,200 | 72 | Enfin reduisez le quo- |
| 432 | 600 | tient 600 toises, en pièces |
| . . . 00 | | ou solives, en le divisant |

de nouveau par 72 pouces *réduits* valeur de la
pièce de Paris : 600 | 72    Vous aurez, pour

576 | 8    résultat, 8 pièces et 24

24    pouces réduits ; c'est-
à-dire 8 pièces et $\frac{1}{3}$.

Ou bien, multipliez 144 pouces par 25
pieds, ci : 144    Divisez le quotient 3600

25    pieds par 6, pour le réduire

720    en toises courantes :
288
3600    3600 | 6
36 | 600

. . 00

et divisez le quotient 600 comme ci-dessus,
par 72 pouces réduits : le résultat sera de
même :    600    72

576    8    8 pieds 24 pouces ré-

. 24    duits.

Si l'arbre avait un nombre de toises rondes
de longueur, on multiplierait de suite la grosseur par ce nombre, au lieu de réduire la longueur en pieds, et l'on diviserait le quotient
par 72 pouces réduits : ce qui éviterait de faire
deux divisions. On doit se rappeler que les fractions de pieds sur les longueurs, et les fractions
de pouces sur les épaisseurs, sont négligées.

La même opération, faite au quart de la circonférence, par exemple, donnerait $\frac{60}{4} = 15$ pour équarrissage, et pour le cube $15 \times 15 \times 25 = 5625$ pieds courans, qui donneraient enfin successivement en suivant la marche indiquée, $\frac{5625}{6} = \frac{937}{72} = 11$ pièces, et 45 pouces réduits : différence énorme, comme l'on voit.

D'après le calcul décimal, il suffit de multiplier l'une par l'autre les trois dimensions, et de retrancher du dernier produit autant de décimales qu'il y en avait dans chaque facteur. Exemple :

Pour cuber un arbre en grume, de 100 centimètres de circonférence moyenne, sur 4 mètres 6 décimètres de longueur, prenez pour mesure de l'équarrissage ; le cinquième, sans réduction, ou le quart après avoir réduit un $5^e$ ; vous aurez, d'une ou d'autre manière, 20, que vous multiplierez par lui-même :

          2,0          Multipliez ce produit par la
           20      longueur 46 :          400
          ———                               46
          400                             ———
Retranchez de ce produit               2400
les cinq décimales des trois           1600
facteurs réunis, et vous au-          ———
                                      18400

rez pour le cube de l'arbre 0,18400, c'est-à-dire, en négligeant les deux derniers chiffres, un décistère, ou décimètre cube, et 84 millistères.

Les bois carrés se cubent absolument par le

même procédé que les bois en grume, à cela près que leur équarrissage étant connu, on multiplie de suite les trois dimensions l'une par l'autre. Exemple :

Soit une poutre de 12 pouces d'équarrissage sur 25 pieds de long; en opérant comme il a été dit ci-dessus pour le bois en grume, on aura $12 \times 12 \times 25 = 3600$, qui, divisé par 6, et le quotient subdivisé par 72 pouces réduits, donnera pour dernier résultat 8 pièces 24 pouces réduits.

Les bois bâtards, se cubant aussi d'après les mêmes principes, il suffira de donner ici un exemple de l'opération à faire à leur égard. Exemple :

Soit un morceau de bois de 4 pouces d'épaisseur sur 9 de largeur, et 30 pieds de longueur; multipliez 9 pouces par 4 pouces, et le produit 36 par 30 pieds; réduisez le nouveau produit 1080 en toises, en le divisant par 6; divisez à son tour le quotient 180 par 72 pouces réduits, vous obtiendrez pour dernier résultat 2 pièces, et 36 pouces réduits. Le tableau 75 indique la marche à suivre pour réduire les bois bâtards sans calculs, par les mêmes tableaux que les autres bois.

En conséquence, pour réduire en *pièces* ou solives plusieurs pièces de diverses dimensions, il faut multiplier la largeur de chacune par l'épaisseur en pouces; le produit par la longueur en pieds; additionner ensemble le dernier produit de toutes les pièces, réduire la somme en toises en divisant par 6, et diviser de nouveau le quotient par 72 pouces réduits, pour trouver le nombre de solives.

Quand l'on a, dans un état de bois de charpente, plusieurs pièces de bois réduites séparément en solives ou *pièces*, et en pouces réduits, on additionne les *pièces* avec les *pièces*, les pouces avec les pouces, et l'on divise le total de ceux-ci par 72 pouces réduits, pour le convertir en pièces, que l'on réunit à l'addition ; mais pour abréger le travail, nous donnons à la suite de nos comptes faits un petit tableau particulier qui dispensera de faire la division. (*Voyez* page 62.)

Les tableaux ci-contre mettront à même de réduire, à l'instant et sans calculs, telle quantité que ce soit de bois en grume, carrés ou bâtards. Leur usage est si facile, qu'il ne nous a pas paru avoir besoin d'explications.

| 3 p. sur 4 d'équarris. (8 sur 11 centimèt.) | | | | | | 3 p. sur 5 d'équarris. (8 sur 13 centimèt.) | | | | | |
| --- | --- | --- | --- | --- | --- | --- | --- | --- | --- | --- | --- |
| Long. des bois en | | Produit du cubage en | | | | Long. des bois en | | Produit du cubage en | | | |
| Pieds. | Mètres. | Pièc. réd. | Pouc. réd. | Lig. réd. | Mètr. cub. ou stère. | Pieds. | Mètres. | Pièc. réd. | Pouc. réd. | Lig. réd. | Mètr. cub. ou stère. |
| 1 | 0.32 | » | 2 | » | 0.003 | 1 | 0.32 | » | 2 | 6 | 0.003 |
| 2 | 0.65 | » | 4 | » | 0.006 | 2 | 0.65 | » | 5 | » | 0.007 |
| 3 | 0.97 | » | 6 | » | 0.008 | 3 | 0.97 | » | 7 | 6 | 0.011 |
| 4 | 1.30 | » | 8 | » | 0.011 | 4 | 1.30 | » | 10 | » | 0.014 |
| 5 | 1.62 | » | 10 | » | 0.014 | 5 | 1.62 | » | 12 | 6 | 0.018 |
| 6 | 1.95 | » | 12 | » | 0.017 | 6 | 1.95 | » | 15 | » | 0.021 |
| 7 | 2.27 | » | 14 | » | 0.020 | 7 | 2.27 | » | 17 | 6 | 0.025 |
| 8 | 2.60 | » | 16 | » | 0.023 | 8 | 2.60 | » | 20 | » | 0.028 |
| 9 | 2.92 | » | 18 | » | 0.026 | 9 | 2.92 | » | 22 | 6 | 0.032 |
| 10 | 3.25 | » | 20 | » | 0.028 | 10 | 3.25 | » | 25 | » | 0.036 |
| 11 | 3.57 | » | 22 | » | 0.031 | 11 | 3.57 | » | 27 | 6 | 0.039 |
| 12 | 3.90 | » | 24 | » | 0.034 | 12 | 3.90 | » | 30 | » | 0.043 |
| 13 | 4.22 | » | 26 | » | 0.037 | 13 | 4.22 | » | 32 | 6 | 0.046 |
| 14 | 4.55 | » | 28 | » | 0.040 | 14 | 4.55 | » | 35 | » | 0.050 |
| 15 | 4.87 | » | 30 | » | 0.043 | 15 | 4.87 | » | 37 | 6 | 0.053 |
| 16 | 5.20 | » | 32 | » | 0.046 | 16 | 5.20 | » | 40 | » | 0.057 |
| 17 | 5.52 | » | 34 | » | 0.048 | 17 | 5.52 | » | 42 | 6 | 0.061 |
| 18 | 5.85 | » | 36 | » | 0.051 | 18 | 5.85 | » | 45 | » | 0.064 |
| 19 | 6.17 | » | 38 | » | 0.054 | 19 | 6.17 | » | 47 | 6 | 0.068 |
| 20 | 6.50 | » | 40 | » | 0.057 | 20 | 6.50 | » | 50 | » | 0.071 |
| 21 | 6.82 | » | 42 | » | 0.060 | 21 | 6.82 | » | 52 | 6 | 0.075 |
| 22 | 7.15 | » | 44 | » | 0.063 | 22 | 7.15 | » | 55 | » | 0.078 |
| 23 | 7.47 | » | 46 | » | 0.066 | 23 | 7.47 | » | 57 | 6 | 0.082 |
| 24 | 7.80 | » | 48 | » | 0.068 | 24 | 7.80 | » | 60 | » | 0.086 |
| 25 | 8.12 | » | 50 | » | 0.071 | 25 | 8.12 | » | 62 | 6 | 0.089 |

## 3 p. sur 6 d'équarris. (8 sur 16 centimèt.)

| Long. des bois en Pieds. | Long. des bois en Mètres. | Produit du cubage en Pièc. réd. | Produit du cubage en Pouc. réd. | Produit du cubage en Lign. réd. | Produit du cubage en Mèt. cub. ou stères. |
|---|---|---|---|---|---|
| 1 | 0.32 | » | 3 | » | 0.004 |
| 2 | 0.65 | » | 6 | » | 0.008 |
| 3 | 0.97 | » | 9 | » | 0.013 |
| 4 | 1.30 | » | 12 | » | 0.017 |
| 5 | 1.62 | » | 15 | » | 0.021 |
| 6 | 1.95 | » | 18 | » | 0.026 |
| 7 | 2.27 | » | 21 | » | 0.030 |
| 8 | 2.60 | » | 24 | » | 0.034 |
| 9 | 2.92 | » | 27 | » | 0.038 |
| 10 | 3.25 | » | 30 | » | 0.043 |
| 11 | 3.57 | » | 33 | » | 0.047 |
| 12 | 3.90 | » | 36 | » | 0.051 |
| 13 | 4.22 | » | 39 | » | 0.056 |
| 14 | 4.55 | » | 42 | » | 0.060 |
| 15 | 4.87 | » | 45 | » | 0.064 |
| 16 | 5.20 | » | 48 | » | 0.068 |
| 17 | 5.22 | » | 51 | » | 0.073 |
| 18 | 5.85 | » | 54 | » | 0.077 |
| 19 | 6.17 | » | 57 | » | 0.081 |
| 20 | 6.50 | » | 60 | » | 0.086 |
| 21 | 6.82 | » | 63 | » | 0.090 |
| 22 | 7.15 | » | 66 | » | 0.094 |
| 23 | 7.47 | » | 69 | » | 0.098 |
| 24 | 7.80 | 1 | » | » | 0.103 |
| 25 | 8.12 | 1 | 3 | » | 0.007 |

## 3 p. sur 7 d'équarris. (8 sur 19 centimèt.)

| Long. des bois en Pieds. | Long. des bois en Mètres. | Produit du cubage en Pièc. réd. | Produit du cubage en Pouc. réd. | Produit du cubage en Lign. réd. | Produit du cubage en Mèt. cub. ou stères. |
|---|---|---|---|---|---|
| 1 | 0.32 | » | 3 | 6 | 0.005 |
| 2 | 0.65 | » | 7 | » | 0.010 |
| 3 | 0.97 | » | 10 | 6 | 0.015 |
| 4 | 1.30 | » | 14 | » | 0.020 |
| 5 | 1.62 | » | 17 | 6 | 0.025 |
| 6 | 1.95 | » | 21 | » | 0.030 |
| 7 | 2.27 | » | 24 | 6 | 0.035 |
| 8 | 2.60 | » | 28 | » | 0.040 |
| 9 | 2.92 | » | 31 | 6 | 0.045 |
| 10 | 3.25 | » | 35 | » | 0.050 |
| 11 | 3.57 | » | 38 | 6 | 0.055 |
| 12 | 3.90 | » | 42 | » | 0.060 |
| 13 | 4.22 | » | 45 | 6 | 0.065 |
| 14 | 4.55 | » | 49 | » | 0.070 |
| 15 | 4.87 | » | 52 | 6 | 0.075 |
| 16 | 5.20 | » | 56 | » | 0.080 |
| 17 | 5.52 | » | 59 | 6 | 0.085 |
| 18 | 5.85 | » | 63 | » | 0.090 |
| 19 | 6.17 | » | 66 | 6 | 0.095 |
| 20 | 6.50 | » | 70 | » | 0.100 |
| 21 | 6.82 | 1 | 1 | 6 | 0.105 |
| 22 | 7.15 | 1 | 5 | » | 0.110 |
| 23 | 7.47 | 1 | 8 | 6 | 0.115 |
| 24 | 7.80 | 1 | 12 | » | 0.120 |
| 25 | 8.12 | 1 | 15 | 6 | 0.125 |

| 4 p. sur 4 d'équarris. (11 sur 11 centimèt.) | | | | | | 4 p. sur 5 d'équarris. (11 sur 13 centimèt.) | | | | | |
| Long. des bois en | | Produit du cubage en | | | | Long. des bois en | | Produit du cubage en | | | |
| Pieds. | Mètres. | Pièc. réd. | Pouc. réd. | Lign. réd. | Mèt. cub. ou stères. | Pieds. | Mètres. | Pièc. réd. | Pouc. réd. | Lign. réd. | Mèt. cub. ou stères. |
|---|---|---|---|---|---|---|---|---|---|---|---|
| 1 | 0.32 | » | 2 | 8 | 0.004 | 1 | 0.32 | » | 3 | 4 | 0.005 |
| 2 | 0.65 | » | 5 | 4 | 0.008 | 2 | 0.65 | » | 6 | 8 | 0.009 |
| 3 | 0.97 | » | 8 | » | 0.011 | 3 | 0.97 | » | 10 | » | 0.014 |
| 4 | 1.30 | » | 10 | 8 | 0.015 | 4 | 1.30 | » | 13 | 4 | 0.019 |
| 5 | 1.62 | » | 13 | 4 | 0.019 | 5 | 1.62 | » | 16 | 8 | 0.024 |
| 6 | 1.95 | » | 16 | » | 0.023 | 6 | 1.95 | » | 20 | » | 0 028 |
| 7 | 2.27 | » | 18 | 8 | 0.027 | 7 | 2.27 | » | 23 | 4 | 0.033 |
| 8 | 2.60 | » | 21 | 4 | 0.030 | 8 | 2.60 | » | 26 | 8 | 0.038 |
| 9 | 2.92 | » | 24 | » | 0.034 | 9 | 2.92 | » | 30 | » | 0.043 |
| 10 | 3.25 | » | 26 | 8 | 0.038 | 10 | 3.25 | » | 33 | 4 | 0.046 |
| 11 | 3.57 | » | 29 | 4 | 0.042 | 11 | 3.57 | » | 36 | 8 | 0.052 |
| 12 | 3.90 | » | 32 | » | 0.046 | 12 | 3.90 | » | 40 | » | 0.057 |
| 13 | 4.22 | » | 34 | 8 | 0.049 | 13 | 4.22 | » | 43 | 4 | 0.062 |
| 14 | 4.55 | » | 37 | 4 | 0.053 | 14 | 4.55 | » | 46 | 8 | 0.067 |
| 15 | 4.87 | » | 40 | » | 0.057 | 15 | 4.87 | » | 50 | » | 0.071 |
| 16 | 5.20 | » | 42 | 8 | 0.061 | 16 | 5.20 | » | 53 | 4 | 0.076 |
| 17 | 5.52 | » | 45 | 4 | 0.065 | 17 | 5.52 | » | 56 | 8 | 0.081 |
| 18 | 5.85 | » | 48 | » | 0.068 | 18 | 5.85 | » | 60 | » | 0.086 |
| 19 | 6.17 | » | 50 | 8 | 0.072 | 19 | 6.17 | » | 63 | 4 | 0.090 |
| 20 | 6.50 | » | 53 | 4 | 0.076 | 20 | 6.50 | » | 66 | 8 | 0.095 |
| 21 | 6.82 | » | 56 | » | 0.080 | 21 | 6.82 | » | 70 | » | 0.100 |
| 22 | 7.15 | » | 58 | 8 | 0.084 | 22 | 7.15 | » | 1 | 4 | 0.105 |
| 23 | 7.47 | » | 61 | 4 | 0.087 | 23 | 7.47 | » | 4 | 8 | 0.109 |
| 24 | 7.80 | » | 64 | » | 0.091 | 24 | 7.80 | » | 8 | » | 0.114 |
| 25 | 8.12 | » | 66 | 8 | 0.095 | 25 | 8.12 | » | 11 | 4 | 0.119 |

**4 p. sur 6 d'équarris. (11 sur 16 centimèt.)**

| Long. des bois en | | Produit du cubage en | | | |
|---|---|---|---|---|---|
| Pieds. | Mètres. | Pièc. réd. | Pouc. réd. | Lign. réd. | Mèt. cub. ou stères. |
| 1 | 0.32 | » | 4 | » | 0.006 |
| 2 | 0.65 | » | 8 | » | 0.011 |
| 3 | 0.97 | » | 12 | » | 0.017 |
| 4 | 1.30 | » | 16 | » | 0.023 |
| 5 | 1.62 | » | 20 | » | 0.028 |
| 6 | 1.95 | » | 24 | » | 0.034 |
| 7 | 2.27 | » | 28 | » | 0.040 |
| 8 | 2.60 | » | 32 | » | 0.046 |
| 9 | 2.92 | » | 36 | » | 0.051 |
| 10 | 3.25 | » | 40 | » | 0.057 |
| 11 | 3.57 | » | 44 | » | 0.063 |
| 12 | 3.90 | » | 48 | » | 0.068 |
| 13 | 4.22 | » | 52 | » | 0.174 |
| 14 | 4.55 | » | 56 | » | 0.080 |
| 15 | 4.87 | » | 60 | » | 0.086 |
| 16 | 5.20 | » | 64 | » | 0.091 |
| 17 | 5.52 | » | 68 | » | 0.097 |
| 18 | 5.85 | 1 | » | » | 0.103 |
| 19 | 6.17 | 1 | 4 | » | 0.108 |
| 20 | 6.50 | 1 | 8 | » | 0.114 |
| 21 | 6.82 | 1 | 12 | » | 0.120 |
| 22 | 7.15 | 1 | 16 | » | 0.126 |
| 23 | 7.47 | 1 | 20 | » | 0.131 |
| 24 | 7.80 | 1 | 24 | » | 0.137 |
| 25 | 8.12 | 1 | 28 | » | 0.143 |

**4 p. sur 7 d'équarris. (11 sur 19 centimèt.)**

| Long. des bois en | | Produit du cubage en | | | |
|---|---|---|---|---|---|
| Pieds. | Mètres. | Pièc. réd. | Pouc. réd. | Lign. réd. | Mèt. cub. ou stères. |
| 1 | 0.32 | » | 4 | 8 | 0.007 |
| 2 | 0.65 | » | 9 | 4 | 0.013 |
| 3 | 0.97 | » | 14 | » | 0.020 |
| 4 | 1.30 | » | 18 | 8 | 0.027 |
| 5 | 1.62 | » | 23 | 4 | 0.033 |
| 6 | 1.95 | » | 28 | » | 0.040 |
| 7 | 2.27 | » | 32 | 8 | 0.047 |
| 8 | 2.60 | » | 37 | 4 | 0.053 |
| 9 | 2.92 | » | 42 | » | 0.060 |
| 10 | 3.25 | » | 46 | 8 | 0.067 |
| 11 | 3.57 | » | 51 | 4 | 0.073 |
| 12 | 3.90 | » | 56 | » | 0.080 |
| 13 | 4.22 | » | 60 | 8 | 0.087 |
| 14 | 4.55 | » | 65 | 4 | 0.093 |
| 15 | 4.87 | » | 70 | » | 0.100 |
| 16 | 5.20 | 1 | 2 | 8 | 0.107 |
| 17 | 5.52 | 1 | 7 | 4 | 0.113 |
| 18 | 5.85 | 1 | 12 | » | 0.120 |
| 19 | 6.17 | 1 | 16 | 8 | 0.127 |
| 20 | 6.50 | 1 | 21 | 4 | 0.133 |
| 21 | 6.82 | 1 | 26 | » | 0.140 |
| 22 | 7.15 | 1 | 30 | 8 | 9.147 |
| 23 | 7.47 | 1 | 35 | 4 | 0.153 |
| 24 | 7.80 | 1 | 40 | » | 0.160 |
| 25 | 8.12 | 1 | 44 | 8 | 0.167 |

| 4 p. sur 8 d'équarris. (11 sur 22 centimèt.) | | | | | | 5 p. sur 5 d'équarris. (13 sur 13 centimèt.) | | | | | |
| --- | --- | --- | --- | --- | --- | --- | --- | --- | --- | --- | --- |
| Long. des bois en | | Produit du cubage en | | | | Long. des bois en | | Produit du cubage en | | | |
| Pieds. | Mètres. | Pièc. réd. | Pouc. réd. | Lign. réd. | Mét. cub. ou stères. | Pieds. | Mètres. | Pièc. réd. | Pouc. réd. | Lign. réd. | Mét. cub. ou stères. |
| 1 | 0.32 | » | 5 | 4 | 0.008 | 1 | 0.32 | » | 4 | 2 | 0.006 |
| 2 | 0.65 | » | 10 | 8 | 0.015 | 2 | 0.65 | » | 8 | 4 | 0.012 |
| 3 | 0.97 | » | 16 | » | 0.023 | 3 | 0.97 | » | 12 | 6 | 0.018 |
| 4 | 1.30 | » | 21 | 4 | 0.030 | 4 | 1.30 | » | 16 | 8 | 0.024 |
| 5 | 1.62 | » | 26 | 8 | 0.038 | 5 | 1.62 | » | 20 | 10 | 0.030 |
| 6 | 1.95 | » | 32 | » | 0.046 | 6 | 1.95 | » | 25 | » | 0.036 |
| 7 | 2.27 | » | 37 | 4 | 0.053 | 7 | 2.27 | » | 29 | 2 | 0.042 |
| 8 | 2.60 | » | 42 | 8 | 0.061 | 8 | 2.60 | » | 33 | 4 | 0.048 |
| 9 | 2.92 | » | 48 | » | 0.068 | 9 | 2.92 | » | 37 | 6 | 0.053 |
| 10 | 3.25 | » | 53 | 4 | 0.076 | 10 | 3.25 | » | 41 | 8 | 0.059 |
| 11 | 3.57 | » | 58 | 8 | 0.084 | 11 | 3.57 | » | 45 | 10 | 0.065 |
| 12 | 3.90 | » | 64 | » | 0.091 | 12 | 3.90 | » | 50 | » | 0.071 |
| 13 | 4.22 | » | 69 | 4 | 0.099 | 13 | 4.22 | » | 54 | 2 | 0.077 |
| 14 | 4.55 | 1 | 2 | 8 | 0.107 | 14 | 4.55 | » | 58 | 4 | 0.083 |
| 15 | 4.87 | 1 | 8 | » | 0.114 | 15 | 4.87 | » | 62 | 6 | 0.089 |
| 16 | 5.20 | 1 | 13 | 4 | 0.122 | 16 | 5.20 | » | 66 | 8 | 0.095 |
| 17 | 5.52 | 1 | 18 | 8 | 0.129 | 17 | 5.52 | » | 70 | 10 | 0.101 |
| 18 | 5.85 | 1 | 24 | » | 0.137 | 18 | 5.85 | 1 | 3 | » | 0.107 |
| 19 | 6.17 | 1 | 29 | 4 | 0.145 | 19 | 6.17 | 1 | 7 | 2 | 0.113 |
| 20 | 6.50 | 1 | 34 | 8 | 0.152 | 20 | 6.50 | 1 | 11 | 4 | 0.119 |
| 21 | 6.82 | 1 | 40 | » | 0.160 | 21 | 6.82 | 1 | 15 | 6 | 0.125 |
| 22 | 7.15 | 1 | 45 | 4 | 0.167 | 22 | 7.15 | 1 | 19 | 8 | 0.131 |
| 23 | 7.47 | 1 | 50 | 8 | 0.175 | 23 | 7.47 | 1 | 23 | 10 | 0.137 |
| 24 | 7.80 | 1 | 56 | » | 0.183 | 24 | 7.80 | 1 | 28 | » | 0.143 |
| 25 | 8.12 | 1 | 61 | 4 | 0.190 | 25 | 8.12 | 1 | 32 | 2 | 0.149 |

| 5 p. sur 6 d'équarris. (13 sur 16 centimèt.) | | | | | | 5 p. sur 7 d'équarris. (13 sur 19 centimèt.) | | | | | |
| Long. des bois en | | Produit du cubage en | | | | Long. des bois en | | Produit du cubage en | | | |
| Pieds. | Mètres. | Pièc. réd. | Pouc. réd. | Lign. réd. | Mèt. cub. ou stères. | Pieds. | Mètres. | Pièc. réd. | Pouc. réd. | Lign. réd. | Mèt. cub. ou stères. |
|---|---|---|---|---|---|---|---|---|---|---|---|
| 1 | 0.32 | » | 5 | » | 0.007 | 1 | 0.32 | » | 5 | 10 | 0.008 |
| 2 | 0.65 | » | 10 | » | 0.014 | 2 | 0.65 | » | 11 | 8 | 0.017 |
| 3 | 0.97 | » | 15 | » | 0.021 | 3 | 0.97 | » | 17 | 6 | 0.025 |
| 4 | 1.30 | » | 20 | » | 0.028 | 4 | 1.30 | » | 23 | 4 | 0.033 |
| 5 | 1.62 | » | 25 | » | 0.036 | 5 | 1.62 | » | 29 | 2 | 0.042 |
| 6 | 1.95 | » | 30 | » | 0.043 | 6 | 1.95 | » | 35 | » | 0.050 |
| 7 | 2.27 | » | 35 | » | 0.050 | 7 | 2.27 | » | 40 | 10 | 0.058 |
| 8 | 2.60 | » | 40 | » | 0.057 | 8 | 2.60 | » | 46 | 8 | 0.066 |
| 9 | 2.92 | » | 45 | » | 0.064 | 9 | 2.92 | » | 52 | 6 | 0.075 |
| 10 | 3.25 | » | 50 | » | 0.071 | 10 | 3.25 | » | 58 | 4 | 0.083 |
| 11 | 3.57 | » | 55 | » | 0.078 | 11 | 3.57 | » | 64 | 2 | 0.092 |
| 12 | 3.90 | » | 60 | » | 0.086 | 12 | 3.90 | » | 70 | » | 0.100 |
| 13 | 4.22 | » | 65 | » | 0.093 | 13 | 4.22 | 1 | 3 | 10 | 0.108 |
| 14 | 4.55 | » | 70 | » | 0.100 | 14 | 4.55 | 1 | 9 | 8 | 0.117 |
| 15 | 4.87 | 1 | 3 | » | 0.107 | 15 | 4.87 | 1 | 15 | 6 | 0.125 |
| 16 | 5.20 | 1 | 8 | » | 0.114 | 16 | 5.20 | 1 | 21 | 4 | 0.133 |
| 17 | 5.52 | 1 | 13 | » | 0.121 | 17 | 5.52 | 1 | 27 | 2 | 0.142 |
| 18 | 5.85 | 1 | 18 | » | 0.128 | 18 | 5.85 | 1 | 33 | » | 0.150 |
| 19 | 6.17 | 1 | 23 | » | 0.136 | 19 | 6.17 | 1 | 38 | 10 | 0.158 |
| 20 | 6.50 | 1 | 28 | » | 0.143 | 20 | 6.50 | 1 | 44 | 8 | 0.166 |
| 21 | 6.82 | 1 | 33 | » | 0.150 | 21 | 6.82 | 1 | 50 | 6 | 0.175 |
| 22 | 7.15 | 1 | 38 | » | 0.157 | 22 | 7.15 | 1 | 56 | 4 | 0.183 |
| 23 | 7.47 | 1 | 43 | » | 0.164 | 23 | 7.47 | 1 | 62 | 2 | 0.192 |
| 24 | 7.80 | 1 | 48 | » | 0.171 | 24 | 7.80 | 1 | 68 | » | 0.200 |
| 25 | 8.12 | 1 | 53 | » | 0.178 | 25 | 8.12 | 2 | 1 | 10 | 0.208 |

| 5 p. sur 8 d'équarris. (13 sur 22 centimèt.) | | | | | | 5 p. sur 9 d'équarris. (13 sur 24 centimèt.) | | | | | |
|---|---|---|---|---|---|---|---|---|---|---|---|
| Long. des bois en | | Produit du cubage en | | | | Long. des bois en | | Produit du cubage en | | | |
| Pieds. | Mètres. | Pièc. réd. | Pouc. réd. | Lign. réd. | Mèt. cub. ou stères. | Pieds. | Mètres. | Pièc. réd. | Pouc. réd. | Lign. réd. | Mèt. cub. ou stères. |
| 1 | 0.32 | » | 6 | 8 | 0.009 | 1 | 0.32 | » | 7 | 6 | 0.011 |
| 2 | 0.65 | » | 13 | 4 | 0.019 | 2 | 0.65 | » | 15 | » | 0.021 |
| 3 | 0.97 | » | 20 | » | 0.028 | 3 | 0.97 | » | 22 | 6 | 0.032 |
| 4 | 1.30 | » | 26 | 8 | 0.038 | 4 | 1.30 | » | 30 | » | 0.043 |
| 5 | 1.62 | » | 33 | 4 | 0.048 | 5 | 1.62 | » | 37 | 6 | 0.053 |
| 6 | 1.95 | » | 40 | » | 0.057 | 6 | 1.95 | » | 45 | » | 0.064 |
| 7 | 2.27 | » | 46 | 8 | 0.067 | 7 | 2.27 | » | 52 | 6 | 0.075 |
| 8 | 2.60 | » | 53 | 4 | 0.076 | 8 | 2.60 | » | 60 | » | 0.086 |
| 9 | 2.92 | » | 60 | » | 0.086 | 9 | 2.92 | » | 67 | 6 | 0.096 |
| 10 | 3.25 | » | 66 | 8 | 0.095 | 10 | 3.25 | 1 | 3 | » | 0.107 |
| 11 | 3.57 | 1 | 1 | 4 | 0.105 | 11 | 3.57 | 1 | 10 | 6 | 0.118 |
| 12 | 3.90 | 1 | 8 | » | 0.114 | 12 | 3.90 | 1 | 18 | » | 0.128 |
| 13 | 4.22 | 1 | 14 | 8 | 0.124 | 13 | 4.22 | 1 | 25 | 6 | 0.139 |
| 14 | 4.55 | 1 | 21 | 4 | 0.133 | 14 | 4.55 | 1 | 33 | » | 0.150 |
| 15 | 4.87 | 1 | 28 | » | 0.143 | 15 | 4.87 | 1 | 40 | 6 | 0.160 |
| 16 | 5.20 | 1 | 34 | 8 | 0.152 | 16 | 5.20 | 1 | 48 | » | 0.171 |
| 17 | 5.52 | 1 | 41 | 4 | 0.162 | 17 | 5.52 | 1 | 55 | 6 | 0.182 |
| 18 | 5.85 | 1 | 48 | » | 0.171 | 18 | 5.85 | 1 | 63 | » | 0.193 |
| 19 | 6.17 | 1 | 54 | 8 | 0.181 | 19 | 6.17 | 1 | 70 | 6 | 0.203 |
| 20 | 6.50 | 1 | 61 | 4 | 0.190 | 20 | 6.50 | 2 | 6 | » | 0.214 |
| 21 | 6.82 | 1 | 68 | » | 0.200 | 21 | 6.82 | 2 | 13 | 6 | 0.225 |
| 22 | 7.15 | 2 | 2 | 8 | 0.209 | 22 | 7.15 | 2 | 21 | » | 0.236 |
| 23 | 7.47 | 2 | 9 | 4 | 0.219 | 23 | 7.47 | 2 | 28 | 6 | 0.246 |
| 24 | 7.80 | 2 | 16 | » | 0.228 | 24 | 7.80 | 2 | 36 | » | 0.257 |
| 25 | 8.12 | 2 | 22 | 8 | 0.238 | 25 | 8.12 | 2 | 43 | 6 | 0.268 |

| 5 p. sur 10 d'équarris. (13 sur 27 centimèt.) | | | | | | 6 p. sur 6 d'équarris. (16 sur 16 centimèt.) | | | | | |
|---|---|---|---|---|---|---|---|---|---|---|---|
| Long. des bois en | | Produit du cubage en | | | | Long. des bois en | | Produit du cubage en | | | |
| Pieds. | Mètres. | Piéc. réd. | Pouc. réd. | Lign. réd. | Mèt. cub. ou stères. | Pieds. | Mètres. | Piéc. réd. | Pouc. réd. | Lign. réd. | Mèt. cub. ou stères. |
| 1 | 0.32 | » | 8 | 4 | 0.012 | 1 | 0.32 | » | 6 | » | 0.008 |
| 2 | 0.65 | » | 16 | 8 | 0.024 | 2 | 0.65 | » | 12 | | 0.017 |
| 3 | 0.97 | » | 25 | » | 0.036 | 3 | 0.97 | » | 18 | » | 0.026 |
| 4 | 1.30 | » | 33 | 4 | 0.048 | 4 | 1.30 | » | 24 | » | 0.034 |
| 5 | 1.62 | » | 41 | 8 | 0.059 | 5 | 1.62 | » | 30 | » | 0.043 |
| 6 | 1.95 | » | 50 | » | 0.071 | 6 | 1.95 | » | 36 | » | 0.051 |
| 7 | 2.27 | » | 58 | 4 | 0.083 | 7 | 2.27 | » | 42 | » | 0.060 |
| 8 | 2.60 | » | 66 | 8 | 0.095 | 8 | 2.60 | » | 48 | » | 0.068 |
| 9 | 2.92 | 1 | 3 | » | 0.107 | 9 | 2.92 | » | 54 | » | 0.077 |
| 10 | 3.25 | 1 | 11 | 4 | 0.119 | 10 | 3.25 | » | 60 | » | 0.086 |
| 11 | 3.57 | 1 | 19 | 8 | 0.131 | 11 | 3.57 | » | 66 | » | 0.094 |
| 12 | 3.90 | 1 | 28 | » | 0.143 | 12 | 3.90 | 1 | » | » | 0.103 |
| 13 | 4.22 | 1 | 36 | 4 | 0.155 | 13 | 4.22 | 1 | 6 | » | 0.111 |
| 14 | 4.55 | 1 | 44 | 8 | 0.167 | 14 | 4.55 | 1 | 12 | » | 0.120 |
| 15 | 4.87 | 1 | 53 | » | 0.178 | 15 | 4.87 | 1 | 18 | » | 0.128 |
| 16 | 5.20 | 1 | 61 | 4 | 0.190 | 16 | 5.20 | 1 | 24 | » | 0.137 |
| 17 | 5.52 | 1 | 69 | 8 | 0.202 | 17 | 5.52 | 1 | 30 | » | 0.146 |
| 18 | 5.85 | 2 | 6 | » | 0.214 | 18 | 5.85 | 1 | 36 | » | 0.154 |
| 19 | 6.17 | 2 | 14 | 4 | 0.226 | 19 | 6.17 | 1 | 42 | » | 0.163 |
| 20 | 6.50 | 2 | 22 | 8 | 0.238 | 20 | 6.50 | 1 | 48 | » | 0.171 |
| 21 | 6.82 | 2 | 31 | » | 0.250 | 21 | 6.82 | 1 | 54 | » | 0.180 |
| 22 | 7.15 | 2 | 39 | 4 | 0.262 | 22 | 7.15 | 1 | 60 | » | 0.188 |
| 23 | 7.47 | 2 | 47 | 8 | 0.274 | 23 | 7.47 | 1 | 66 | » | 0.197 |
| 24 | 7.80 | 2 | 56 | » | 0.286 | 24 | 7.80 | 2 | » | » | 0.206 |
| 25 | 8.12 | 2 | 64 | 4 | 0.297 | 25 | 8.12 | 2 | 6 | » | 0.214 |

| 6 p. sur 7 d'équarris. (16 sur 19 centimèt.) | | | | | | 6 p. sur 8 d'équarris. (16 sur 22 centimèt.) | | | | | |
|---|---|---|---|---|---|---|---|---|---|---|---|
| Long. des bois en | | Produit du cubage en | | | | Long. des bois en | | Produit du cubage en | | | |
| Pieds. | Mètres. | Pièc. réd. | Pouc. réd. | Lign. réd. | Mèt. cub. ou stères. | Pieds. | Mètres. | Pièc. réd. | Pouc. réd. | Lign. réd. | Mèt. cub. ou stères. |
| 1 | 0.32 | » | 7 | » | 0.010 | 1 | 0.32 | » | 8 | » | 0.011 |
| 2 | 0.65 | » | 14 | » | 0.020 | 2 | 0.65 | » | 16 | » | 0.023 |
| 3 | 0.97 | » | 21 | » | 0.030 | 3 | 0.97 | » | 24 | » | 0.034 |
| 4 | 1.30 | » | 28 | » | 0.040 | 4 | 1.30 | » | 32 | » | 0.046 |
| 5 | 1.62 | » | 35 | » | 0.050 | 5 | 1.62 | » | 40 | » | 0.057 |
| 6 | 1.95 | » | 42 | » | 0.060 | 6 | 1.95 | » | 48 | » | 0.068 |
| 7 | 2.27 | » | 49 | » | 0.070 | 7 | 2.27 | » | 56 | » | 0.080 |
| 8 | 2.60 | » | 56 | » | 0.080 | 8 | 2.60 | » | 64 | » | 0.091 |
| 9 | 2.92 | » | 63 | » | 0.090 | 9 | 2.92 | 1 | » | » | 0.103 |
| 10 | 3.25 | » | 70 | » | 0.100 | 10 | 3.25 | 1 | 8 | » | 0.114 |
| 11 | 3.57 | 1 | 5 | » | 0.110 | 11 | 3.57 | 1 | 16 | » | 0.125 |
| 12 | 3.90 | 1 | 12 | » | 0.120 | 12 | 3.90 | 1 | 24 | » | 0.137 |
| 13 | 4.22 | 1 | 19 | » | 0.130 | 13 | 4.22 | 1 | 32 | » | 0.149 |
| 14 | 4.55 | 1 | 26 | » | 0.140 | 14 | 4.55 | 1 | 40 | » | 0.160 |
| 15 | 4.87 | 1 | 33 | » | 0.150 | 15 | 4.87 | 1 | 48 | » | 0.171 |
| 16 | 5.20 | 1 | 40 | » | 0.160 | 16 | 5.20 | 1 | 56 | » | 0.183 |
| 17 | 5.52 | 1 | 47 | » | 0.170 | 17 | 5.52 | 1 | 64 | » | 0.194 |
| 18 | 5.85 | 1 | 54 | » | 0.180 | 18 | 5.85 | 2 | » | » | 0.206 |
| 19 | 6.17 | 1 | 61 | » | 0.190 | 19 | 6.17 | 2 | 8 | » | 0.217 |
| 20 | 6.50 | 1 | 68 | » | 0.200 | 20 | 6.50 | 2 | 16 | » | 0.228 |
| 21 | 6.82 | 2 | 3 | » | 0.210 | 21 | 6.82 | 2 | 24 | » | 0.240 |
| 22 | 7.15 | 2 | 10 | » | 0.220 | 22 | 7.15 | 2 | 32 | » | 0.250 |
| 23 | 7.47 | 2 | 17 | » | 0.230 | 23 | 7.47 | 2 | 40 | » | 0.263 |
| 24 | 7.80 | 2 | 24 | » | 0.240 | 24 | 7.80 | 2 | 48 | » | 0.274 |
| 25 | 8.12 | 2 | 31 | » | 0.250 | 25 | 8.12 | 2 | 56 | » | 0.286 |

## 6 p. sur 9 d'équarris. (16 sur 24 centimèt.)

| Long. des bois en | | Produit du cubage en | | | |
|---|---|---|---|---|---|
| Pieds. | Mètres. | Pièc. réd. | Pouc. réd. | Lign. réd. | Mèt. cub. ou stères. |
| 1 | 0.32 | » | 9 | » | 0.013 |
| 2 | 0.65 | » | 18 | » | 0.026 |
| 3 | 0.97 | » | 27 | » | 0 038 |
| 4 | 1.30 | » | 36 | » | 0.051 |
| 5 | 1.62 | » | 45 | » | 0.064 |
| 6 | 1.95 | » | 54 | » | 0.077 |
| 7 | 2.27 | » | 63 | » | 0.091 |
| 8 | 2.60 | 1 | » | » | 0.103 |
| 9 | 2.92 | 1 | 9 | » | 0.116 |
| 10 | 3.25 | 1 | 18 | » | 0.129 |
| 11 | 3.57 | 1 | 27 | » | 0.141 |
| 12 | 3.90 | 1 | 36 | » | 0.154 |
| 13 | 4.22 | 1 | 45 | » | 0.167 |
| 14 | 4.55 | 1 | 54 | » | 0.180 |
| 15 | 4.87 | 1 | 63 | » | 0.193 |
| 16 | 5.20 | 2 | » | » | 0.206 |
| 17 | 5.52 | 2 | 9 | » | 0.218 |
| 18 | 5.85 | 2 | 18 | » | 0.231 |
| 19 | 6.17 | 2 | 27 | » | 0.244 |
| 20 | 6.50 | 2 | 36 | » | 0.257 |
| 21 | 6.82 | 2 | 45 | » | 0.270 |
| 22 | 7.15 | 2 | 54 | » | 0.283 |
| 23 | 7.47 | 2 | 63 | » | 0.296 |
| 24 | 7.80 | 3 | » | » | 0.308 |
| 25 | 8.12 | 3 | 9 | » | 0.321 |

## 6 p. sur 10 d'équarris. (16 sur 27 centimèt.)

| Long. des bois en | | Produit du cubage en | | | |
|---|---|---|---|---|---|
| Pieds. | Mètres. | Pièc. réd. | Pouc. réd. | Lign. réd. | Mèt. cub. ou stères. |
| 1 | 0.32 | » | 10 | » | 0.014 |
| 2 | 0.65 | » | 20 | » | 0.028 |
| 3 | 0.97 | » | 30 | » | 0.043 |
| 4 | 1.30 | » | 40 | » | 0.057 |
| 5 | 1.62 | » | 50 | » | 0.071 |
| 6 | 1.95 | » | 60 | » | 0.086 |
| 7 | 2.27 | » | 70 | » | 0.100 |
| 8 | 2.60 | 1 | 8 | » | 0.114 |
| 9 | 2.92 | 1 | 18 | » | 0.128 |
| 10 | 3.25 | 1 | 28 | » | 0.143 |
| 11 | 3.57 | 1 | 38 | » | 0.157 |
| 12 | 3.90 | 1 | 48 | » | 0.171 |
| 13 | 4.22 | 1 | 58 | » | 0.186 |
| 14 | 4.55 | 1 | 68 | » | 0 200 |
| 15 | 4 87 | 2 | 6 | » | 0.214 |
| 16 | 5.20 | 2 | 16 | » | 0.228 |
| 17 | 5.52 | 2 | 26 | » | 0.243 |
| 18 | 5.85 | 2 | 36 | » | 0.257 |
| 19 | 6.17 | 2 | 46 | » | 0.271 |
| 20 | 6.50 | 2 | 56 | » | 0.286 |
| 21 | 6.82 | 2 | 66 | » | 0.300 |
| 22 | 7.15 | 3 | 4 | » | 0.314 |
| 23 | 7.47 | 3 | 14 | » | 0.328 |
| 24 | 7.80 | 3 | 24 | » | 0.343 |
| 25 | 8.12 | 3 | 34 | » | 0.347 |

| 7 p. sur 7 d'équarris. (19 sur 19 centimèt.) | | | | | | 7 p. sur 8 d'équarris. (19 sur 22 centimèt.) | | | | | |
| Long. des bois en | | Produit du cubage en | | | | Long. des bois en | | Produit du cubage en | | | |
| Pieds. | Mètres | Pièc. réd. | Pouc. réd. | Lign. réd. | Mèt. cub. ou stères. | Pieds. | Mètres. | Pièc. réd. | Pouc. réd. | Lign. réd. | Mèt. cub. ou stères. |
|---|---|---|---|---|---|---|---|---|---|---|---|
| 1 | 0.32 | » | 8 | 2 | 0.012 | 1 | 0.32 | » | 9 | 4 | 0.013 |
| 2 | 0.65 | » | 16 | 4 | 0.023 | 2 | 0.65 | » | 18 | 8 | 0.027 |
| 3 | 0.97 | » | 24 | 6 | 0.035 | 3 | 0.97 | » | 28 | » | 0.040 |
| 4 | 1.30 | » | 32 | 8 | 0.047 | 4 | 1.30 | » | 37 | 4 | 0.053 |
| 5 | 1.62 | » | 40 | 10 | 0.058 | 5 | 1.62 | » | 46 | 8 | 0.067 |
| 6 | 1.95 | » | 49 | » | 0.070 | 6 | 1.95 | » | 56 | » | 0.080 |
| 7 | 2.27 | » | 57 | 2 | 0.082 | 7 | 2.27 | » | 65 | 4 | 0.093 |
| 8 | 2.60 | » | 65 | 4 | 0.093 | 8 | 2.60 | 1 | 2 | 8 | 0.107 |
| 9 | 2.92 | 1 | 1 | 6 | 0.105 | 9 | 2.92 | 1 | 12 | » | 0.120 |
| 10 | 3.25 | 1 | 9 | 8 | 0.117 | 10 | 3.25 | 1 | 21 | 4 | 0.133 |
| 11 | 3.57 | 1 | 17 | 10 | 0.128 | 11 | 3.57 | 1 | 30 | 8 | 0.147 |
| 12 | 3.90 | 1 | 26 | » | 0.140 | 12 | 3.90 | 1 | 40 | » | 0.160 |
| 13 | 4.22 | 1 | 34 | 2 | 0.152 | 13 | 4.22 | 1 | 49 | 4 | 0.173 |
| 14 | 4.55 | 1 | 42 | 4 | 0.163 | 14 | 4.55 | 1 | 58 | 8 | 0.187 |
| 15 | 4.87 | 1 | 50 | 6 | 0.175 | 15 | 4.87 | 1 | 68 | » | 0.198 |
| 16 | 5.20 | 1 | 58 | 8 | 0.187 | 16 | 5.20 | 2 | 5 | 4 | 0.213 |
| 17 | 5.52 | 1 | 66 | 10 | 0.198 | 17 | 5.52 | 2 | 14 | 8 | 0.226 |
| 18 | 5.85 | 2 | 3 | » | 0.210 | 18 | 5.85 | 2 | 24 | » | 0.240 |
| 19 | 6.17 | 2 | 11 | 2 | 0.222 | 19 | 6.17 | 2 | 33 | 4 | 0.253 |
| 20 | 6.50 | 2 | 19 | 4 | 0.233 | 20 | 6.50 | 2 | 42 | 8 | 0.266 |
| 21 | 6.82 | 2 | 27 | 6 | 0.245 | 21 | 6.82 | 2 | 52 | » | 0.280 |
| 22 | 7.15 | 2 | 35 | 8 | 0.257 | 22 | 7.15 | 2 | 61 | 4 | 0.293 |
| 23 | 7.47 | 2 | 43 | 10 | 0.268 | 23 | 7.47 | 2 | 70 | 8 | 0.306 |
| 24 | 7.80 | 2 | 52 | » | 0.280 | 24 | 7.80 | 3 | 8 | » | 0.320 |
| 25 | 8.12 | 2 | 60 | 2 | 0.291 | 25 | 8.12 | 3 | 17 | 4 | 0.333 |

## 7 p. sur 9 d'équarris. (19 sur 24 centimèt.)

| Long. des bois en Pieds. | Mètres. | Produit du cubage en Pièc. réd. | Pouc. réd. | Lign. réd. | Mèt. cub. ou stères. |
|---|---|---|---|---|---|
| 1 | 0.32 | » | 10 | 6 | 0.015 |
| 2 | 0.65 | » | 21 | » | 0.030 |
| 3 | 0.97 | » | 31 | 6 | 0.045 |
| 4 | 1.30 | » | 42 | » | 0.060 |
| 5 | 1.62 | » | 52 | 6 | 0.075 |
| 6 | 1.95 | » | 63 | » | 0.090 |
| 7 | 2.27 | 1 | 1 | 6 | 0.105 |
| 8 | 2.60 | 1 | 12 | » | 0.120 |
| 9 | 2.92 | 1 | 22 | 6 | 0.135 |
| 10 | 3.25 | 1 | 33 | » | 0.150 |
| 11 | 3.57 | 1 | 43 | 6 | 0.165 |
| 12 | 3.90 | 1 | 54 | » | 0.180 |
| 13 | 4.22 | 1 | 64 | 6 | 0.195 |
| 14 | 4.55 | 2 | 3 | » | 0.210 |
| 15 | 4.87 | 2 | 13 | 6 | 0.225 |
| 16 | 5.20 | 2 | 24 | » | 0.240 |
| 17 | 5.52 | 2 | 34 | 6 | 0.255 |
| 18 | 5.85 | 2 | 45 | » | 0.270 |
| 19 | 6.17 | 2 | 55 | 6 | 0.285 |
| 20 | 6.50 | 2 | 66 | » | 0.300 |
| 21 | 6.82 | 3 | 4 | 6 | 0.315 |
| 22 | 7.15 | 3 | 15 | » | 0.330 |
| 23 | 7.47 | 3 | 25 | 6 | 0.345 |
| 24 | 7.80 | 3 | 36 | » | 0.360 |
| 25 | 8.12 | 3 | 46 | 6 | 0.375 |

## 7 p. sur 10 d'équarris. (19 sur 27 centimèt.)

| Long. des bois en Pieds. | Mètres. | Produit du cubage en Pièc. réd. | Pouc. réd. | Lign. réd. | Mèt. cub. ou stères. |
|---|---|---|---|---|---|
| 1 | 0.32 | » | 11 | 8 | 0.017 |
| 2 | 0.65 | » | 23 | 4 | 0.033 |
| 3 | 0.97 | » | 35 | » | 0.050 |
| 4 | 1.30 | » | 46 | 8 | 0.067 |
| 5 | 1.62 | » | 58 | 4 | 0.083 |
| 6 | 1.95 | » | 70 | » | 0.100 |
| 7 | 2.27 | 1 | 9 | 8 | 0.117 |
| 8 | 2.60 | 1 | 21 | 4 | 0.133 |
| 9 | 2.92 | 1 | 33 | » | 0.150 |
| 10 | 3.25 | 1 | 44 | 8 | 0.167 |
| 11 | 3.57 | 1 | 56 | 4 | 0.183 |
| 12 | 3.90 | 1 | 68 | » | 0.200 |
| 13 | 4.22 | 2 | 7 | 8 | 0.217 |
| 14 | 4.55 | 2 | 19 | 4 | 0.233 |
| 15 | 4.87 | 2 | 31 | » | 0.250 |
| 16 | 5.20 | 2 | 42 | 8 | 0.267 |
| 17 | 5.52 | 2 | 54 | 4 | 0.283 |
| 18 | 5.85 | 2 | 66 | » | 0.300 |
| 19 | 6.17 | 3 | 5 | 8 | 0.317 |
| 20 | 6.50 | 3 | 17 | 4 | 0.333 |
| 21 | 6.82 | 3 | 29 | » | 0.350 |
| 22 | 7.15 | 3 | 40 | 8 | 0.367 |
| 23 | 7.47 | 3 | 52 | 4 | 0.383 |
| 24 | 7.80 | 3 | 64 | » | 0.400 |
| 25 | 8.12 | 4 | 3 | 8 | 0.417 |

## 8 p. sur 8 d'équarris. (22 sur 22 centimèt.)

| Long. des bois en | | Produit du cubage en | | | |
|---|---|---|---|---|---|
| Pieds. | Mètres. | Pièc. réd. | Porc. réd. | Lign. réd. | Mèt. cub. ou stères. |
| 1 | 0.32 | » | 10 | 8 | 0.015 |
| 2 | 0.65 | » | 21 | 4 | 0.030 |
| 3 | 0.97 | » | 32 | » | 0.046 |
| 4 | 1.30 | » | 42 | 0 | 0.061 |
| 5 | 1.62 | » | 53 | 4 | 0.075 |
| 6 | 1.95 | » | 64 | » | 0.091 |
| 7 | 2.27 | 1 | 2 | 8 | 0.106 |
| 8 | 2.60 | 1 | 13 | 4 | 0.122 |
| 9 | 2.92 | 1 | 24 | » | 0.137 |
| 10 | 3.25 | 1 | 34 | 8 | 0.152 |
| 11 | 3.57 | 1 | 45 | 4 | 0.167 |
| 12 | 3.90 | 1 | 56 | » | 0.183 |
| 13 | 4.22 | 1 | 66 | 8 | 0.195 |
| 14 | 4.55 | 2 | 5 | 4 | 0.213 |
| 15 | 4.87 | 2 | 16 | » | 0.228 |
| 16 | 5.20 | 2 | 26 | 8 | 0.243 |
| 17 | 5.52 | 2 | 37 | 4 | 0.259 |
| 18 | 5.85 | 2 | 48 | » | 0.274 |
| 19 | 6.17 | 2 | 58 | 8 | 0.289 |
| 20 | 6.50 | 2 | 69 | 4 | 0.305 |
| 21 | 6.82 | 3 | 8 | » | 0.320 |
| 22 | 7.15 | 3 | 18 | 8 | 0.335 |
| 23 | 7.47 | 3 | 29 | 4 | 0.350 |
| 24 | 7.80 | 3 | 40 | » | 0.366 |
| 25 | 8.12 | 3 | 50 | 8 | 0.381 |

## 8 p. sur 9 d'équarris. (22 sur 24 centimèt.)

| Long. des bois en | | Produit du cubage en | | | |
|---|---|---|---|---|---|
| Pieds. | Mètres. | Pièc. réd. | Pouc. réd. | Lign. réd. | Mèt. cub. ou stères. |
| 1 | 0.32 | » | 12 | » | 0.017 |
| 2 | 0.65 | » | 24 | » | 0.034 |
| 3 | 0.97 | » | 36 | » | 0.051 |
| 4 | 1.30 | » | 48 | » | 0.068 |
| 5 | 1.62 | » | 60 | » | 0.086 |
| 6 | 1.95 | 1 | » | » | 0.103 |
| 7 | 2.27 | 1 | 12 | » | 0.120 |
| 8 | 2.60 | 1 | 24 | » | 0.137 |
| 9 | 2.92 | 1 | 36 | » | 0.154 |
| 10 | 3.25 | 1 | 48 | » | 0.171 |
| 11 | 3.57 | 1 | 60 | » | 0.188 |
| 12 | 3.90 | 2 | » | » | 0.206 |
| 13 | 4.22 | 2 | 12 | » | 0.223 |
| 14 | 4.55 | 2 | 24 | » | 0.240 |
| 15 | 4.87 | 2 | 36 | » | 0.257 |
| 16 | 5.20 | 2 | 48 | » | 0.274 |
| 17 | 5.52 | 2 | 60 | » | 0.291 |
| 18 | 5.85 | 3 | » | » | 0.308 |
| 19 | 6.17 | 3 | 12 | » | 0.326 |
| 20 | 6.50 | 3 | 24 | » | 0.343 |
| 21 | 6.82 | 3 | 36 | » | 0.360 |
| 22 | 7.15 | 3 | 48 | » | 0.377 |
| 23 | 7.47 | 3 | 60 | » | 0.391 |
| 24 | 7.80 | 4 | » | » | 0.411 |
| 25 | 8.12 | 4 | 12 | » | 0.428 |

| 8 p. sur 10 d'équarr. (22 sur 27 centimèt.) | | | | | 8 p. sur 11 d'équarr. (22 sur 30 centimèt.) | | | | |
|---|---|---|---|---|---|---|---|---|---|
| Long. des bois en | | Produit du cubage en | | | Long. des bois en | | Produit du cubage en | | |
| Pieds. | Mètres. | Pièc. réd. | Pouc. réd. | Lign. réd. | Mèt. cub. ou stères. | Pieds. | Mètres. | Pièc. réd. | Pouc. réd. | Lign. réd. | Mèt. cub. ou stères. |

| Pieds. | Mètres. | Pièc. réd. | Pouc. réd. | Lign. réd. | Mèt. cub. ou stères. | Pieds. | Mètres. | Pièc. réd. | Pouc. réd. | Lign. réd. | Mèt. cub. ou stères. |
|---|---|---|---|---|---|---|---|---|---|---|---|
| 1 | 0.32 | » | 13 | 4 | 0.019 | 1 | 0.32 | » | 14 | 8 | 0.021 |
| 2 | 0.65 | » | 26 | 8 | 0.038 | 2 | 0.65 | » | 29 | 4 | 0.042 |
| 3 | 0.97 | » | 40 | » | 0.057 | 3 | 0.97 | » | 44 | » | 0.063 |
| 4 | 1.30 | » | 53 | 4 | 0.076 | 4 | 1.30 | » | 58 | 8 | 0.084 |
| 5 | 1.62 | » | 66 | 8 | 0.095 | 5 | 1.62 | 1 | 1 | 4 | 0.105 |
| 6 | 1.95 | 1 | 8 | » | 0.114 | 6 | 1.95 | 1 | 16 | » | 0.125 |
| 7 | 2.27 | 1 | 21 | 4 | 0.133 | 7 | 2.27 | 1 | 30 | 8 | 0.147 |
| 8 | 2.60 | 1 | 34 | 8 | 0.152 | 8 | 2.60 | 1 | 45 | 4 | 0.167 |
| 9 | 2.92 | 1 | 48 | » | 0.173 | 9 | 2.92 | 1 | 60 | » | 0.188 |
| 10 | 3.25 | 1 | 61 | 4 | 0.190 | 10 | 3.25 | 2 | 2 | 8 | 0.209 |
| 11 | 3.57 | 2 | 2 | 8 | 0.209 | 11 | 3.57 | 2 | 17 | 4 | 0.230 |
| 12 | 3.90 | 2 | 16 | 0 | 0.229 | 12 | 3.90 | 2 | 32 | » | 0.251 |
| 13 | 4.22 | 2 | 29 | 4 | 0.247 | 13 | 4.22 | 2 | 46 | 8 | 0.272 |
| 14 | 4.55 | 2 | 42 | 8 | 0.266 | 14 | 4.55 | 2 | 61 | 4 | 0.293 |
| 15 | 4.87 | 2 | 58 | » | 0.288 | 15 | 4.87 | 3 | 4 | » | 0.314 |
| 16 | 5.20 | 2 | 69 | 4 | 0.305 | 16 | 5.20 | 3 | 18 | 8 | 0.335 |
| 17 | 5.52 | 3 | 10 | 8 | 0.324 | 17 | 5.52 | 3 | 33 | 4 | 0.356 |
| 18 | 5.85 | 3 | 24 | » | 0.343 | 18 | 5.85 | 3 | 48 | » | 0.377 |
| 19 | 6.17 | 3 | 37 | 4 | 0.362 | 19 | 6.17 | 3 | 62 | 8 | 0.398 |
| 20 | 6.50 | 3 | 50 | 8 | 0.381 | 20 | 6.50 | 4 | 5 | 4 | 0.419 |
| 21 | 6.82 | 3 | 64 | » | 0.400 | 21 | 6.82 | 4 | 20 | » | 0.440 |
| 22 | 7.15 | 4 | 5 | 4 | 0.419 | 22 | 7.15 | 4 | 34 | 8 | 0.461 |
| 23 | 7.47 | 4 | 18 | 8 | 0.438 | 23 | 7.47 | 4 | 49 | 4 | 0.482 |
| 24 | 7.80 | 4 | 32 | » | 0.457 | 24 | 7.80 | 4 | 64 | » | 0.503 |
| 25 | 8.12 | 4 | 45 | 4 | 0.476 | 25 | 8.12 | 5 | 6 | 8 | 0.524 |

| 8 p. sur 12 d'équarr. (22 sur 32 centimèt.) | | | | | | 9 p. sur 9 d'équarris. (24 sur 24 centimèt.) | | | | | |
| --- | --- | --- | --- | --- | --- | --- | --- | --- | --- | --- | --- |
| Long. des bois en | | Produit du cubage en | | | | Long. des bois en | | Produit du cubage en | | | |
| Pieds. | Mètres. | Pièc. réd. | Pouc. réd. | Lign. réd. | Mèt. cub. ou stères. | Pieds. | Mètres. | Pièc. réd. | Pouc. réd. | Lign. réd. | Mèt. cub. ou stères. |
| 1 | 0.32 | » | 16 | » | 0.023 | 1 | 0.32 | » | 13 | 6 | 0.019 |
| 2 | 0.65 | » | 32 | » | 0.046 | 2 | 0.65 | » | 27 | « | 0.038 |
| 3 | 0.97 | » | 48 | » | 0.068 | 3 | 0.97 | » | 40 | 6 | 0.058 |
| 4 | 1.30 | » | 64 | » | 0.091 | 4 | 1.30 | » | 54 | » | 0.077 |
| 5 | 1.62 | 1 | 8 | » | 0.114 | 5 | 1.62 | » | 67 | 6 | 0.096 |
| 6 | 1.95 | 1 | 24 | » | 0.137 | 6 | 1.95 | 1 | 9 | » | 0.116 |
| 7 | 2.27 | 1 | 40 | » | 0.160 | 7 | 2.27 | 1 | 22 | 6 | 0.135 |
| 8 | 2.60 | 1 | 56 | » | 0.183 | 8 | 2.60 | 1 | 36 | » | 0.154 |
| 9 | 2.92 | 2 | » | » | 0.206 | 9 | 2.92 | 1 | 49 | 6 | 0.173 |
| 10 | 3.25 | 2 | 16 | » | 0.228 | 10 | 3.25 | 1 | 63 | » | 0.193 |
| 11 | 3.57 | 2 | 32 | » | 0.251 | 11 | 3.57 | 2 | 4 | 6 | 0.212 |
| 12 | 3.90 | 2 | 48 | » | 0.274 | 12 | 3.90 | 2 | 18 | » | 0.231 |
| 13 | 4.22 | 2 | 64 | » | 0.297 | 13 | 4.22 | 2 | 31 | 6 | 0.251 |
| 14 | 4.55 | 3 | 8 | » | 0.320 | 14 | 4.55 | 2 | 45 | » | 0.270 |
| 15 | 4.87 | 3 | 24 | » | 0.343 | 15 | 4.87 | 2 | 58 | 6 | 0.289 |
| 16 | 5.20 | 3 | 40 | » | 0.366 | 16 | 5.20 | 3 | » | » | 0.308 |
| 17 | 5.52 | 3 | 56 | » | 0.388 | 17 | 5.52 | 3 | 13 | 6 | 0.328 |
| 18 | 5.85 | 4 | » | » | 0.411 | 18 | 5.85 | 3 | 27 | » | 0 347 |
| 19 | 6.17 | 4 | 16 | » | 0.434 | 19 | 6.17 | 3 | 40 | 6 | 0.366 |
| 20 | 6.50 | 4 | 32 | » | 0.457 | 20 | 5.50 | 3 | 54 | » | 0.386 |
| 21 | 6.82 | 4 | 48 | » | 0.480 | 21 | 6.82 | 3 | 67 | 6 | 0.405 |
| 22 | 7.15 | 4 | 64 | » | 0.503 | 22 | 7.15 | 4 | 9 | » | 0.424 |
| 23 | 7.47 | 5 | 8 | » | 0.525 | 23 | 7.47 | 4 | 22 | 6 | 0.444 |
| 24 | 7.80 | 5 | 24 | » | 0.548 | 24 | 7.80 | 4 | 36 | » | 0.462 |
| 25 | 8.12 | 5 | 40 | » | 0.571 | 25 | 8.12 | 4 | 49 | 6 | 0.482 |

### 9 p. sur 10 d'équarr. (24 sur 27 centimèt.)

| Long. des bois en | | Produit du cubage en | | | |
| --- | --- | --- | --- | --- | --- |
| Pieds. | Mètres. | Piéc. réd. | Pouc. réd. | Lign. réd. | Mèt. réd. ou stères. |
| 1 | 0.32 | » | 15 | » | 0.021 |
| 2 | 0.65 | » | 30 | » | 0.043 |
| 3 | 0.97 | » | 45 | » | 0.064 |
| 4 | 1.30 | » | 60 | » | 0.086 |
| 5 | 1.62 | 1 | 3 | » | 0.107 |
| 6 | 1.95 | 1 | 18 | » | 0.128 |
| 7 | 2.27 | 1 | 33 | » | 0.150 |
| 8 | 2.60 | 1 | 48 | » | 0.171 |
| 9 | 2.92 | 1 | 63 | » | 0.193 |
| 10 | 3.25 | 2 | 6 | » | 0.214 |
| 11 | 3.57 | 2 | 21 | » | 0.236 |
| 12 | 3.90 | 2 | 36 | » | 0.257 |
| 13 | 4.22 | 2 | 51 | » | 0.278 |
| 14 | 4.55 | 2 | 66 | » | 0.300 |
| 15 | 4.87 | 3 | 9 | » | 0.321 |
| 16 | 5.20 | 3 | 24 | » | 0.343 |
| 17 | 5.52 | 3 | 39 | » | 0.364 |
| 18 | 5.85 | 3 | 54 | » | 0.386 |
| 19 | 6.17 | 3 | 69 | » | 0.407 |
| 20 | 6.50 | 4 | 12 | » | 0.428 |
| 21 | 6.82 | 4 | 27 | » | 0.450 |
| 22 | 7.15 | 4 | 42 | » | 0.471 |
| 23 | 7.47 | 4 | 57 | » | 0.490 |
| 24 | 7.80 | 5 | » | » | 0.514 |
| 25 | 8.12 | 5 | 15 | » | 0.535 |

### 9 p. sur 11 d'équarr. (24 sur 30 centimèt.)

| Long. des bois en | | Produit du cubage en | | | |
| --- | --- | --- | --- | --- | --- |
| Pieds. | Mètres. | Piéc. réd. | Pouc. réd. | Lign. réd. | Mèt. cub. ou stères. |
| 1 | 0.32 | » | 16 | 6 | 0.023 |
| 2 | 0.65 | » | 33 | » | 0.047 |
| 3 | 0.97 | » | 49 | 6 | 0.071 |
| 4 | 1.30 | » | 66 | » | 0.094 |
| 5 | 1.62 | 1 | 10 | 6 | 0.118 |
| 6 | 1.95 | 1 | 27 | » | 0.141 |
| 7 | 2.27 | 1 | 43 | 9 | 0.165 |
| 8 | 2.60 | 1 | 60 | » | 0.188 |
| 9 | 2.92 | 2 | 4 | 6 | 0.212 |
| 10 | 3.25 | 2 | 21 | » | 0.236 |
| 11 | 3.57 | 2 | 37 | 6 | 0.259 |
| 12 | 3.90 | 2 | 54 | » | 0.283 |
| 13 | 4.22 | 2 | 70 | 6 | 0.306 |
| 14 | 4.55 | 3 | 15 | » | 0.330 |
| 15 | 4.87 | 3 | 31 | 6 | 0.353 |
| 16 | 5.20 | 3 | 48 | » | 0.377 |
| 17 | 5.52 | 3 | 64 | 6 | 0.401 |
| 18 | 5.85 | 4 | 9 | » | 0.424 |
| 19 | 6.17 | 4 | 25 | 6 | 0.448 |
| 20 | 6.50 | 4 | 42 | » | 0.471 |
| 21 | 6.82 | 4 | 58 | 6 | 0.495 |
| 22 | 7.15 | 5 | 3 | » | 0.518 |
| 23 | 7.47 | 5 | 19 | 6 | 0.542 |
| 24 | 7.80 | 5 | 36 | » | 0.565 |
| 25 | 8.12 | 5 | 52 | 6 | 0.589 |

**9 p. sur 12 d'équarr. (24 sur 32 centimèt.)**

| Long. des bois en | | Produit du cubage en | | | |
|---|---|---|---|---|---|
| Pieds. | Mètres. | Pièc. réd. | Pouc. réd. | Lign. réd. | Mèt. cub. ou stères. |
| 1 | 0.32 | » | 18 | » | 0.026 |
| 2 | 0.65 | » | 36 | » | 0.051 |
| 3 | 0.97 | » | 54 | » | 0.077 |
| 4 | 1.30 | 1 | » | » | 0.103 |
| 5 | 1.62 | 1 | 18 | » | 0.129 |
| 6 | 1.95 | 1 | 36 | » | 0.154 |
| 7 | 2.27 | 1 | 54 | » | 0.180 |
| 8 | 2.60 | 2 | » | » | 0.206 |
| 9 | 2.92 | 2 | 18 | » | 0.231 |
| 10 | 3.25 | 2 | 36 | » | 0.257 |
| 11 | 3.57 | 2 | 54 | » | 0.283 |
| 12 | 3.90 | 3 | » | » | 0.308 |
| 13 | 4.22 | 3 | 18 | » | 0.334 |
| 14 | 4.55 | 3 | 36 | » | 0.360 |
| 15 | 4.87 | 3 | 54 | » | 0.386 |
| 16 | 5.20 | 4 | » | » | 0.411 |
| 17 | 5.52 | 4 | 18 | » | 0.437 |
| 18 | 5.85 | 4 | 36 | » | 0.463 |
| 19 | 6.17 | 4 | 54 | » | 0.488 |
| 20 | 6.50 | 5 | » | » | 0.514 |
| 21 | 6.82 | 5 | 18 | » | 0.540 |
| 22 | 7.15 | 5 | 36 | » | 0.565 |
| 23 | 7.47 | 5 | 54 | » | 0.591 |
| 24 | 7.80 | 6 | » | » | 0.617 |
| 25 | 8.12 | 6 | 18 | | 0.643 |

**10 p. sur 10 d'équarr. (27 sur 27 centimèt.)**

| Long. des bois en | | Produit du cubage en | | | |
|---|---|---|---|---|---|
| Pieds. | Mètres. | Pièc. réd. | Pouc. réd. | Lign. réd. | Mèt. cub. ou stères. |
| 1 | 0.32 | » | 16 | 8 | 0.024 |
| 2 | 0.65 | » | 33 | 4 | 0.048 |
| 3 | 0.97 | » | 50 | » | 0.071 |
| 4 | 1.30 | » | 66 | 8 | 0.095 |
| 5 | 1.62 | 1 | 11 | 4 | 0.119 |
| 6 | 1.95 | 1 | 28 | » | 0.143 |
| 7 | 2.27 | 1 | 44 | 8 | 0.167 |
| 8 | 2.60 | 1 | 61 | 4 | 0.190 |
| 9 | 2.92 | 2 | 6 | » | 0.214 |
| 10 | 3.25 | 2 | 22 | 8 | 0.238 |
| 11 | 3.57 | 2 | 39 | 4 | 0.261 |
| 12 | 3.90 | 2 | 56 | » | 0.286 |
| 13 | 4.22 | 3 | » | 8 | 0.309 |
| 14 | 4.55 | 3 | 17 | 4 | 0.333 |
| 15 | 4.87 | 3 | 34 | » | 0.357 |
| 16 | 5.20 | 3 | 50 | 8 | 0.381 |
| 17 | 5.52 | 3 | 67 | 4 | 0.405 |
| 18 | 5.85 | 4 | 12 | » | 0.428 |
| 19 | 6.17 | 4 | 28 | 8 | 0.452 |
| 20 | 6.50 | 4 | 45 | 4 | 0.476 |
| 22 | 6.82 | 4 | 62 | » | 0.500 |
| 22 | 7.15 | 5 | 6 | 8 | 0.526 |
| 23 | 7.47 | 5 | 23 | 4 | 0.548 |
| 24 | 7.80 | 5 | 40 | » | 0.571 |
| 25 | 8.12 | 5 | 56 | 8 | 0.595 |

| 10 p. sur 11 d'équarr. (27 sur 30 centimèt.) | | | | | | 10 p. sur 12 d'équarr. (27 sur 32 centimèt.) | | | | | |
| Long. des bois en | | Produit du cubage en | | | | Long. des bois en | | Produit du cubage en | | | |
| Pieds. | Mètres. | Pièc. réd. | Pouc. réd. | Lign. réd. | Mèt. cub. ou stères. | Pieds. | Mètres. | Pièc. réd. | Pouc. réd. | Lign. réd. | Mèt. cub. ou stères. |
|---|---|---|---|---|---|---|---|---|---|---|---|
| 1 | 0.32 | » | 18 | 4 | 0.026 | 1 | 0.32 | » | 20 | » | 0.028 |
| 2 | 0.65 | » | 36 | 8 | 0.052 | 2 | 0.65 | » | 40 | » | 0.057 |
| 3 | 0.97 | » | 55 | » | 0.078 | 3 | 0.97 | » | 60 | » | 0.086 |
| 4 | 1.30 | 1 | 1 | 4 | 0.112 | 4 | 1.30 | 1 | 8 | » | 0.114 |
| 5 | 1.62 | 1 | 19 | 8 | 0.131 | 5 | 1.62 | 1 | 28 | » | 0.143 |
| 6 | 1.95 | 1 | 38 | » | 0.157 | 6 | 1.95 | 1 | 48 | » | 0.171 |
| 7 | 2.27 | 1 | 56 | 4 | 0.183 | 7 | 2.27 | 1 | 68 | » | 0.200 |
| 8 | 2.60 | 2 | 2 | 8 | 0.209 | 8 | 2.60 | 2 | 16 | » | 0.228 |
| 9 | 2.92 | 2 | 21 | » | 0.236 | 9 | 2.92 | 2 | 36 | » | 0.257 |
| 10 | 3.25 | 2 | 39 | 4 | 0.262 | 10 | 3.25 | 2 | 56 | » | 0.286 |
| 11 | 3.57 | 2 | 57 | 8 | 0.288 | 11 | 3.57 | 3 | 4 | » | 0.314 |
| 12 | 3.90 | 3 | 4 | » | 0.314 | 12 | 3.90 | 3 | 24 | » | 0.343 |
| 13 | 4.22 | 3 | 22 | 4 | 0.340 | 13 | 4.22 | 3 | 44 | » | 0.371 |
| 14 | 4.55 | 3 | 40 | 8 | 0.368 | 14 | 4.55 | 3 | 64 | » | 0.400 |
| 15 | 4.87 | 3 | 59 | » | 0.393 | 15 | 4.87 | 4 | 12 | » | 0.428 |
| 16 | 5.20 | 4 | 5 | 4 | 0.419 | 16 | 5.20 | 4 | 32 | » | 0.457 |
| 17 | 5.52 | 4 | 23 | 8 | 0.445 | 17 | 5.52 | 4 | 52 | » | 0.485 |
| 18 | 5.85 | 4 | 42 | » | 0.471 | 18 | 5.85 | 5 | » | » | 0.514 |
| 19 | 6.17 | 4 | 60 | 4 | 0.497 | 19 | 6.17 | 5 | 20 | » | 0.543 |
| 20 | 6.50 | 5 | 6 | 8 | 0.524 | 20 | 6.50 | 5 | 40 | » | 0.571 |
| 21 | 6.82 | 5 | 25 | » | 0.550 | 21 | 6.82 | 5 | 60 | » | 0.600 |
| 22 | 7.15 | 5 | 43 | 4 | 0.576 | 22 | 7.15 | 6 | 8 | » | 0.628 |
| 23 | 7.47 | 5 | 61 | 8 | 0.602 | 23 | 7.47 | 6 | 28 | » | 0.657 |
| 24 | 7.80 | 6 | 8 | » | 0.628 | 24 | 7.80 | 6 | 48 | » | 0.685 |
| 25 | 8.12 | 6 | 26 | 4 | 0.655 | 25 | 8.12 | 6 | 68 | » | 0.714 |

| 10 p. sur 13 d'équarr. (27 sur 35 centimèt.) | | | | | | 10 p. sur 14 d'équarr. (27 sur 38 centimèt.) | | | | | |
|---|---|---|---|---|---|---|---|---|---|---|---|
| Long. des bois en | | Produit du cubage en | | | | Long. des bois en | | Produit du cubage en | | | |
| Pieds. | Mètres. | Pièc. réd. | Pouc. réd. | Lign. réd. | Mèt. cub. ou stères. | Pieds. | Mètres. | Pièc. réd. | Pouc. réd. | Lign. réd. | Mèt. cub. ou stères. |
| 1 | 0.32 | » | 21 | 8 | 0.031 | 1 | 0.32 | » | 23 | 4 | 0.033 |
| 2 | 0.65 | » | 43 | 4 | 0.062 | 2 | 0.65 | » | 46 | 8 | 0.067 |
| 3 | 0.97 | » | 65 | » | 0.093 | 3 | 0.97 | » | 70 | » | 0.100 |
| 4 | 1.30 | 1 | 14 | 8 | 0.124 | 4 | 1.30 | 1 | 21 | 4 | 0.133 |
| 5 | 1.62 | 1 | 36 | 4 | 0.155 | 5 | 1.62 | 1 | 44 | 8 | 0.167 |
| 6 | 1.95 | 1 | 58 | » | 0.186 | 6 | 1.95 | 1 | 68 | » | 0.200 |
| 7 | 2.27 | 2 | 7 | 8 | 0.216 | 7 | 2.27 | 2 | 19 | 4 | 0.233 |
| 8 | 2.60 | 2 | 29 | 4 | 0.248 | 8 | 2.60 | 2 | 42 | 8 | 0.267 |
| 9 | 2.92 | 2 | 51 | » | 0.278 | 9 | 2.92 | 2 | 66 | » | 0.300 |
| 10 | 3.25 | 3 | » | 8 | 0.309 | 10 | 3.25 | 3 | 17 | 4 | 0.333 |
| 11 | 3.57 | 3 | 22 | 4 | 0.340 | 11 | 3.57 | 3 | 40 | 8 | 0.367 |
| 12 | 3.90 | 3 | 44 | » | 0.371 | 12 | 3.90 | 3 | 64 | » | 0.400 |
| 13 | 4.22 | 3 | 65 | 8 | 0.402 | 13 | 4.22 | 4 | 15 | 4 | 0.433 |
| 14 | 4.55 | 4 | 15 | 4 | 0.433 | 14 | 4.55 | 4 | 38 | 8 | 0.467 |
| 15 | 4.87 | 4 | 37 | » | 0.464 | 15 | 4.87 | 4 | 62 | » | 0.500 |
| 16 | 5.20 | 4 | 58 | 8 | 0.495 | 16 | 5.20 | 5 | 13 | 4 | 0.533 |
| 17 | 5.52 | 5 | 8 | 4 | 0.526 | 17 | 5.52 | 5 | 36 | 8 | 0 567 |
| 18 | 5.85 | 5 | 30 | » | 0.557 | 18 | 5.85 | 5 | 60 | » | 0.600 |
| 19 | 6.17 | 5 | 51 | 8 | 0.588 | 19 | 6.17 | 6 | 11 | 4 | 0.633 |
| 20 | 6.50 | 6 | 1 | 4 | 0.619 | 20 | 6.50 | 6 | 34 | 8 | 0.667 |
| 21 | 6.82 | 6 | 23 | » | 0.650 | 21 | 6.82 | 6 | 58 | » | 0.700 |
| 22 | 7.15 | 6 | 44 | 8 | 0.680 | 22 | 7.15 | 7 | 9 | 4 | 0.733 |
| 23 | 7.47 | 6 | 66 | 4 | 0.711 | 23 | 7.47 | 7 | 32 | 8 | 0.767 |
| 24 | 7.80 | 7 | 16 | » | 0.743 | 24 | 7.80 | 7 | 56 | » | 0.800 |
| 25 | 8.12 | 7 | 37 | 8 | 0.774 | 25 | 8.12 | 8 | 7 | 4 | 0.833 |

| 10 p. sur 15 d'équarr. (27 sur 41 centimèt.) | | | | | | 11 p. sur 11 d'équarr. (30 sur 30 centimèt.) | | | | | |
| Long. des bois en | | Produit du cubage en | | | | Long. des bois en | | Produit du cubage en | | | |
| Pieds. | Mètres. | Piéc. réd. | Pouc. réd. | Lign. réd. | Mèt. cub. ou stères. | Pieds. | Mètres. | Piéc. réd. | Pouc. réd. | Lign. réd. | Mèt. cub. ou stères. |
|---|---|---|---|---|---|---|---|---|---|---|---|
| 1 | 0.32 | » | 25 | » | 0 036 | 1 | 0.32 | » | 20 | 2 | 0.029 |
| 2 | 0.65 | » | 50 | » | 0.071 | 2 | 0.65 | » | 40 | 4 | 0.057 |
| 3 | 0.97 | 1 | 3 | » | 0.107 | 3 | 0.97 | » | 60 | 6 | 0.086 |
| 4 | 1.30 | 1 | 28 | » | 0.133 | 4 | 1.30 | 1 | 8 | 8 | 0.115 |
| 5 | 1.62 | 1 | 53 | » | 0.178 | 5 | 1.62 | 1 | 29 | 10 | 0.145 |
| 6 | 1.95 | 2 | 6 | » | 0.214 | 6 | 1.95 | 1 | 49 | » | 0.173 |
| 7 | 2.27 | 2 | 31 | » | 0.250 | 7 | 2.27 | 1 | 69 | 2 | 0.202 |
| 8 | 2.60 | 2 | 56 | » | 0.285 | 8 | 2.60 | 2 | 17 | 4 | 0.230 |
| 9 | 2.92 | 3 | 9 | » | 0.320 | 9 | 2.92 | 2 | 37 | 6 | 0.259 |
| 10 | 3.25 | 3 | 34 | » | 0.357 | 10 | 3.25 | 2 | 57 | 8 | 0.288 |
| 11 | 3.57 | 3 | 59 | » | 0.393 | 11 | 3.57 | 3 | 5 | 10 | 0.317 |
| 12 | 3.90 | 4 | 12 | » | 0.428 | 12 | 3.90 | 3 | 26 | » | 0.346 |
| 13 | 4.22 | 4 | 37 | » | 0.464 | 13 | 4.22 | 3 | 46 | 2 | 0.374 |
| 14 | 4.55 | 4 | 62 | » | 0.500 | 14 | 4.55 | 3 | 66 | 4 | 0.403 |
| 15 | 4.87 | 5 | 15 | » | 0.535 | 15 | 4.87 | 4 | 14 | 6 | 0.432 |
| 16 | 5.20 | 5 | 40 | » | 0.571 | 16 | 5.20 | 4 | 34 | 8 | 0.461 |
| 17 | 5.52 | 5 | 65 | » | 0.607 | 17 | 5.52 | 4 | 54 | 10 | 0.490 |
| 18 | 5.85 | 6 | 18 | » | 0.643 | 18 | 5.85 | 5 | 3 | » | 0.518 |
| 19 | 6.17 | 6 | 43 | » | 0.678 | 19 | 6.17 | 5 | 23 | 2 | 0.547 |
| 20 | 6.50 | 6 | 68 | » | 0.714 | 20 | 6.50 | 5 | 43 | 4 | 0.576 |
| 21 | 6.82 | 7 | 21 | » | 0.750 | 21 | 6.82 | 5 | 63 | 6 | 0.605 |
| 22 | 7.15 | 7 | 46 | » | 0.785 | 22 | 7.15 | 6 | 11 | 8 | 0.634 |
| 23 | 7.47 | 7 | 71 | » | 0.821 | 23 | 7.47 | 6 | 31 | 10 | 0.662 |
| 24 | 7.80 | 8 | 24 | » | 0.857 | 24 | 7.80 | 6 | 52 | » | 0.691 |
| 25 | 8.12 | 8 | 49 | » | 0.893 | 25 | 8.12 | 7 | » | 2 | 0.720 |

| 11 p. sur 12 d'équarr. (30 sur 32 centimèt.) | | | | | | 11 p. sur 13 d'équarr. (30 sur 35 centimèt.) | | | | | |
| Long. des bois en | | Produit du cubage en | | | | Long. des bois en | | Produit du cubage en | | | |
| Pieds. | Mètres. | Pièc. réd. | Pouc. réd. | Lign. réd. | Mèt. cub. ou stères. | Pieds. | Mètres. | Pièc. réd. | Pouc. réd. | Lign. réd. | Mèt. cub. ou stères. |
|---|---|---|---|---|---|---|---|---|---|---|---|
| 1 | 0.32 | » | 22 | » | 0.031 | 1 | 0.32 | » | 23 | 10 | 0.034 |
| 2 | 0.65 | » | 44 | » | 0.063 | 2 | 0.65 | » | 47 | 8 | 0.068 |
| 3 | 0.87 | » | 66 | » | 0.094 | 3 | 0.97 | » | 71 | 6 | 0.102 |
| 4 | 1.30 | 1 | 16 | » | 0.126 | 4 | 1.30 | 1 | 23 | 4 | 0.136 |
| 5 | 1.62 | 1 | 38 | » | 0.157 | 5 | 1.62 | 1 | 47 | 2 | 0.170 |
| 6 | 1.95 | 1 | 60 | » | 0.188 | 6 | 1.95 | 1 | 71 | » | 0.204 |
| 7 | 2.27 | 2 | 10 | » | 0.220 | 7 | 2.27 | 2 | 22 | 10 | 0.238 |
| 8 | 2.60 | 2 | 32 | » | 0.251 | 8 | 2.60 | 2 | 46 | 8 | 0.272 |
| 9 | 2.92 | 2 | 54 | » | 0.283 | 9 | 2.92 | 2 | 70 | 6 | 0.306 |
| 10 | 3.25 | 3 | 4 | » | 0.314 | 10 | 3.25 | 3 | 22 | 4 | 0.340 |
| 11 | 3.57 | 3 | 26 | » | 0.346 | 11 | 3.57 | 3 | 46 | 2 | 0.374 |
| 12 | 3.90 | 3 | 48 | » | 0.377 | 12 | 3.90 | 3 | 70 | » | 0.408 |
| 13 | 4.22 | 3 | 70 | » | 0.408 | 13 | 4.22 | 4 | 21 | 10 | 0.442 |
| 14 | 4.55 | 4 | 20 | » | 0.440 | 14 | 4.55 | 4 | 45 | 8 | 0.476 |
| 15 | 4.87 | 4 | 42 | » | 0.471 | 15 | 4.87 | 4 | 69 | 6 | 0.510 |
| 16 | 5.20 | 4 | 64 | » | 0.503 | 16 | 5.20 | 5 | 21 | 4 | 0.545 |
| 17 | 5.52 | 5 | 14 | » | 0.534 | 17 | 5.52 | 5 | 45 | 2 | 0.579 |
| 18 | 5.85 | 5 | 36 | » | 0.565 | 18 | 5.85 | 5 | 69 | » | 0.613 |
| 19 | 6.17 | 5 | 58 | » | 0.597 | 19 | 6.17 | 6 | 20 | 10 | 0.647 |
| 20 | 6.50 | 6 | 8 | » | 0.628 | 20 | 6.50 | 6 | 44 | 8 | 0.681 |
| 21 | 6.82 | 6 | 30 | » | 0.660 | 21 | 9.82 | 6 | 68 | 6 | 0.715 |
| 22 | 7.15 | 6 | 52 | » | 0.691 | 22 | 7.15 | 7 | 20 | 4 | 0.749 |
| 23 | 7.47 | 7 | 2 | » | 0.723 | 23 | 7.47 | 7 | 44 | 2 | 0.783 |
| 24 | 7.80 | 7 | 24 | » | 0.754 | 24 | 7.80 | 7 | 68 | » | 0.817 |
| 25 | 8.12 | 7 | 46 | » | 0.785 | 25 | 8.12 | 8 | 19 | 10 | 0.851 |

| 11 p. sur 14 d'équarr. (30 sur 38 centimèt.) | | | | | | 12 p. sur 12 d'équarr. (32 sur 32 centimèt.) | | | | | |
|---|---|---|---|---|---|---|---|---|---|---|---|
| Long. des bois en | | Produit du cubage en | | | | Long. des bois en | | Produit du cubage en | | | |
| Pieds. | Mètres. | Pièc. réd. | Pouc. réd. | Lign. réd. | Mèt. cub. ou stères. | Pieds. | Mètres. | Pièc. réd. | Pouc. réd. | Lign. réd. | Mèt. cub. ou stères. |
| 1 | 0.32 | » | 25 | 8 | 0.037 | 1 | 0.32 | » | 24 | » | 0.034 |
| 2 | 0.65 | » | 51 | 4 | 0.073 | 2 | 0.65 | » | 48 | » | 0.068 |
| 3 | 0.97 | 1 | 5 | » | 0.110 | 3 | 0.97 | 1 | » | » | 0.103 |
| 4 | 1.30 | 1 | 30 | 8 | 0.147 | 4 | 1.30 | 1 | 24 | » | 0.137 |
| 5 | 1.62 | 1 | 56 | 4 | 0.183 | 5 | 1.62 | 1 | 48 | » | 0.171 |
| 6 | 1.95 | 2 | 10 | » | 0.220 | 6 | 1.95 | 2 | » | » | 0.206 |
| 7 | 2.27 | 2 | 35 | 8 | 0.257 | 7 | 2.27 | 2 | 24 | » | 0.240 |
| 8 | 2.60 | 2 | 61 | 4 | 0.293 | 8 | 2.60 | 2 | 48 | » | 0.274 |
| 9 | 2.92 | 3 | 15 | » | 0.330 | 9 | 2.92 | 3 | » | » | 0.308 |
| 10 | 3.25 | 3 | 40 | 8 | 0.366 | 10 | 3.25 | 3 | 24 | » | 0.343 |
| 11 | 3.57 | 3 | 66 | 4 | 0.403 | 11 | 3.57 | 3 | 48 | » | 0.377 |
| 12 | 3.90 | 4 | 20 | » | 0.440 | 12 | 3.90 | 4 | » | » | 0.411 |
| 13 | 4.22 | 4 | 45 | 8 | 0.476 | 13 | 4.22 | 4 | 24 | » | 0.446 |
| 14 | 4.55 | 4 | 71 | 4 | 0.513 | 14 | 4.55 | 4 | 48 | » | 0.480 |
| 15 | 4.87 | 5 | 25 | » | 0.550 | 15 | 4.87 | 5 | » | » | 0.514 |
| 16 | 5.20 | 5 | 50 | 8 | 0.586 | 16 | 5.20 | 5 | 24 | » | 0.548 |
| 17 | 5.52 | 6 | 4 | 4 | 0.623 | 17 | 5.52 | 5 | 48 | » | 0.573 |
| 18 | 5.85 | 6 | 30 | » | 0.660 | 18 | 5.85 | 6 | » | » | 0.617 |
| 19 | 6.17 | 6 | 55 | 8 | 0.696 | 19 | 6.17 | 6 | 24 | » | 0.651 |
| 20 | 6.50 | 7 | 9 | 4 | 0.733 | 20 | 6.50 | 6 | 48 | » | 0.685 |
| 21 | 6.82 | 7 | 35 | » | 0.770 | 21 | 6.82 | 7 | » | » | 0.720 |
| 22 | 7.15 | 7 | 60 | 8 | 0.806 | 22 | 7.15 | 7 | 24 | » | 0.754 |
| 23 | 7.47 | 8 | 14 | 4 | 0.843 | 23 | 7.47 | 7 | 48 | » | 0.788 |
| 24 | 7.80 | 8 | 40 | » | 0.880 | 24 | 7.80 | 8 | » | » | 0.823 |
| 25 | 8.12 | 8 | 65 | 8 | 0.916 | 25 | 8.12 | 8 | 24 | » | 0.857 |

| 12 p. sur 13 d'équarr. (32 sur 35 centimèt.) | | | | | | 12 p. sur 14 d'équarr. (32 sur 38 centimèt.) | | | | | |
|---|---|---|---|---|---|---|---|---|---|---|---|
| Long. des bois en | | Produit du cubage en | | | | Long. des bois en | | Produit du cubage en | | | |
| Pieds. | Mètres. | Pièc. réd. | Pouc. réd. | Lign. réd. | Mèt. cub. ou stères. | Pieds. | Mètres. | Pièc. réd. | Pouc. réd. | Lign. réd. | Mèt. cub. ou stères. |
| 1 | 0.32 | » | 26 | » | 0.037 | 1 | 0.32 | » | 28 | » | 0.040 |
| 2 | 0.65 | » | 52 | » | 0.074 | 2 | 0.65 | » | 56 | » | 0.080 |
| 3 | 0.97 | 1 | 6 | » | 0.111 | 3 | 0.97 | 1 | 12 | » | 0.120 |
| 4 | 1.30 | 1 | 32 | » | 0.148 | 4 | 1.30 | 1 | 40 | » | 0.160 |
| 5 | 1.62 | 1 | 58 | » | 0.185 | 5 | 1.62 | 1 | 68 | » | 0.200 |
| 6 | 1.95 | 2 | 12 | » | 0.223 | 6 | 1.95 | 2 | 24 | » | 0.240 |
| 7 | 2.27 | 2 | 38 | » | 0.260 | 7 | 2.27 | 2 | 52 | » | 0.280 |
| 8 | 2.60 | 2 | 64 | » | 0.297 | 8 | 2.60 | 3 | 8 | » | 0.320 |
| 9 | 2.92 | 3 | 18 | » | 0.334 | 9 | 2.92 | 3 | 36 | » | 0.360 |
| 10 | 3.25 | 3 | 44 | » | 0.371 | 10 | 3.25 | 3 | 64 | » | 0.400 |
| 11 | 3.57 | 3 | 70 | » | 0.408 | 11 | 3.57 | 4 | 20 | » | 0.440 |
| 12 | 3.90 | 4 | 24 | » | 0.446 | 12 | 3.90 | 4 | 48 | » | 0.480 |
| 13 | 4.22 | 4 | 50 | » | 0.483 | 13 | 4.22 | 5 | 4 | » | 0.520 |
| 14 | 4.55 | 5 | 4 | » | 0.520 | 14 | 4.55 | 5 | 32 | » | 0.560 |
| 15 | 4.87 | 5 | 30 | » | 0.557 | 15 | 4.87 | 5 | 60 | » | 0.600 |
| 16 | 5.20 | 5 | 56 | » | 0.594 | 16 | 5.20 | 6 | 16 | » | 0.640 |
| 17 | 5.52 | 6 | 10 | » | 0.631 | 17 | 5.52 | 6 | 44 | » | 0.680 |
| 18 | 5.85 | 6 | 36 | » | 0.668 | 18 | 5.85 | 7 | » | » | 0.720 |
| 19 | 6.17 | 6 | 62 | » | 0.705 | 19 | 6.17 | 7 | 28 | » | 0.760 |
| 20 | 6.50 | 7 | 16 | » | 0.743 | 20 | 6.50 | 7 | 56 | » | 0.800 |
| 21 | 6.82 | 7 | 42 | » | 0.780 | 21 | 6.82 | 8 | 12 | » | 0.840 |
| 22 | 7.15 | 7 | 68 | » | 0.817 | 22 | 7.15 | 8 | 40 | » | 0.880 |
| 23 | 7.47 | 8 | 22 | » | 0.854 | 23 | 7.47 | 8 | 68 | » | 0.920 |
| 24 | 7.80 | 8 | 48 | » | 0.891 | 24 | 7.80 | 9 | 24 | » | 0.960 |
| 25 | 8.12 | 9 | 2 | » | 0.928 | 25 | 8.12 | 9 | 52 | » | 1.000 |

## 12 p. sur 15 d'équarr. (32 sur 41 centimèt.)

| Long. des bois en | | Produit du cubage en | | | |
|---|---|---|---|---|---|
| Pieds. | Mètres. | Pièc. réd. | Pouc. réd. | Lign. réd. | Mèt. cub. ou stères. |
| 1 | 0.32 | » | 30 | » | 0.043 |
| 2 | 0.65 | » | 60 | » | 0.086 |
| 3 | 0.97 | 1 | 18 |  | 0.128 |
| 4 | 1.30 | 1 | 48 | » | 0.171 |
| 5 | 1.62 | 2 | 6 | » | 0.214 |
| 6 | 1.95 | 2 | 36 | » | 0.257 |
| 7 | 2.27 | 2 | 66 | » | 0.300 |
| 8 | 2.60 | 3 | 24 | » | 0.344 |
| 9 | 2.92 | 3 | 54 | » | 0.386 |
| 10 | 3.25 | 4 | 12 | » | 0.428 |
| 11 | 3.57 | 4 | 42 | » | 0.471 |
| 12 | 3.90 | 5 | » | » | 0.514 |
| 13 | 4.22 | 5 | 30 | » | 0.557 |
| 14 | 4.55 | 5 | 60 | » | 0.600 |
| 15 | 4.87 | 6 | 18 | » | 0.643 |
| 16 | 5.20 | 6 | 48 | » | 0.685 |
| 17 | 5.52 | 7 | 6 | » | 0.728 |
| 18 | 5.85 | 7 | 36 | » | 0.771 |
| 19 | 6.17 | 7 | 66 | » | 0.814 |
| 20 | 6.50 | 8 | 24 | » | 0.857 |
| 21 | 6.82 | 8 | 54 | » | 0.900 |
| 22 | 7.15 | 9 | 12 | » | 0.943 |
| 23 | 7.47 | 9 | 42 | » | 0.985 |
| 24 | 7.80 | 10 | » | » | 1.028 |
| 25 | 8.12 | 10 | 30 | » | 1.071 |

## 12 p. sur 16 d'équarr. (32 sur 43 centimèt.)

| Long. des bois en | | Produit du cubage en | | | |
|---|---|---|---|---|---|
| Pieds. | Mètres. | Pièc. réd. | Pouc. réd. | Lign. réd. | Mèt. cub. ou stères. |
| 1 | 0.32 | » | 32 | » | 0.046 |
| 2 | 0.65 | » | 64 | » | 0.091 |
| 3 | 0.97 | 1 | 24 | » | 0.137 |
| 4 | 1.30 | 1 | 56 | » | 0.183 |
| 5 | 1.62 | 2 | 16 | » | 0.228 |
| 6 | 1.95 | 2 | 48 | » | 0.274 |
| 7 | 2.27 | 3 | 8 | » | 0.320 |
| 8 | 2.60 | 3 | 40 | » | 0.366 |
| 9 | 2.92 | 4 | » | » | 0.411 |
| 10 | 3.25 | 4 | 32 | » | 0.457 |
| 11 | 3.57 | 4 | 64 | » | 0.503 |
| 12 | 3.90 | 5 | 24 | » | 0.548 |
| 13 | 4.22 | 5 | 56 | » | 0.594 |
| 14 | 4.55 | 6 | 16 | » | 0.640 |
| 15 | 4.87 | 6 | 48 | » | 0.685 |
| 16 | 5.20 | 7 | 8 | » | 0.731 |
| 17 | 5.52 | 7 | 40 | » | 0.778 |
| 18 | 5.85 | 8 | » | » | 0.823 |
| 19 | 6.17 | 8 | 32 | » | 0.868 |
| 20 | 6.50 | 8 | 64 | » | 0.914 |
| 21 | 6.82 | 9 | 24 | » | 0.960 |
| 22 | 7.15 | 9 | 56 | » | 1.005 |
| 23 | 7.47 | 10 | 16 | » | 1.051 |
| 24 | 7.80 | 10 | 48 | » | 1.097 |
| 25 | 8.12 | 11 | 8 | » | 1.142 |

| 13 p. sur 13 d'équarr. (35 sur 35 centimèt.) | | | | | 13 p. sur 14 d'équarr. (35 sur 38 centimèt.) | | | | |
| Long. des bois en | | Produit du cubage en | | | | Long. des bois en | | Produit du cubage en | | | |
| Pieds. | Mètres. | Pièc. réd. | Pouc. réd. | Lign. réd. | Mèt. cub. ou stères. | Pieds. | Mètres. | Pièc. réd. | Pouc. réd. | Lign. réd. | Mèt. cub. ou stères. |
|---|---|---|---|---|---|---|---|---|---|---|---|
| 1 | 0.32 | » | 28 | 2 | 0.040 | 1 | 0.32 | » | 30 | 4 | 0.043 |
| 2 | 0.65 | » | 56 | 4 | 0.080 | 2 | 0.65 | » | 60 | 8 | 0.087 |
| 3 | 0.97 | 1 | 12 | 6 | 0.121 | 3 | 0.97 | 1 | 19 | » | 0.130 |
| 4 | 1.30 | 1 | 40 | 8 | 0.161 | 4 | 1.30 | 1 | 49 | 4 | 0.173 |
| 5 | 1.62 | 1 | 68 | 10 | 0.201 | 5 | 1.62 | 2 | 7 | 8 | 0.217 |
| 6 | 1.95 | 2 | 25 | » | 0.241 | 6 | 1.95 | 2 | 38 | » | 0.260 |
| 7 | 2.27 | 2 | 53 | 2 | 0.281 | 7 | 2.27 | 2 | 68 | 4 | 0.303 |
| 8 | 2.60 | 3 | 9 | 4 | 0.322 | 8 | 2.60 | 3 | 26 | 8 | 0.346 |
| 9 | 2.92 | 3 | 37 | 6 | 0.362 | 9 | 2.92 | 3 | 57 | » | 0.390 |
| 10 | 3.25 | 3 | 65 | 8 | 0.402 | 10 | 3.25 | 4 | 15 | 4 | 0.433 |
| 11 | 3.57 | 4 | 21 | 10 | 0.442 | 11 | 3.57 | 4 | 45 | 8 | 0.476 |
| 12 | 3.90 | 4 | 50 | » | 0.483 | 12 | 3.90 | 5 | 4 | » | 0.520 |
| 13 | 4.22 | 5 | 6 | 2 | 0.523 | 13 | 4.22 | 5 | 34 | 4 | 0.563 |
| 14 | 4.55 | 5 | 34 | 4 | 0.563 | 14 | 4.55 | 5 | 64 | 8 | 0.606 |
| 15 | 4.87 | 5 | 62 | 6 | 0.603 | 15 | 4.87 | 6 | 23 | » | 0.650 |
| 16 | 5.20 | 6 | 18 | 8 | 0.644 | 16 | 5.20 | 6 | 53 | 4 | 0.693 |
| 17 | 5.52 | 6 | 46 | 10 | 0.681 | 17 | 5.52 | 7 | 11 | 8 | 0.736 |
| 18 | 5.85 | 7 | 3 | » | 0.724 | 18 | 5.85 | 7 | 42 | » | 0.780 |
| 19 | 6.17 | 7 | 31 | 2 | 0.764 | 19 | 6.17 | 8 | » | 4 | 0.823 |
| 20 | 6.50 | 7 | 59 | 4 | 0.804 | 20 | 6.50 | 8 | 30 | 8 | 0.866 |
| 21 | 6.82 | 8 | 15 | 6 | 0.845 | 21 | 6.82 | 8 | 61 | » | 0.910 |
| 22 | 7.15 | 8 | 43 | 8 | 0.885 | 22 | 7.15 | 9 | 19 | 4 | 0.953 |
| 23 | 7.47 | 8 | 71 | 10 | 0.925 | 23 | 7.47 | 9 | 49 | 8 | 0.996 |
| 24 | 7.80 | 9 | 28 | » | 0.965 | 24 | 7.80 | 10 | 8 | » | 1.040 |
| 25 | 8.12 | 9 | 56 | 2 | 1.006 | 25 | 8.12 | 10 | 38 | 4 | 1.083 |

| 13 p. sur 15 d'équarr. (35 sur 41 centimèt.) | | | | | | 13 p. sur 16 d'équarr. (35 sur 43 centimèt.) | | | | | |
|---|---|---|---|---|---|---|---|---|---|---|---|
| Long. des bois en | | Produit du cubage en | | | | Long. des bois en | | Produit du cubage en | | | |
| Pieds. | Mètres. | Pièc. réd. | Pouc. réd. | Lign. réd. | Mèt. cub. ou stères. | Pieds. | Mètres. | Pièc. réd. | Pouc. réd. | Lign. réd. | Mèt. cub. ou stères. |
| 1 | 0.32 | » | 32 | 6 | 0.046 | 1 | 0.32 | » | 34 | 8 | 0.049 |
| 2 | 0.65 | » | 65 | » | 0.093 | 2 | 0 65 | » | 69 | 4 | 0.099 |
| 3 | 0.97 | 1 | 25 | 6 | 0.139 | 3 | 0.97 | 1 | 32 | » | 0.148 |
| 4 | 1.30 | 1 | 58 | » | 0.186 | 4 | 1.30 | 1 | 66 | 8 | 0.198 |
| 5 | 1.62 | 2 | 18 | 6 | 0.232 | 5 | 1.62 | 2 | 29 | 4 | 0.247 |
| 6 | 1.95 | 2 | 51 | » | 0.278 | 6 | 1.95 | 2 | 64 | » | 0.297 |
| 7 | 2.27 | 3 | 11 | 6 | 0.325 | 7 | 2 27 | 3 | 26 | 8 | 0.346 |
| 8 | 2.60 | 3 | 44 | » | 0.371 | 8 | 2.60 | 3 | 61 | 4 | 0.396 |
| 9 | 2.92 | 4 | 4 | 6 | 0.418 | 9 | 2.92 | 4 | 24 | » | 0.445 |
| 10 | 3.25 | 4 | 37 | » | 0.464 | 10 | 3.25 | 4 | 58 | 8 | 0 495 |
| 11 | 3.57 | 4 | 69 | 6 | 0.511 | 11 | 3.57 | 5 | 21 | 4 | 0.544 |
| 12 | 3.90 | 5 | 30 | » | 0.557 | 12 | 3.90 | 5 | 56 | » | 0.594 |
| 13 | 4.22 | 5 | 62 | 6 | 0.603 | 13 | 4.22 | 6 | 18 | 8 | 0.644 |
| 14 | 4.55 | 6 | 23 | » | 0.650 | 14 | 4.55 | 6 | 53 | 4 | 0.693 |
| 15 | 4.87 | 6 | 55 | 6 | 0 696 | 15 | 4.87 | 7 | 16 | » | 0.743 |
| 16 | 5.20 | 7 | 16 | » | 0.743 | 16 | 5.20 | 7 | 50 | 8 | 0.792 |
| 17 | 5.52 | 7 | 48 | 6 | 0.789 | 17 | 5.52 | 8 | 13 | 4 | 0.842 |
| 18 | 5.85 | 8 | 9 | » | 0.835 | 18 | 5.85 | 8 | 48 | » | 0.891 |
| 19 | 6 17 | 8 | 41 | 6 | 0.882 | 19 | 6.17 | 9 | 10 | 8 | 0.940 |
| 20 | 6.50 | 9 | 2 | » | 0.928 | 20 | 6.50 | 9 | 45 | 4 | 0.991 |
| 21 | 6.82 | 9 | 34 | 6 | 0.975 | 21 | 6.82 | 10 | 8 | » | 1.041 |
| 22 | 7.15 | 9 | 67 | » | 1.021 | 22 | 7.15 | 10 | 42 | 8 | 1.089 |
| 23 | 7.47 | 10 | 27 | 6 | 1.067 | 23 | 7.47 | 11 | 5 | 4 | 1.139 |
| 24 | 7.80 | 10 | 69 | » | 1.114 | 24 | 7.80 | 11 | 40 | » | 1.188 |
| 25 | 8.12 | 11 | 20 | 6 | 1.160 | 25 | 8.12 | 12 | 2 | 8 | 1 238 |

## 14 p. sur 14 d'équarr. (38 sur 38 centimèt.)

| Long. des bois en | | Produit du cubage en | | | |
|---|---|---|---|---|---|
| Pieds. | Mètres. | Pièc. réd. | Pouc. réd. | Lign. réd. | Mèt. cub. ou stères. |
| 1 | 0.32 | » | 32 | 8 | 0.047 |
| 2 | 0.65 | » | 65 | 4 | 0.093 |
| 3 | 0.97 | 1 | 26 | » | 0.140 |
| 4 | 1.30 | 1 | 58 | 8 | 0.187 |
| 5 | 1.62 | 2 | 19 | 4 | 0.233 |
| 6 | 1.95 | 2 | 52 | » | 0.280 |
| 7 | 2.27 | 3 | 12 | 8 | 0.326 |
| 8 | 2.60 | 3 | 45 | 4 | 0.373 |
| 9 | 2.92 | 4 | 6 | » | 0.420 |
| 10 | 3.25 | 4 | 38 | 8 | 0.466 |
| 11 | 3.57 | 4 | 71 | 4 | 0.513 |
| 12 | 3.90 | 5 | 32 | » | 0.560 |
| 13 | 4.22 | 5 | 64 | 8 | 0.606 |
| 14 | 4.55 | 6 | 25 | 4 | 0.653 |
| 15 | 4.87 | 6 | 54 | » | 0.694 |
| 16 | 5.20 | 7 | 18 | 8 | 0.746 |
| 17 | 5.52 | 7 | 52 | 4 | 0.794 |
| 18 | 5.85 | 8 | 12 | » | 0.840 |
| 19 | 6.17 | 8 | 44 | 8 | 0.886 |
| 20 | 6.50 | 9 | 5 | 4 | 0.933 |
| 21 | 6.82 | 9 | 38 | » | 0.980 |
| 22 | 7.15 | 9 | 70 | 8 | 1.025 |
| 23 | 7.47 | 10 | 31 | 4 | 1.073 |
| 24 | 7.80 | 10 | 64 | » | 1.120 |
| 25 | 8.12 | 11 | 24 | 8 | 1.166 |

## 14 p. sur 15 d'équarr. (38 sur 41 centimèt.)

| Long. des bois en | | Produit du cubage en | | | |
|---|---|---|---|---|---|
| Pieds. | Mètres. | Pièc. réd. | Pouc. réd. | Lign. réd. | Mèt. cub. ou stères. |
| 1 | 0.32 | » | 35 | » | 0.050 |
| 2 | 0.65 | » | 70 | » | 0.100 |
| 3 | 0.97 | 1 | 33 | » | 0.150 |
| 4 | 1.30 | 1 | 68 | » | 0.200 |
| 5 | 1.62 | 2 | 31 | » | 0.250 |
| 6 | 1.95 | 2 | 66 | » | 0.300 |
| 7 | 2.27 | 3 | 29 | » | 0.350 |
| 8 | 2.60 | 3 | 64 | » | 0.400 |
| 9 | 2.92 | 4 | 27 | » | 0.450 |
| 10 | 3.25 | 4 | 62 | » | 0.500 |
| 11 | 3.57 | 5 | 25 | » | 0.550 |
| 12 | 3.90 | 5 | 60 | » | 0.600 |
| 13 | 4.22 | 6 | 23 | » | 0.650 |
| 14 | 4.55 | 6 | 58 | » | 0.700 |
| 15 | 4.87 | 7 | 21 | » | 0.750 |
| 16 | 5.20 | 7 | 56 | » | 0.800 |
| 17 | 5.52 | 8 | 19 | » | 0.850 |
| 18 | 5.85 | 8 | 54 | » | 0.900 |
| 19 | 6.17 | 9 | 17 | » | 0.950 |
| 20 | 6.50 | 9 | 52 | » | 1.000 |
| 21 | 6.82 | 10 | 15 | » | 1.050 |
| 22 | 7.15 | 10 | 50 | » | 1.100 |
| 23 | 7.47 | 11 | 13 | » | 1.150 |
| 24 | 7.80 | 11 | 48 | » | 1.200 |
| 25 | 8.12 | 12 | 11 | » | 1.250 |

## 14 p. sur 16 d'équarr. (38 sur 43 centimèt.)

| Long. des bois en | | Produit du cubage en | | | |
|---|---|---|---|---|---|
| Pieds. | Mètres. | Pièc. réd. | Pouc. réd. | Lign. réd. | Mèt. cub. ou stères. |
| 1 | 0.32 | » | 37 | 4 | 0.053 |
| 2 | 0.65 | 1 | 2 | 8 | 0.107 |
| 3 | 0.97 | 1 | 40 | » | 0.160 |
| 4 | 1.30 | 2 | 5 | 4 | 0.213 |
| 5 | 1.62 | 2 | 42 | 8 | 0.266 |
| 6 | 1.95 | 3 | 8 | » | 0.320 |
| 7 | 2.27 | 3 | 45 | 4 | 0.373 |
| 8 | 2.60 | 4 | 10 | 8 | 0.426 |
| 9 | 2.92 | 4 | 48 | » | 0.480 |
| 10 | 3.25 | 5 | 13 | 4 | 0.533 |
| 11 | 3.57 | 5 | 50 | 8 | 0.586 |
| 12 | 3.90 | 6 | 16 | » | 0.640 |
| 13 | 4.22 | 6 | 53 | 4 | 0.693 |
| 14 | 4.55 | 7 | 18 | 8 | 0.746 |
| 15 | 4.87 | 7 | 56 | » | 0.800 |
| 16 | 5.20 | 8 | 21 | 4 | 0.853 |
| 17 | 5.52 | 8 | 58 | 8 | 0.906 |
| 18 | 5.85 | 9 | 24 | » | 0.960 |
| 19 | 6.17 | 9 | 61 | 4 | 1.013 |
| 20 | 6.50 | 10 | 26 | 8 | 1.066 |
| 21 | 6.82 | 10 | 64 | » | 1.120 |
| 22 | 7.15 | 11 | 29 | 4 | 1.173 |
| 23 | 7.47 | 11 | 66 | S | 1.226 |
| 24 | 7.80 | 12 | 32 | » | 1.280 |
| 25 | 8.12 | 12 | 69 | 4 | 1.333 |

## 15 p. sur 15 d'équarr. (41 sur 41 centimèt.)

| Long. des bois en | | Produit du cubage en | | | |
|---|---|---|---|---|---|
| Pieds. | Mètres. | Pièc. réd. | Pouc. réd. | Lign. réd. | Mèt. cub. ou stères. |
| 1 | 0.32 | » | 37 | 6 | 0.053 |
| 2 | 0.65 | 1 | 3 | » | 0.107 |
| 3 | 0.97 | 1 | 40 | 6 | 0.161 |
| 4 | 1.30 | 2 | 6 | » | 0.214 |
| 5 | 1.62 | 2 | 43 | 6 | 0.268 |
| 6 | 1.95 | 3 | 9 | » | 0.321 |
| 7 | 2.27 | 3 | 46 | 6 | 0.375 |
| 8 | 2.60 | 4 | 12 | » | 0.428 |
| 9 | 2.92 | 4 | 49 | 6 | 0.482 |
| 10 | 3.25 | 5 | 15 | » | 0 535 |
| 11 | 3.57 | 5 | 52 | 6 | 0.589 |
| 12 | 3.90 | 6 | 18 | » | 0.643 |
| 13 | 4.22 | 6 | 55 | 6 | 0.696 |
| 14 | 4.55 | 7 | 21 | » | 0 750 |
| 15 | 4 87 | 7 | 58 | 6 | 0.803 |
| 16 | 5.20 | 8 | 24 | » | 0.857 |
| 17 | 5.52 | 8 | 61 | 6 | 0.910 |
| 18 | 5.85 | 9 | 27 | » | 0.964 |
| 19 | 6.17 | 9 | 64 | 6 | 1.017 |
| 20 | 6.50 | 10 | 30 | » | 1.071 |
| 21 | 6.82 | 10 | 67 | 6 | 1.125 |
| 22 | 7.15 | 11 | 33 | » | 1.178 |
| 23 | 7.47 | 11 | 70 | 6 | 1.232 |
| 24 | 7.80 | 12 | 36 | » | 1.285 |
| 25 | 8.12 | 13 | 1 | 6 | 1.339 |

| 15 p. sur 16 d'équarr. (41 sur 43 centimèt.) | | | | | | 15 p. sur 17 d'équarr. (41 sur 46 centimèt.) | | | | | |
| Long. des bois en | | Produit du cubage en | | | | Long. des bois en | | Produit du cubage en | | | |
| Pieds. | Mètres. | Pièc. réd. | Pouc. réd. | Lign. réd. | Mèt. cub. ou stères. | Pieds. | Mètres. | Pièc. réd. | Pouc. réd. | Lign. réd. | Mèt. cub. ou stères. |
|---|---|---|---|---|---|---|---|---|---|---|---|
| 1 | 0.32 | » | 40 | » | 0.057 | 1 | 0.32 | » | 42 | 6 | 0.061 |
| 2 | 0.65 | 1 | 8 | » | 0.114 | 2 | 0.65 | 1 | 13 | » | 0.121 |
| 3 | 0.97 | 1 | 48 | » | 0.169 | 3 | 0.97 | 1 | 55 | 6 | 0.181 |
| 4 | 1.30 | 2 | 16 | » | 0.228 | 4 | 1.30 | 2 | 26 | » | 0.243 |
| 5 | 1.62 | 2 | 56 | » | 0.286 | 5 | 1.62 | 2 | 68 | 6 | 0.303 |
| 6 | 1.95 | 3 | 24 | » | 0.343 | 6 | 1.95 | 3 | 39 | » | 0.364 |
| 7 | 2.27 | 3 | 64 | » | 0.400 | 7 | 2.27 | 4 | 9 | 6 | 0.425 |
| 8 | 2.60 | 4 | 32 | » | 0.457 | 8 | 2.60 | 4 | 52 | » | 0.485 |
| 9 | 2.92 | 5 | » | » | 0.514 | 9 | 2.92 | 5 | 22 | 6 | 0.546 |
| 10 | 3.25 | 5 | 40 | » | 0.571 | 10 | 3.25 | 5 | 65 | » | 0.607 |
| 11 | 3.57 | 6 | 8 | » | 0 628 | 11 | 3.57 | 6 | 35 | 6 | 0.668 |
| 12 | 3.90 | 6 | 48 | » | 0.685 | 12 | 3.90 | 7 | 6 | » | 0.728 |
| 13 | 4.22 | 7 | 16 | » | 0.743 | 13 | 4.22 | 7 | 48 | 6 | 0.789 |
| 14 | 4.55 | 7 | 56 | » | 0.800 | 14 | 4.55 | 8 | 19 | » | 0.850 |
| 15 | 4.87 | 8 | 24 | » | 0.857 | 15 | 4.87 | 8 | 61 | 6 | 0.910 |
| 16 | 5.20 | 8 | 64 | » | 0.914 | 16 | 5.20 | 9 | 32 | » | 0.971 |
| 17 | 5.52 | 9 | 32 | » | 0 971 | 17 | 5.52 | 10 | 2 | 6 | 1.032 |
| 18 | 5.85 | 10 | » | » | 1 028 | 18 | 5.85 | 10 | 45 | » | 1.092 |
| 19 | 6.17 | 10 | 40 | » | 1 085 | 19 | 6.17 | 11 | 15 | 6 | 1.153 |
| 20 | 6.50 | 11 | 8 | » | 1.142 | 20 | 6.50 | 11 | 58 | » | 1.214 |
| 21 | 6.82 | 11 | 48 | » | 1.200 | 21 | 6.82 | 12 | 28 | 6 | 1.275 |
| 22 | 7.15 | 12 | 16 | » | 1.257 | 22 | 7.15 | 12 | 71 | » | 1.335 |
| 23 | 7.47 | 12 | 56 | » | 1.314 | 23 | 7.47 | 13 | 41 | 6 | 1.396 |
| 24 | 7.80 | 13 | 24 | » | 1.371 | 24 | 7.80 | 14 | 12 | » | 1.457 |
| 25 | 8.12 | 13 | 64 | » | 1.428 | 25 | 8.12 | 14 | 54 | 6 | 1.517 |

| 15 p. sur 18 d'équarr. (41 sur 49 centimèt.) | | | | | | 16 p. sur 16 d'équarr. (43 sur 43 centimèt.) | | | | | |
| --- | --- | --- | --- | --- | --- | --- | --- | --- | --- | --- | --- |
| Long. des bois en | | Produit du cubage en | | | | Long. des bois en | | Produit du cubage en | | | |
| Pieds. | Mètres. | Pièc. réd. | Pouc. réd. | Lign. réd. | Mèt. cub. ou stères. | Pieds. | Mètres. | Pièc. réd. | Pouc. réd. | Lign. réd. | Mèt. cub. ou stères. |
| 1 | 0.32 | » | 45 | » | 0.064 | 1 | 0.32 | » | 42 | 8 | 0.061 |
| 2 | 0.65 | 1 | 18 | » | 0.128 | 2 | 0.65 | 1 | 13 | 4 | 0.122 |
| 3 | 0.97 | 1 | 63 | » | 0.193 | 3 | 0.97 | 1 | 56 | » | 0.182 |
| 4 | 1.30 | 2 | 36 | » | 0.257 | 4 | 1.30 | 2 | 26 | 8 | 0.244 |
| 5 | 1.62 | 3 | 9 | » | 0.321 | 5 | 1.62 | 2 | 69 | 4 | 0.305 |
| 6 | 1.95 | 3 | 54 | » | 0.386 | 6 | 1.95 | 3 | 40 | » | 0.366 |
| 7 | 2.27 | 4 | 27 | » | 0.450 | 7 | 2.27 | 4 | 10 | 8 | 0.426 |
| 8 | 2.60 | 5 | » | » | 0.514 | 8 | 2.60 | 4 | 53 | 4 | 0.487 |
| 9 | 2.92 | 5 | 45 | » | 0.578 | 9 | 2.92 | 5 | 24 | » | 0.548 |
| 10 | 3.25 | 6 | 18 | » | 0.643 | 10 | 3.25 | 5 | 66 | 8 | 0.609 |
| 11 | 3.57 | 6 | 63 | » | 0.707 | 11 | 3.57 | 6 | 37 | 4 | 0.670 |
| 12 | 3.90 | 7 | 36 | » | 0.771 | 12 | 3.90 | 7 | 8 | » | 0.731 |
| 13 | 4.22 | 8 | 9 | » | 0.835 | 13 | 4.22 | 7 | 50 | 8 | 0.792 |
| 14 | 4.55 | 8 | 54 | » | 0.900 | 14 | 4.55 | 8 | 21 | 4 | 0.853 |
| 15 | 4.87 | 9 | 27 | » | 0.964 | 15 | 4.87 | 8 | 64 | » | 0.914 |
| 16 | 5.20 | 10 | » | » | 1.028 | 16 | 5.20 | 9 | 34 | 8 | 0.975 |
| 17 | 5.52 | 10 | 45 | » | 1.092 | 17 | 5.52 | 10 | 5 | 4 | 1.036 |
| 18 | 5.85 | 11 | 18 | » | 1.157 | 18 | 5.85 | 10 | 48 | » | 1.097 |
| 19 | 6.17 | 11 | 63 | » | 1.221 | 19 | 6.17 | 11 | 18 | 8 | 1.158 |
| 20 | 6.50 | 12 | 36 | » | 1.285 | 20 | 6.50 | 11 | 61 | 4 | 1.219 |
| 21 | 6.82 | 13 | 9 | » | 1.349 | 21 | 6.82 | 12 | 32 | » | 1.280 |
| 22 | 7.15 | 13 | 54 | » | 1.414 | 22 | 7.15 | 13 | 2 | 8 | 1.341 |
| 23 | 7.47 | 14 | 27 | » | 1.478 | 23 | 7.47 | 13 | 45 | 4 | 1.401 |
| 24 | 7.80 | 15 | » | » | 1.542 | 24 | 7.80 | 14 | 16 | » | 1.462 |
| 25 | 8.12 | 15 | 45 | » | 1.617 | 25 | 8.12 | 14 | 58 | 8 | 1.523 |

| 16 p. sur 17 d'équarr. (43 sur 46 centimèt.) | | | | | | 16 p. sur 18 d'équarr. (43 sur 49 centimèt.) | | | | | |
|---|---|---|---|---|---|---|---|---|---|---|---|
| Long. des bois en | | Produit du cubage en | | | | Long. des bois en | | Produit du cubage en | | | |
| Pieds. | Mètres. | Pièc. réd. | Pouc. réd. | Lig. réd. | Mètr. cub. ou stères. | Pieds. | Mètres. | Pièc. réd. | Pouc. réd. | Lig. réd. | Mètr. cub. ou stères. |
| 1 | 0.32 | » | 45 | 4 | 0.064 | 1 | 0.32 | » | 48 | » | 0.065 |
| 2 | 0.65 | 1 | 18 | 8 | 0.129 | 2 | 0.65 | 1 | 24 | » | 0.137 |
| 3 | 0.97 | 1 | 64 | » | 0.194 | 3 | 0.97 | 2 | » | » | 0.206 |
| 4 | 1.30 | 2 | 37 | 4 | 0.259 | 4 | 1.30 | 2 | 48 | » | 0.274 |
| 5 | 1.62 | 3 | 10 | 8 | 0.324 | 5 | 1.62 | 3 | 24 | » | 0.343 |
| 6 | 1.95 | 3 | 56 | » | 0.388 | 6 | 1.95 | 4 | » | » | 0.411 |
| 7 | 2.27 | 4 | 29 | 4 | 0.453 | 7 | 2.27 | 4 | 48 | » | 0.480 |
| 8 | 2.60 | 5 | 2 | 8 | 0.518 | 8 | 2.60 | 5 | 24 | » | 0.558 |
| 9 | 2.92 | 5 | 48 | » | 0.583 | 9 | 2.92 | 6 | » | » | 0.617 |
| 10 | 3.25 | 6 | 21 | 4 | 0.647 | 10 | 3.25 | 6 | 48 | » | 0.685 |
| 11 | 3.57 | 6 | 66 | 8 | 0.712 | 11 | 3.57 | 7 | 24 | » | 0.754 |
| 12 | 3.90 | 7 | 40 | » | 0.777 | 12 | 3.90 | 8 | » | » | 0.823 |
| 13 | 4.22 | 8 | 13 | 4 | 0.842 | 13 | 4.22 | 8 | 48 | » | 0.891 |
| 14 | 4.55 | 8 | 58 | 8 | 0.906 | 14 | 4.55 | 9 | 24 | » | 0.960 |
| 15 | 4.87 | 9 | 32 | » | 0.971 | 15 | 4.87 | 10 | » | » | 1.028 |
| 16 | 5.20 | 10 | 5 | 4 | 1.036 | 16 | 5.20 | 10 | 48 | » | 1.097 |
| 17 | 5.52 | 10 | 50 | 8 | 1.100 | 17 | 5.52 | 11 | 24 | » | 1.165 |
| 18 | 5.85 | 11 | 24 | » | 1.165 | 18 | 5.85 | 12 | » | » | 1.234 |
| 19 | 6.17 | 11 | 69 | 4 | 1.230 | 19 | 6.17 | 12 | 48 | » | 1.302 |
| 20 | 6.50 | 12 | 42 | 8 | 1.295 | 20 | 6.50 | 13 | 24 | » | 1.371 |
| 21 | 6.82 | 13 | 16 | » | 1.362 | 21 | 6.82 | 14 | » | » | 1.440 |
| 22 | 7.15 | 13 | 61 | 4 | 1.424 | 22 | 7.15 | 14 | 48 | » | 1.508 |
| 23 | 7.47 | 14 | 34 | 8 | 1.489 | 23 | 7.47 | 15 | 24 | » | 1.577 |
| 24 | 7.80 | 15 | 8 | » | 1.554 | 24 | 7.80 | 16 | » | » | 1.645 |
| 25 | 8.12 | 15 | 53 | 4 | 1.619 | 25 | 8.12 | 16 | 48 | » | 1.714 |

| 16 p. sur 19 d'équarr. (43 sur 51 centimèt.) | | | | | | 16 p. sur 20 d'équarr. (43 sur 54 centimèt.) | | | | | |
| Long. des bois en | | Produit du cubage en | | | | Long. des bois en | | Produit du cubage en | | | |
| Pieds. | Mètres. | Pièc. réd. | Pouc. réd. | Lign. réd. | Mèt. cub. ou stères. | Pieds. | Mètres. | Pièc. réd. | Pouc. réd. | Lign. réd. | Mèt. cub. ou stères. |
|---|---|---|---|---|---|---|---|---|---|---|---|
| 1 | 0.32 | » | 50 | 8 | 0.072 | 1 | 0.32 | » | 53 | 4 | 0.076 |
| 2 | 0.65 | 1 | 29 | 4 | 0.145 | 2 | 0.65 | 1 | 34 | 8 | 0.152 |
| 3 | 0.97 | 2 | 8 | » | 0.217 | 3 | 0.97 | 2 | 16 | » | 0.228 |
| 4 | 1.30 | 2 | 58 | 8 | 0.289 | 4 | 1.30 | 2 | 69 | 4 | 0.305 |
| 5 | 1.62 | 3 | 37 | 4 | 0.362 | 5 | 1.62 | 3 | 50 | 8 | 0.381 |
| 6 | 1.95 | 4 | 16 | » | 0.434 | 6 | 1.95 | 4 | 32 | » | 0.457 |
| 7 | 2.27 | 4 | 66 | 8 | 0.506 | 7 | 2.27 | 5 | 13 | 4 | 0.533 |
| 8 | 2.60 | 5 | 45 | 4 | 0.579 | 8 | 2.60 | 5 | 66 | 8 | 0.609 |
| 9 | 2.92 | 6 | 24 | » | 0.651 | 9 | 2.92 | 6 | 48 | » | 0.685 |
| 10 | 3.25 | 7 | 2 | 8 | 0.724 | 10 | 3.25 | 7 | 29 | 4 | 0.762 |
| 11 | 3.57 | 7 | 53 | 4 | 0.796 | 11 | 3.57 | 8 | 10 | 8 | 0.838 |
| 12 | 3.90 | 8 | 32 | » | 0.868 | 12 | 3.90 | 8 | 64 | » | 0.914 |
| 13 | 4.22 | 9 | 10 | 8 | 0.940 | 13 | 4.22 | 9 | 45 | 4 | 0.990 |
| 14 | 4.55 | 9 | 61 | 4 | 1.013 | 14 | 4.55 | 10 | 26 | 8 | 1.066 |
| 15 | 4.87 | 10 | 40 | » | 1.085 | 15 | 4.87 | 11 | 8 | » | 1.142 |
| 16 | 5.20 | 11 | 18 | 8 | 1.158 | 16 | 5.20 | 11 | 61 | 4 | 1.219 |
| 17 | 5.52 | 11 | 69 | 4 | 1.230 | 17 | 5.52 | 12 | 42 | 8 | 1.295 |
| 18 | 5.85 | 12 | 48 | » | 1.302 | 18 | 5.85 | 13 | 24 | » | 1.371 |
| 19 | 6.17 | 13 | 26 | 8 | 1.375 | 19 | 6.17 | 14 | 5 | 4 | 1.447 |
| 20 | 6.50 | 14 | 5 | 4 | 1.447 | 20 | 6.50 | 14 | 58 | 8 | 1.523 |
| 21 | 6.82 | 14 | 56 | » | 1.520 | 21 | 6.82 | 15 | 40 | » | 1.600 |
| 22 | 7.15 | 15 | 34 | 8 | 1.592 | 22 | 7.15 | 16 | 21 | 4 | 1.676 |
| 23 | 7.47 | 16 | 13 | 4 | 1.664 | 23 | 7.47 | 17 | 2 | 8 | 1.760 |
| 24 | 7.80 | 16 | 64 | » | 1.737 | 24 | 7.80 | 17 | 56 | » | 1.828 |
| 25 | 8.12 | 17 | 42 | 8 | 1.809 | 25 | 8.12 | 18 | 37 | 4 | 1.904 |

**17 p. sur 17 d'équarr. ( 46 sur 46 centimèt. )**

| Long. des bois en | | Produit du cubage en | | | |
| Pieds. | Mètres. | Pièc. réd. | Pouc. réd. | Lign. réd. | Mèt. cub. ou stères. |
| --- | --- | --- | --- | --- | --- |
| 1 | 0.32 | » | 48 | 2 | 0.069 |
| 2 | 0.65 | 1 | 24 | 4 | 0.137 |
| 3 | 0.97 | 2 | » | 6 | 0.206 |
| 4 | 1.30 | 2 | 48 | 8 | 0.275 |
| 5 | 1.62 | 3 | 24 | 10 | 0.344 |
| 6 | 1.95 | 4 | 1 | » | 0.413 |
| 7 | 2.27 | 4 | 49 | 2 | 0.481 |
| 8 | 2.60 | 5 | 25 | 4 | 0.550 |
| 9 | 2.92 | 6 | 1 | 6 | 0.619 |
| 10 | 3.25 | 6 | 49 | 8 | 0.688 |
| 11 | 3.57 | 7 | 25 | 10 | 0.757 |
| 12 | 3.90 | 8 | 2 | » | 0.825 |
| 13 | 4.22 | 8 | 50 | 2 | 0.894 |
| 14 | 4.55 | 9 | 26 | 4 | 0.963 |
| 15 | 4.87 | 10 | 2 | 6 | 1.032 |
| 16 | 5.20 | 10 | 50 | 8 | 1.101 |
| 17 | 5.52 | 11 | 26 | 10 | 1.169 |
| 18 | 5.85 | 12 | 3 | » | 1.238 |
| 19 | 6.17 | 12 | 51 | 2 | 1.307 |
| 20 | 6.50 | 13 | 27 | 4 | 1.376 |
| 21 | 6.82 | 14 | 3 | 6 | 1.445 |
| 22 | 7.15 | 14 | 51 | 8 | 1.513 |
| 23 | 7.47 | 15 | 27 | 10 | 1.582 |
| 24 | 7.80 | 16 | 4 | » | 1.651 |
| 25 | 8.12 | 16 | 52 | 2 | 1.720 |

**17 p. sur 18 d'équarr. ( 46 sur 49 centimèt. )**

| Long. des bois en | | Produit du cubage en | | | |
| Pieds. | Mètres. | Pièc. réd. | Pouc. réd. | Lign. réd. | Mèt. cub. ou stères. |
| --- | --- | --- | --- | --- | --- |
| 1 | 0.32 | » | 51 | » | 0.073 |
| 2 | 0.65 | 1 | 30 | » | 0.146 |
| 3 | 0.97 | 2 | 9 | » | 0.218 |
| 4 | 1.30 | 2 | 60 | » | 0.291 |
| 5 | 1.62 | 3 | 39 | » | 0.364 |
| 6 | 1.95 | 4 | 18 | » | 0.437 |
| 7 | 2.27 | 4 | 69 | » | 0.495 |
| 8 | 2.60 | 5 | 48 | » | 0.583 |
| 9 | 2.92 | 6 | 27 | » | 0.655 |
| 10 | 3.25 | 7 | 6 | » | 0.728 |
| 11 | 3.57 | 7 | 57 | » | 0.801 |
| 12 | 3.90 | 8 | 36 | » | 0.874 |
| 13 | 4.22 | 9 | 15 | » | 0.947 |
| 14 | 4.55 | 9 | 66 | » | 1.021 |
| 15 | 4.87 | 10 | 45 | » | 1.092 |
| 16 | 5.20 | 11 | 24 | » | 1.165 |
| 17 | 5.52 | 12 | 3 | » | 1.238 |
| 18 | 5.85 | 12 | 54 | » | 1.311 |
| 19 | 6.17 | 13 | 33 | » | 1.384 |
| 20 | 6.50 | 14 | 12 | » | 1.457 |
| 21 | 6.82 | 14 | 63 | » | 1.530 |
| 22 | 7.15 | 15 | 42 | » | 1.602 |
| 23 | 7.47 | 16 | 21 | » | 1.675 |
| 24 | 7.80 | 17 | » | » | 1.748 |
| 25 | 8.12 | 17 | 51 | » | 1.821 |

**17 p. sur 19 d'équarr. (46 sur 51 centimèt.)**

| Long. des bois en | | Produit du cubage en | | | |
|---|---|---|---|---|---|
| Pieds. | Mètres. | Pièc. réd. | Pouc. réd. | Lign. réd. | Mèt. cub. ou stères. |
| 1 | 0.32 | » | 53 | 10 | 0.077 |
| 2 | 0.65 | 1 | 35 | 8 | 0.154 |
| 3 | 0.97 | 2 | 17 | 6 | 0.231 |
| 4 | 1.30 | 2 | 71 | 4 | 0.307 |
| 5 | 1.62 | 3 | 53 | 2 | 0.384 |
| 6 | 1.95 | 4 | 35 | » | 0.461 |
| 7 | 2.27 | 5 | 16 | 10 | 0.538 |
| 8 | 2.60 | 5 | 70 | 8 | 0.615 |
| 9 | 2.92 | 6 | 52 | 6 | 0.692 |
| 10 | 3.25 | 7 | 34 | 4 | 0.769 |
| 11 | 3.57 | 8 | 16 | 2 | 0.846 |
| 12 | 3.90 | 8 | 70 | » | 0.923 |
| 13 | 4.22 | 9 | 51 | 10 | 0.999 |
| 14 | 4.55 | 10 | 33 | 8 | 1.076 |
| 15 | 4.87 | 11 | 15 | 6 | 1.153 |
| 16 | 5.20 | 11 | 69 | 4 | 1.230 |
| 17 | 5.52 | 12 | 51 | 2 | 1.307 |
| 18 | 5.85 | 13 | 33 | » | 1.384 |
| 19 | 6.17 | 14 | 14 | 10 | 1.461 |
| 20 | 6.50 | 14 | 68 | 8 | 1.538 |
| 21 | 6.82 | 15 | 50 | 6 | 1.625 |
| 22 | 7.15 | 16 | 32 | 4 | 1.691 |
| 23 | 7.47 | 17 | 14 | 2 | 1.768 |
| 24 | 7.80 | 17 | 68 | » | 1.945 |
| 25 | 8.12 | 18 | 49 | 10 | 1.922 |

**17 p. sur 20 d'équarr. (46 sur 54 centimèt.)**

| Long. des bois en | | Produit du cubage en | | | |
|---|---|---|---|---|---|
| Pieds. | Mètres. | Pièc. réd. | Pouc. réd. | Lign. réd. | Mèt. cub. ou stères. |
| 1 | 0.32 | » | 56 | 8 | 0.081 |
| 2 | 0.65 | 1 | 41 | 4 | 0.162 |
| 3 | 0.97 | 2 | 26 | » | 0.243 |
| 4 | 1.30 | 3 | 10 | 8 | 0.324 |
| 5 | 1.62 | 3 | 67 | 4 | 0.405 |
| 6 | 1.95 | 4 | 52 | » | 0.485 |
| 7 | 2.27 | 5 | 36 | 8 | 0.566 |
| 8 | 2.60 | 6 | 21 | 4 | 0.647 |
| 9 | 2.92 | 7 | 6 | » | 0.728 |
| 10 | 3.25 | 7 | 62 | 8 | 0.809 |
| 11 | 3.57 | 8 | 47 | 4 | 0.890 |
| 12 | 3.90 | 9 | 32 | » | 0.971 |
| 13 | 4.22 | 10 | 16 | 8 | 1.052 |
| 14 | 4.55 | 11 | 1 | 4 | 1.133 |
| 15 | 4.87 | 11 | 58 | » | 1.214 |
| 16 | 5.20 | 12 | 42 | 8 | 1.295 |
| 17 | 5.52 | 13 | 27 | 4 | 1.376 |
| 18 | 5.85 | 14 | 12 | » | 1.457 |
| 19 | 6.17 | 14 | 68 | 8 | 1.538 |
| 20 | 6.50 | 15 | 53 | 4 | 1.619 |
| 21 | 6.82 | 16 | 38 | » | 1.699 |
| 22 | 7.15 | 17 | 22 | 8 | 1.779 |
| 23 | 7.47 | 18 | 7 | 4 | 1.861 |
| 24 | 7.80 | 18 | 64 | » | 1.942 |
| 25 | 8.12 | 19 | 48 | 8 | 2.023 |

| 18 p. sur 18 d'équarr. (49 sur 49 centimèt.) | | | | | | 18 p. sur 19 d'équarr. (49 sur 51 centimèt.) | | | | | |
| Long. des bois en | | Produit du cubage en | | | | Long. des bois en | | Produit du cubage en | | | |
| Pieds. | Mètres. | Pièc. réd. | Pouc. réd. | Lign. réd. | Mèt. cub. ou stères. | Pieds. | Mètres. | Pièc. réd. | Pouc. réd. | Lign. réd. | Mèt. cub. ou stères. |
|---|---|---|---|---|---|---|---|---|---|---|---|
| 1 | 0.32 | » | 54 | » | 0.077 | 1 | 0.32 | » | 57 | » | 0.081 |
| 2 | 0.65 | 1 | 36 | » | 0.154 | 2 | 0.65 | 1 | 42 | » | 0.163 |
| 3 | 0.97 | 2 | 18 | » | 0.231 | 3 | 0.97 | 2 | 27 | » | 0.244 |
| 4 | 1.30 | 3 | » | » | 0.308 | 4 | 1.30 | 3 | 12 | » | 0.326 |
| 5 | 1.62 | 3 | 54 | » | 0.387 | 5 | 1.62 | 3 | 69 | » | 0.407 |
| 6 | 1.95 | 4 | 36 | » | 0.463 | 6 | 1.95 | 4 | 54 | » | 0.488 |
| 7 | 2.27 | 5 | 18 | » | 0.540 | 7 | 2.27 | 5 | 39 | » | 0.570 |
| 8 | 2.60 | 6 | » | » | 0.617 | 8 | 2.60 | 6 | 24 | » | 0 651 |
| 9 | 2.92 | 6 | 54 | » | 0.694 | 9 | 2.92 | 7 | 9 | » | 0.733 |
| 10 | 3.25 | 7 | 36 | » | 0.771 | 10 | 3.25 | 7 | 66 | » | 0.814 |
| 11 | 3.57 | 8 | 18 | » | 0.848 | 11 | 3.57 | 8 | 51 | » | 0.895 |
| 12 | 3.90 | 9 | » | » | 0.925 | 12 | 3.90 | 9 | 36 | » | 0.976 |
| 13 | 4.22 | 9 | 54 | » | 1.003 | 13 | 4.22 | 10 | 21 | » | 1.058 |
| 14 | 4.55 | 10 | 36 | » | 1.080 | 14 | 4.55 | 11 | 6 | » | 1.140 |
| 15 | 4.87 | 11 | 18 | » | 1.157 | 15 | 4.87 | 11 | 63 | » | 1.221 |
| 16 | 5.20 | 12 | » | » | 1.234 | 16 | 5.20 | 12 | 48 | » | 1.302 |
| 17 | 5.52 | 11 | 54 | » | 1.311 | 17 | 5.52 | 13 | 33 | » | 1.384 |
| 18 | 5.85 | 12 | 36 | » | 1.388 | 18 | 5.85 | 14 | 18 | » | 1.465 |
| 19 | 6.17 | 13 | 18 | » | 1.465 | 19 | 6.17 | 15 | 3 | » | 1.547 |
| 20 | 6.50 | 14 | » | » | 1.542 | 20 | 6.50 | 15 | 60 | » | 1.628 |
| 21 | 6.82 | 15 | 54 | » | 1.620 | 21 | 6.82 | 16 | 45 | » | 1.709 |
| 22 | 7.15 | 16 | 36 | » | 1.697 | 22 | 7.15 | 17 | 30 | » | 1.791 |
| 23 | 7.47 | 17 | 18 | » | 1.774 | 23 | 7.47 | 18 | 15 | » | 1.872 |
| 24 | 7.80 | 18 | » | » | 1.851 | 24 | 7.80 | 19 | » | » | 1.954 |
| 25 | 8.12 | 18 | 54 | » | 1.928 | 25 | 8.12 | 19 | 57 | » | 2.035 |

## 18 p. sur 20 d'équarr. (49 sur 54 centimèt.)

| Loug. des bois en | | Produit du cubage en | | | |
|---|---|---|---|---|---|
| Pieds. | Mètres. | Pièc. réd. | Pouc. réd. | Lign. réd. | Mèt. cub. ou stères. |
| 1 | 0.32 | » | 60 | » | 0.086 |
| 2 | 0.65 | 1 | 48 | » | 0.171 |
| 3 | 0.97 | 2 | 36 | » | 0.257 |
| 4 | 1.30 | 3 | 24 | » | 0.343 |
| 5 | 1.62 | 4 | 12 | » | 0.428 |
| 6 | 1.95 | 5 | » | » | 0.514 |
| 7 | 2.27 | 5 | 60 | » | 0.600 |
| 8 | 2.60 | 6 | 48 | » | 0.685 |
| 9 | 2.92 | 7 | 36 | » | 0.771 |
| 10 | 3.25 | 8 | 24 | » | 0.857 |
| 11 | 3.57 | 9 | 12 | » | 0.943 |
| 12 | 3.90 | 10 | » | » | 1.028 |
| 13 | 4.22 | 10 | 60 | » | 1.114 |
| 14 | 4.55 | 11 | 48 | » | 1.200 |
| 15 | 4.87 | 12 | 36 | » | 1.285 |
| 16 | 5.20 | 13 | 24 | » | 1.371 |
| 17 | 5.52 | 14 | 12 | » | 1.457 |
| 18 | 5.85 | 15 | » | » | 1.542 |
| 19 | 6.17 | 15 | 60 | » | 1.628 |
| 20 | 6.50 | 16 | 48 | » | 1.714 |
| 21 | 6.82 | 17 | 36 | » | 1.799 |
| 22 | 7.15 | 18 | 24 | » | 1.885 |
| 23 | 7.47 | 19 | 12 | » | 1.971 |
| 24 | 7.80 | 20 | » | » | 1.057 |
| 25 | 8.12 | 20 | 60 | » | 1.142 |

## 19 p. sur 19 d'équarr. (51 sur 51 centimèt.)

| Long. des bois en | | Produit du cubage en | | | |
|---|---|---|---|---|---|
| Picds. | Mètres. | Pièc. réd. | Pouc. réd. | Lign. réd. | Mèt. cub. ou stères. |
| 1 | 0.32 | » | 60 | 2 | 0.086 |
| 2 | 0.65 | 1 | 48 | 4 | 0.172 |
| 3 | 0.97 | 2 | 36 | 6 | 0.267 |
| 4 | 1.30 | 3 | 24 | 8 | 0.344 |
| 5 | 1.62 | 4 | 12 | 10 | 0.430 |
| 6 | 1.95 | 5 | 1 | » | 0.515 |
| 7 | 2.27 | 5 | 61 | 2 | 0.601 |
| 8 | 2.60 | 6 | 49 | 4 | 0.687 |
| 9 | 2.92 | 7 | 37 | 6 | 0.773 |
| 10 | 3.25 | 8 | 25 | 8 | 0.859 |
| 11 | 3.57 | 9 | 13 | 10 | 0.945 |
| 12 | 3.90 | 10 | 2 | » | 1.031 |
| 13 | 4.22 | 10 | 62 | 2 | 1.117 |
| 14 | 4.55 | 11 | 50 | 4 | 1.203 |
| 15 | 4.87 | 12 | 38 | 6 | 1.289 |
| 16 | 5.20 | 13 | 26 | 8 | 1.375 |
| 17 | 5.52 | 14 | 14 | 10 | 1.441 |
| 18 | 5.85 | 15 | 3 | » | 1.550 |
| 19 | 6.17 | 15 | 63 | 2 | 1.632 |
| 20 | 6.50 | 16 | 51 | 4 | 1.719 |
| 21 | 6.82 | 17 | 39 | 6 | 1.804 |
| 22 | 7.15 | 18 | 27 | 8 | 1.890 |
| 23 | 7.47 | 19 | 15 | 10 | 1.976 |
| 24 | 7.80 | 20 | 4 | » | 2.062 |
| 25 | 8.12 | 20 | 64 | 2 | 2.148 |

| 19 p. sur 20 d'équarr. (51 sur 54 centimèt.) | | | | | 20 p. sur 20 d'équarr. (54 sur 54 centimèt.) | | | | |
|---|---|---|---|---|---|---|---|---|---|---|---|
| Long. des bois en | | Produit du cubage en | | | | Long. des bois en | | Produit du cubage en | | | |
| Pieds. | Mètres. | Pièc. réd. | Pouc. réd. | Ligu. réd. | Mèt. cub. ou stères. | Pieds. | Mètres. | Pièc. réd. | Pouc. réd. | Lign. réd. | Mèt. cub. ou stères. |
| 1 | 0.32 | » | 63 | 4 | 0.090 | 1 | 0.32 | » | 66 | 8 | 0.095 |
| 2 | 0.65 | 1 | 54 | 8 | 0.181 | 2 | 0.65 | 1 | 61 | 4 | 0.190 |
| 3 | 0.97 | 2 | 46 | » | 0.271 | 3 | 0.97 | 2 | 56 | » | 0.286 |
| 4 | 1.30 | 3 | 37 | 4 | 0.362 | 4 | 1.30 | 3 | 50 | 8 | 0.381 |
| 5 | 1.62 | 4 | 28 | 8 | 0.452 | 5 | 1.62 | 4 | 45 | 4 | 0.476 |
| 6 | 1.95 | 5 | 20 | » | 0.543 | 6 | 1.95 | 5 | 40 | » | 0.571 |
| 7 | 2.27 | 6 | 11 | 4 | 0.633 | 7 | 2.27 | 6 | 34 | 8 | 0.666 |
| 8 | 2.60 | 7 | 2 | 8 | 0.724 | 8 | 2.60 | 7 | 29 | 4 | 0.762 |
| 9 | 2.92 | 7 | 66 | » | 0.814 | 9 | 2.92 | 8 | 24 | » | 0.857 |
| 10 | 3.25 | 8 | 57 | 4 | 0.904 | 10 | 3.25 | 9 | 18 | 8 | 0.952 |
| 11 | 3.57 | 9 | 48 | 8 | 0.995 | 11 | 3.57 | 10 | 13 | 4 | 1.047 |
| 12 | 3.90 | 10 | 40 | » | 1.085 | 12 | 3.90 | 11 | 8 | » | 1.142 |
| 13 | 4.22 | 11 | 31 | 4 | 1.176 | 13 | 4.22 | 12 | 2 | 8 | 1.238 |
| 14 | 4.55 | 12 | 22 | 8 | 1.266 | 14 | 4.55 | 12 | 69 | 4 | 1.333 |
| 15 | 4.87 | 13 | 14 | » | 1.357 | 15 | 4.87 | 13 | 64 | » | 1.428 |
| 16 | 5.20 | 14 | 5 | 4 | 1.447 | 16 | 5.20 | 14 | 58 | 8 | 1.523 |
| 17 | 5.52 | 14 | 68 | 8 | 1.538 | 17 | 5.52 | 15 | 53 | 4 | 1.618 |
| 18 | 5.85 | 15 | 60 | » | 1.628 | 18 | 5.85 | 16 | 48 | » | 1.714 |
| 19 | 6.17 | 16 | 51 | 4 | 1.719 | 19 | 6.17 | 17 | 42 | 8 | 1.809 |
| 20 | 6.50 | 17 | 42 | 8 | 1.809 | 20 | 6.50 | 18 | 37 | 4 | 1.914 |
| 21 | 6.82 | 18 | 34 | » | 1.899 | 21 | 6.82 | 19 | 32 | » | 1.999 |
| 22 | 7.15 | 19 | 25 | 4 | 1.989 | 22 | 7.15 | 20 | 26 | 8 | 2.095 |
| 23 | 7.47 | 20 | 16 | 8 | 1.068 | 23 | 7.47 | 21 | 21 | 4 | 2.190 |
| 24 | 7.80 | 21 | 8 | » | 1.171 | 24 | 7.80 | 22 | 16 | » | 2.285 |
| 25 | 8.12 | 21 | 71 | 4 | 1.261 | 25 | 8.12 | 23 | 10 | 8 | 2.380 |

# TABLEAU

## POUR LA CONVERSION EN PIÈCES

### D'UN NOMBRE QUELCONQUE DE POUCES RÉDUITS.

| Pouc. réd. | Pièc. réd. | Pouc. réd. | Pouc. réd. | Pièc. réd. | Pouc. réd. | Pouc. réd. | Pièc. réd. | Pouc. réd. |
|---|---|---|---|---|---|---|---|---|
| 72 = | 1 | » | 98 = | 1 | 26 | 700 = | 9 | 52 |
| 73 = | 1 | 1 | 99 = | 1 | 27 | 725 = | 10 | 5 |
| 74 = | 1 | 2 | 100 = | 1 | 28 | 750 = | 10 | 30 |
| 75 = | 1 | 3 | 125 = | 1 | 53 | 775 = | 10 | 55 |
| 76 = | 1 | 4 | 150 = | 2 | 6 | 800 = | 11 | 8 |
| 77 = | 1 | 5 | 175 = | 2 | 31 | 825 = | 11 | 33 |
| 78 = | 1 | 6 | 200 = | 2 | 56 | 850 = | 11 | 58 |
| 79 = | 1 | 7 | 225 = | 3 | 9 | 875 = | 12 | 11 |
| 80 = | 1 | 8 | 250 = | 3 | 34 | 900 = | 12 | 36 |
| 81 = | 1 | 9 | 275 = | 3 | 59 | 925 = | 12 | 61 |
| 82 = | 1 | 10 | 300 = | 4 | 12 | 950 = | 13 | 14 |
| 83 = | 1 | 11 | 325 = | 4 | 37 | 975 = | 13 | 39 |
| 84 = | 1 | 12 | 350 = | 4 | 62 | 1000 = | 13 | 64 |
| 85 = | 1 | 13 | 375 = | 5 | 15 | 2000 = | 27 | 56 |
| 86 = | 1 | 14 | 400 = | 5 | 40 | 3000 = | 41 | 48 |
| 87 = | 1 | 15 | 425 = | 5 | 65 | 4000 = | 55 | 40 |
| 88 = | 1 | 16 | 450 = | 6 | 18 | 5000 = | 69 | 32 |
| 89 = | 1 | 17 | 475 = | 6 | 43 | 6000 = | 83 | 24 |
| 90 = | 1 | 18 | 500 = | 6 | 68 | 7000 = | 97 | 16 |
| 91 = | 1 | 19 | 525 = | 7 | 21 | 8000 = | 111 | 8 |
| 92 = | 1 | 20 | 550 = | 7 | 46 | 9000 = | 125 | » |
| 93 = | 1 | 21 | 575 = | 7 | 71 | 10000 = | 138 | 64 |
| 94 = | 1 | 22 | 600 = | 8 | 24 | 20000 = | 277 | 56 |
| 95 = | 1 | 23 | 625 = | 8 | 49 | 30000 = | 416 | 48 |
| 96 = | 1 | 24 | 650 = | 9 | 2 | 40000 = | 555 | 40 |
| 97 = | 1 | 25 | 675 = | 9 | 27 | 50000 = | 694 | 32 |

A l'aide de ce tableau, si un nombre quelconque de pièces de bois a donné, par exemple, 129 *pièces* et 49575 pouces réduits, on cherchera 40 mille et 9 mille, qui donneront ensemble 580 *pièces* 40 pouces ; à quoi ajoutant 7 pièces 71 pouces, produit du rompu 575, on trouvera en définitive 687 pièces 39 pouces réduits, que l'on ajoutera aux 129 *pièces* de l'opération primitive.

## TABLE DE RENVOI

### POUR CUBER LES BOIS BATARDS,

#### A L'AIDE DES TARIFS PRÉCÉDENS.

| | | |
|---|---|---|
| De 2 à  8 *V.* de  4 à  4 | De 3 à 14 *V.* de  6 à  7 |
| De 2 à  9 . . .  3 à  9 | De 3 à 15 . . .  5 à  9 |
| De 2 à 10 . . .  4 à  5 | Dé 3 à 16 . . .  6 à  8 |
| De 2 à 12 . . .  4 à  6 | De 3 à 18 . . .  6 à  9 |
| De 2 à 14 . . .  4 à  7 | De 3 à 20 . . .  6 à 10 |
| De 2 à 16 . . .  4 à  8 | De 3 à 24 . . .  8 à  9 |
| De 2 à 18 . . .  6 à  6 | |
| De 2 à 20 . . .  5 à  8 | |
| De 2 à 21 . . .  6 à  7 | De 4 à  9 . . .  6 à  6 |
| De 2 à 24 . . .  6 à  8 | De 4 à 10 . . .  5 à  8 |
| De 2 à 28 . . .  7 à  8 | De 4 à 12 . . .  6 à  8 |
| De 2 à 30 . . .  6 à 10 | De 4 à 14 . . .  7 à  8 |
| De 2 à 32 . . .  8 à  8 | De 4 à 15 . . .  6 à 10 |
| De 2 à 36 . . .  8 à  9 | De 4 à 16 . . .  8 à  8 |
| | De 4 à 18 . . .  8 à  9 |
| De 3 à  8 . . .  4 à  6 | De 4 à 20 . . .  8 à 10 |
| De 3 à 10 . . .  5 à  6 | De 4 à 24 . . .  8 à 12 |
| De 3 à 12 . . .  6 à  6 | De 4 à 30 . . . 10 à 12 |

| | | |
|---|---|---|
| De 5 à 12 . *V*. de 6 à 10 | | De 6 à 24 . *V*. de 11 à 12 |
| De 5 à 14 . . . . 7 à 10 | | De 6 à 30 . . . . 12 à 15 |
| De 5 à 16 . . . . 8 à 10 | | |
| De 5 à 18 . . . . 9 à 10 | | De 8 à 15 . . . . 10 à 12 |
| De 5 à 20 . . . . 10 à 10 | | De 8 à 18 . . . . 12 à 12 |
| De 5 à 22 . . . . 10 à 11 | | De 8 à 21 . . . . 12 à 14 |
| De 5 à 24 . . . . 10 à 12 | | De 8 à 24 . . . . 12 à 16 |
| De 5 à 26 . . . . 10 â 13 | | De 8 à 26 . . . . 13 à 16 |
| De 5 à 28 . . . . 10 à 14 | | De 8 à 28 . . . . 14 à 16 |
| De 5 à 30 . . . . 10 à 15 | | De 8 à 30 . . . . 15 à 16 |
| | | |
| | | De 10 à 18 . . . . 12 à 15 |
| De 6 à 12 . . . . 8 à 9 | | De 10 à 21 . . . . 14 à 15 |
| De 6 à 15 . . . . 9 à 10 | | De 10 à 24 . . . . 15 à 16 |
| De 6 à 16 . . . . 8 à 12 | | De 12 à 20 . . . . 15 à 16 |
| De 6 à 18 . . . . 0 à 12 | | De 12 à 24 . . . . 16 à 18 |
| De 6 à 20 . . . . 10 à 12 | | De 12 à 30 . . . . 12 à 30 |

*Méthode abrégée pour cuber les bois cylindriques, d'après le même procédé que les autres.*

Les bois ronds ou cylindriques se mesurent de la même manière que les bois carrés ou en grume ; c'est-à-dire à pieds pleins sur la longueur, et à pouces pleins pour le diamètre ; mais leur réduction en cube exige une série d'opérations longues et difficultueuses, lorsque l'on veut parvenir à un résultat rigoureusement exact.

Cependant, comme il suffit le plus souvent d'un résultat très approximatif, on s'y prend ainsi : Après avoir mesuré la circonférence moyenne comme pour le bois en grume, on la multiplie par la fraction 0,282, ou, ce qui revient au même, le diamètre par la fraction 0,886; en retranchant, dans l'un ou l'autre cas, trois décimales du produit, on aura la grosseur d'une pièce carrée de même force, et l'on se reportera au tableau indiqué par cette grosseur. Exemple :

Si l'on veut avoir la valeur en *pièces* de Paris, d'un mât de 75 pieds de long et de 36 pouces de circonférence, on aura $36 \times 0,282 = 10,152$, c'est-à-dire, en retranchant les décimales, 10 pouces et une fraction $\frac{152}{1000}$, que l'on néglige. Ce nombre, représentant l'équarrissage de la pièce, on consultera le tableau 34, qui indique en tête les grosseurs de 10 sur 10; mais les tableaux ne vont que jusqu'à 25 pieds de long; on multipliera par 3 le produit indiqué pour cette longueur, c'est-à-dire 5 pièces 56 pouces 8 lignes, et l'on aura 15 pièces 168 pouces réduits, ou 17 pièces $\frac{1}{3}$ pour la valeur totale du mât.

# CORDAGE

## DES BOIS A BRULER.

---

## TABLES DE RAPPORT

### POUR CONVERTIR

LÉS CORDES DE FORÊTS EN DÉCASTÈRES,
ET LES DÉCASTÈRES EN CORDES.

## 1°. RIVIÈRE DE CURE.

| Cordes. | Décastères. | Stères. | Décistères. | Décastères. | Cordes. | 100e de corde. |
|---|---|---|---|---|---|---|
| 1 | 0 | 4 | 9 | 1 | 2 | 04 |
| 2 | 0 | 9 | 8 | 2 | 4 | 09 |
| 3 | 1 | 4 | 7 | 3 | 6 | 13 |
| 4 | 1 | 9 | 6 | 4 | 8 | 17 |
| 5 | 2 | 4 | 5 | 5 | 10 | 22 |
| 6 | 2 | 9 | 4 | 6 | 12 | 26 |
| 7 | 3 | 4 | 3 | 7 | 14 | 30 |
| 8 | 3 | 9 | 2 | 8 | 16 | 35 |
| 9 | 4 | 4 | 0 | 9 | 18 | 39 |
| 10 | 4 | 8 | 9 | 10 | 20 | 43 |
| 20 | 9 | 7 | 9 | 20 | 40 | 87 |
| 30 | 14 | 6 | 8 | 30 | 61 | 30 |
| 40 | 19 | 5 | 8 | 40 | 81 | 73 |
| 50 | 24 | 4 | 7 | 50 | 102 | 17 |
| 60 | 29 | 3 | 6 | 60 | 122 | 60 |
| 70 | 34 | 2 | 6 | 70 | 143 | 03 |
| 80 | 39 | 1 | 5 | 80 | 163 | 47 |
| 90 | 44 | 0 | 5 | 90 | 183 | 90 |
| 100 | 48 | 9 | 4 | 100 | 204 | 33 |

## 2°. OISE, AISNE, SEINE ET LES CANAUX.

### ( Le port de Montargis excepté ).

| Cordes. | Décastères. | Stères. | Décistères. | Décastères. | Cordes. | 100e de corde. |
|---|---|---|---|---|---|---|
| 1 | 0 | 5 | 0 | 1 | 1 | 99 |
| 2 | 1 | 0 | 1 | 2 | 3 | 98 |
| 3 | 1 | 5 | 1 | 3 | 5 | 96 |
| 4 | 2 | 0 | 1 | 4 | 7 | 95 |
| 5 | 2 | 5 | 2 | 5 | 9 | 94 |
| 6 | 3 | 0 | 2 | 6 | 11 | 93 |
| 7 | 3 | 5 | 2 | 7 | 13 | 91 |
| 8 | 4 | 0 | 2 | 8 | 15 | 90 |
| 9 | 4 | 5 | 3 | 9 | 17 | 89 |
| 10 | 5 | 0 | 3 | 10 | 19 | 88 |
| 20 | 10 | 0 | 6 | 20 | 39 | 75 |
| 30 | 15 | 0 | 9 | 30 | 59 | 63 |
| 40 | 20 | 1 | 2 | 40 | 79 | 50 |
| 50 | 25 | 1 | 6 | 50 | 99 | 38 |
| 60 | 30 | 1 | 9 | 60 | 119 | 25 |
| 70 | 35 | 2 | 2 | 70 | 139 | 13 |
| 80 | 40 | 2 | 5 | 80 | 159 | 00 |
| 90 | 45 | 2 | 8 | 90 | 178 | 88 |
| 100 | 50 | 3 | 1 | 100 | 198 | 75 |

## 3°. MARNE, OURQUE, ET MORIN.

| Cordes. | Décastères. | Stères. | Décistères. | Décastères. | Cordes. | 100e de corde. |
|---|---|---|---|---|---|---|
| 1 | 0 | 4 | 8 | 1 | 2 | 09 |
| 2 | 0 | 9 | 6 | 2 | 4 | 17 |
| 3 | 1 | 4 | 4 | 3 | 6 | 26 |
| 4 | 1 | 9 | 2 | 4 | 8 | 34 |
| 5 | 2 | 4 | 0 | 5 | 10 | 43 |
| 6 | 2 | 8 | 8 | 6 | 12 | 52 |
| 7 | 3 | 3 | 4 | 7 | 14 | 60 |
| 8 | 3 | 8 | 3 | 8 | 16 | 69 |
| 9 | 4 | 3 | 1 | 9 | 18 | 77 |
| 10 | 4 | 7 | 9 | 10 | 20 | 86 |
| 20 | 9 | 5 | 9 | 20 | 41 | 72 |
| 30 | 14 | 3 | 8 | 30 | 62 | 58 |
| 40 | 19 | 1 | 8 | 40 | 83 | 44 |
| 50 | 23 | 9 | 7 | 50 | 104 | 30 |
| 60 | 28 | 7 | 6 | 60 | 125 | 15 |
| 70 | 33 | 5 | 6 | 70 | 146 | 01 |
| 80 | 38 | 3 | 5 | 80 | 166 | 87 |
| 90 | 43 | 1 | 5 | 90 | 187 | 73 |
| 100 | 47 | 9 | 4 | 100 | 208 | 59 |

## 4°. BRIÉNON-SUR-ARMANÇON, SÉRY, SENS, ET VILLENEUVE-SUR-YONNE.

| Cordes. | Décastères. | Stères. | Décistères. | Décastères. | Cordes. | 100e de corde. |
|---|---|---|---|---|---|---|
| 1 | 0 | 4 | 7 | 1 | 2 | 11 |
| 2 | 0 | 9 | 5 | 2 | 4 | 23 |
| 3 | 1 | 4 | 2 | 3 | 6 | 84 |
| 4 | 1 | 8 | 9 | 4 | 8 | 46 |
| 5 | 2 | 3 | 6 | 5 | 10 | 57 |
| 6 | 2 | 8 | 4 | 6 | 12 | 68 |
| 7 | 3 | 3 | 1 | 7 | 14 | 80 |
| 8 | 3 | 7 | 8 | 8 | 16 | 91 |
| 9 | 4 | 2 | 6 | 9 | 19 | 02 |
| 10 | 4 | 7 | 3 | 10 | 21 | 14 |
| 20 | 9 | 4 | 6 | 20 | 42 | 28 |
| 30 | 14 | 1 | 9 | 30 | 63 | 41 |
| 40 | 18 | 9 | 2 | 40 | 84 | 55 |
| 50 | 23 | 6 | 5 | 50 | 105 | 59 |
| 60 | 28 | 3 | 8 | 60 | 126 | 83 |
| 70 | 33 | 1 | 2 | 70 | 147 | 97 |
| 80 | 37 | 8 | 5 | 80 | 169 | 10 |
| 90 | 42 | 5 | S | 90 | 190 | 24 |
| 100 | 47 | 3 | 1 | 100 | 211 | 38 |

## 5°. PORTS DE CLAMECY.

| Cordes. | Décastères. | Stères. | Décistères. | Décastères. | Cordes. | 100e de corde. |
|---|---|---|---|---|---|---|
| 1 | 0 | 4 | 7 | 1 | 2 | 13 |
| 2 | 0 | 9 | 4 | 2 | 4 | 26 |
| 3 | 1 | 4 | 1 | 3 | 6 | 40 |
| 4 | 1 | 8 | 8 | 4 | 8 | 53 |
| 5 | 2 | 3 | 4 | 5 | 10 | 66 |
| 6 | 2 | 8 | 1 | 6 | 12 | 79 |
| 7 | 3 | 2 | 8 | 7 | 14 | 92 |
| 8 | 3 | 7 | 5 | 8 | 17 | 06 |
| 9 | 4 | 2 | 2 | 9 | 19 | 19 |
| 10 | 4 | 6 | 9 | 10 | 21 | 32 |
| 20 | 9 | 3 | 8 | 20 | 42 | 64 |
| 30 | 14 | 0 | 7 | 30 | 63 | 97 |
| 40 | 18 | 7 | 6 | 40 | 85 | 29 |
| 50 | 23 | 4 | 5 | 50 | 106 | 61 |
| 60 | 28 | 1 | 4 | 60 | 127 | 93 |
| 70 | 32 | 8 | 3 | 70 | 149 | 25 |
| 80 | 37 | 5 | 2 | 80 | 170 | 58 |
| 90 | 42 | 2 | 1 | 90 | 191 | 90 |
| 100 | 46 | 9 | 0 | 100 | 213 | 22 |

## 6°. POUR LES AUTRES PORTS DE L'YONNE,

### OU LE BOIS NEUF, QUI S'AMÈNE EN BATEAU, EST EMPILÉ A PILE BASSE.

| Cordes. | Décastères. | Stères. | Décistères. | Décastères. | Cordes. | 100e de corde. |
|---|---|---|---|---|---|---|
| 1 | 0 | 4 | 6 | 1 | 2 | 19 |
| 2 | 0 | 9 | 1 | 2 | 4 | 38 |
| 3 | 1 | 3 | 7 | 3 | 6 | 57 |
| 4 | 1 | 8 | 3 | 4 | 8 | 76 |
| 5 | 2 | 2 | 8 | 5 | 10 | 95 |
| 6 | 2 | 7 | 4 | 6 | 13 | 14 |
| 7 | 3 | 2 | 0 | 7 | 15 | 33 |
| 8 | 3 | 6 | 5 | 8 | 17 | 51 |
| 9 | 4 | 1 | 1 | 9 | 19 | 70 |
| 10 | 4 | 5 | 7 | 10 | 21 | 89 |
| 20 | 9 | 1 | 4 | 20 | 43 | 79 |
| 30 | 13 | 7 | 0 | 30 | 65 | 68 |
| 40 | 18 | 2 | 7 | 40 | 87 | 57 |
| 50 | 22 | 8 | 4 | 50 | 109 | 47 |
| 60 | 27 | 4 | 1 | 60 | 131 | 36 |
| 70 | 31 | 9 | 7 | 70 | 153 | 25 |
| 80 | 36 | 5 | 4 | 80 | 175 | 14 |
| 90 | 41 | 1 | 1 | 90 | 197 | 04 |
| 100 | 45 | 6 | 8 | 100 | 218 | 93 |

## 7°. MONTARGIS.

| Cordes. | Décastères. | Stères. | Décistères. | Décastères. | Cordes. | 100e de corde. |
|---|---|---|---|---|---|---|
| 1 | 0 | 5 | 3 | 1 | 1 | 88 |
| 2 | 1 | 0 | 7 | 2 | 3 | 75 |
| 3 | 1 | 6 | 0 | 3 | 5 | 63 |
| 4 | 2 | 1 | 3 | 4 | 7 | 51 |
| 5 | 2 | 6 | 6 | 5 | 9 | 38 |
| 6 | 3 | 2 | 0 | 6 | 11 | 26 |
| 7 | 3 | 7 | 3 | 7 | 13 | 14 |
| 8 | 4 | 2 | 6 | 8 | 15 | 01 |
| 9 | 4 | 8 | 0 | 9 | 16 | 89 |
| 10 | 5 | 3 | 3 | 10 | 18 | 77 |
| 20 | 10 | 6 | 6 | 20 | 37 | 53 |
| 30 | 15 | 9 | 8 | 30 | 56 | 30 |
| 40 | 21 | 3 | 1 | 40 | 75 | 07 |
| 50 | 26 | 6 | 4 | 50 | 93 | 84 |
| 60 | 31 | 9 | 7 | 60 | 112 | 60 |
| 70 | 37 | 3 | 0 | 70 | 131 | 37 |
| 80 | 42 | 6 | 3 | 80 | 150 | 14 |
| 90 | 47 | 9 | 6 | 90 | 168 | 90 |
| 100 | 53 | 2 | 8 | 100 | 187 | 67 |

## EXEMPLE :

1°. Combien 75 cordes des ports de Clamecy, représentent-elles de décastères ?

|  |  | Déc. | Stèr. | Déci. |
|---|---|---|---|---|
| Suivant la table pour les ports de Clamecy, | 70 cordes font | 32 | 8 | 3 |
|  | 5 *id.*...... | 2 | 3 | 4 |
|  | Total.... | 35 | 1 | 7 |

La réponse est 35 décastères 1 stère 7 décistères. Il faut 10 décistères pour faire 1 stère, et 10 stères pour faire 1 décastère ; ainsi 1 stère 7 décistères font un peu moins que deux stères, ou un peu moins que le cinquième d'un décastère.

2°. Combien 138 décastères pris à Montargis, représentent-ils de cordes, suivant l'ancienne mesure de ce pays ?

|  |  | Cordes. | Cent. |
|---|---|---|---|
| A l'article de Montargis, on trouve, | pour 100 décast. | 187 | 57 |
|  | pour 30 *id.*... | 50 | 30 |
|  | pour 8 *id.*... | 15 | 1 |
|  | Total.... | 258 | 98 |

La réponse est 258 cordes 98 centièmes ; ce qui peut compter pour 259 cordes.

# CONVERSION
## DES CORDES OU VOIES, EN STÈRES.

### 1°. *Voies de Paris en stères.*

La voie de Paris contenait 4 pieds de *couche* et 4 pieds de *hauteur*, la bûche ayant 3 pieds 6 pouces de *longueur*, ce qui faisait 56 pieds cubes. Ainsi, une voie de Paris équivaut, à peu près, à 2 stères.

### PREMIÈRE TABLE.

| Voies. | Stères. | Voies. | Stères. | Voies. | Stères. |
|---|---|---|---|---|---|
| 1 = | 1.920 | 8 = | 15.356 | 60 = | 115.172 |
| 2 = | 3.839 | 9 = | 17.276 | 70 = | 134.367 |
| 3 = | 5.759 | 10 = | 19.195 | 80 = | 153.562 |
| 4 = | 7.678 | 20 = | 38.391 | 90 = | 172.758 |
| 5 = | 9.598 | 30 = | 57.586 | 100 = | 191.053 |
| 6 = | 11.517 | 40 = | 76.781 | 500 = | 959.765 |
| 7 = | 13.437 | 50 = | 95.976 | 1000 = | 1919.530 |

### 2°. *Cordes des eaux et forêts ou d'ordonnance, en stères.*

Cette corde est exactement le double de la voie de Paris, c'est-à-dire de 112 pieds cubes; on peut se servir de la table précédente, en prenant le double de la quantité de stères, qui correspond au nombre donné.

### 3°. *Cordes de port en stères.*

La corde dite *de port* contenait 8 pieds de couche et 5 de *hauteur*, la bûche ayant 3 pieds 6 pouces de *longueur*; par conséquent 140 pieds cubes.

## DEUXIÈME TABLE.

| Cordes. | Stères. | Cordes. | Stères. | Cordes. | Stères. |
|---|---|---|---|---|---|
| 1= | 4.799 | 8= | 38.391 | 60= | 287.929 |
| 2= | 9.598 | 9= | 43.189 | 70= | 335.917 |
| 3= | 14.396 | 10= | 47.988 | 80= | 383.906 |
| 4= | 19.195 | 20= | 95.976 | 90= | 431.894 |
| 5= | 23.994 | 30= | 143.965 | 100= | 479.882 |
| 6= | 28.793 | 40= | 191.953 | 500= | 2399.410 |
| 7= | 33.592 | 50= | 239.941 | 1000= | 4798.820 |

*4°. Cordes de grand bois en stères.*

Nota. *Malgré que la longueur de ces bûches n'existe que dans certains cantons à bois, nous avons pensé qu'il était utile au négociant de connaître ce cordage pour pouvoir le convertir, au besoin, en stères.*

La corde dite de *grand bois* contenait 8 pieds de *couche* et 4 pieds de *hauteur*, la bûche ayant 4 pieds de longueur; et par conséquent 128 pieds cubes.

## TROISIÈME TABLE.

| Cordes. | Stères. | Cordes. | Stères. | Cordes. | Stères. |
|---|---|---|---|---|---|
| 1= | 4.387 | 8= | 35.100 | 60= | 263.250 |
| 2= | 8.775 | 9= | 39.487 | 70= | 307.125 |
| 3= | 13.162 | 10= | 43.875 | 80= | 350.999 |
| 4= | 17.550 | 20= | 87.750 | 90= | 394.874 |
| 5= | 21.937 | 30= | 131.625 | 100= | 438.749 |
| 6= | 26.325 | 40= | 175.500 | 500= | 2193.746 |
| 7= | 30.712 | 50= | 219.375 | 1000= | 4387.492 |

# CONVERSION

## DES STÈRES EN CORDES, OU VOIES.

---

1°. *Stères en voies de Paris.*

Nota. *Voyez les dimensions de la voie de Paris.*

## QUATRIÈME TABLE.

| Stères. | Voies. | Stères. | Voies. | Stères. | Voies. |
|---|---|---|---|---|---|
| 1 | 0.521 | 8 | 4.168 | 60 | 31.258 |
| 2 | 1.042 | 9 | 4.689 | 70 | 36.467 |
| 3 | 1.563 | 10 | 5.210 | 80 | 41.677 |
| 4 | 2.084 | 20 | 10.419 | 90 | 46.887 |
| 5 | 2.605 | 30 | 15.629 | 100 | 52.096 |
| 6 | 3.126 | 40 | 20.838 | 500 | 260.480 |
| 7 | 3.647 | 50 | 26.048 | 1000 | 520.960 |

2°. *Stères en cordes des eaux et foréts, ou d'administration.*

Cette corde étant le double de la voie de Paris, on peut se servir de la table précédente, en prenant la moitié du nombre de la seconde colonne qui correspond au nombre donné.

### 3°. *Stères en cordes de port.*

*Nota.* Voyez les dimensions de la corde de port.

## CINQUIÈME TABLE.

| Stères. | Cordes. | Stères. | Cordes. | Stères. | Cordes. |
|---|---|---|---|---|---|
| 1=0.208 | | 8= 1.667 | | 60= 12.583 | |
| 2=0.417 | | 9= 1.875 | | 70= 14.587 | |
| 3=0.262 | | 10= 2.084 | | 80= 16.671 | |
| 4=0.834 | | 20= 4.168 | | 90= 18.755 | |
| 5=1.042 | | 30= 6.252 | | 100= 20.838 | |
| 6=1.250 | | 40= 8.335 | | 500=104.190 | |
| 7=1.459 | | 50=10.419 | | 1000=208.380 | |

### 4°. *Stères en cordes de grand bois.*

*Nota.* Voyez les dimensions de la corde de grand bois.

## SIXIÈME TABLE.

| Stères. | Cordes. | Stères. | Cordes. | Stères. | Cordes. |
|---|---|---|---|---|---|
| 1=0.228 | | 8= 1.667 | | 60= 12.503 | |
| 2=0.456 | | 9= 1.875 | | 70= 14.587 | |
| 3=0.684 | | 10= 2.084 | | 80= 16.671 | |
| 4=0.912 | | 20= 4.168 | | 90= 18.755 | |
| 5=1.140 | | 30= 6.252 | | 100= 20.838 | |
| 6=1.367 | | 40= 8.335 | | 500=104.190 | |
| 7=1.595 | | 50=10.419 | | 1000=208.380 | |

D'après les données précédentes, si l'on veut comparer le prix de la corde au stère, *et vice versâ,* connaissant le prix de la corde ou de la voie, il faut recourir à la Table quatrième, qui indique le rapport du stère à la voie; on trouve que le stère ne vaut que 10,521 millièmes de la voie; ce qui fait un peu plus de moitié. Il faut donc multiplier le prix de la voie par cette fraction 0,521, et retrancher du produit les trois décimales.

Exemple : On suppose que le prix de la voie soit de.......................... 35 f.
multipliez par........................ 0,521
le produit est de..................... 18 f. 235,
et en négligeant la dernière décimale, 18 f. 23 c. pour le prix du stère.

2°. Connaissant le prix du stère, si l'on veut savoir le prix de la corde ou de la voie, il faut recourir à la table première, qui indique le rapport de la voie au stère. On trouve que la voie égale 1 stère 920 millièmes. Le prix du stère étant supposé de...................... 18 f. 23 c.
multipliez par.................... 1,920,
et séparer 5 décimales, produit.... 35,00160, c'est-à-dire, en négligeant les trois dernières décimales, 35 fr. pour le prix de la voie.

La même opération se fait sur les autres mesures, en cherchant toujours le rapport de l'ancien et du nouveau système, *et vice versá.*

# TABLE

## DE CONVERSION DES ARPENS

### EN HECTARES.

Des quatre décimales qui suivent les hectares, les deux premières sont les ares, et les deux dernières des centiares.

| Arp. | Hectares. | Arp. | Hectares. | Arp. | Hectares. |
|---|---|---|---|---|---|
| 1 | 0.5107 | 20 | 10.2145 | 39 | 19.9181 |
| 2 | 1.0214 | 21 | 10.7251 | 40 | 20.4288 |
| 3 | 1.5322 | 22 | 11.2358 | 41 | 20.9395 |
| 4 | 2.0429 | 23 | 11.7465 | 42 | 21.4502 |
| 5 | 2.5536 | 24 | 12.2572 | 43 | 21.9609 |
| 6 | 3.0643 | 25 | 12.7680 | 44 | 22.4716 |
| 7 | 3.5750 | 26 | 13.2787 | 45 | 22.9824 |
| 8 | 4.0858 | 27 | 23.7894 | 46 | 23.4931 |
| 9 | 4.5965 | 28 | 14.3001 | 47 | 24.1038 |
| 10 | 5.1072 | 29 | 14.8108 | 48 | 24.5145 |
| 11 | 5.6179 | 30 | 15.3216 | 49 | 25.0252 |
| 12 | 6.1286 | 31 | 15.8323 | 50 | 25.5359 |
| 13 | 6.6393 | 32 | 16.3431 | 100 | 51.0720 |
| 14 | 7.1500 | 33 | 16.8538 | 200 | 102.1440 |
| 15 | 7.6608 | 34 | 17.3645 | 300 | 153.2159 |
| 16 | 8.1716 | 35 | 17.8753 | 400 | 204.2879 |
| 17 | 8.6823 | 36 | 18.3860 | 500 | 255.3599 |
| 18 | 9.1930 | 37 | 18.8967 | | |
| 19 | 9.7037 | 38 | 19.4074 | | |

# TARIF DES DROITS D'OCTROI

## SUR LES BOIS ET CHARBONS.

*Bois de construction.*

Bois de chêne, châtaignier, orme, frêne, charme, noyer, merisier, hêtre, acacia, sycomore, prunier, pommier et autres fruitiers, d'essence dure, en grume ou écarris, lissoirs, jantes ou tables, *par stère.*   9 fr. 00 c.

Les mêmes bois en planches, membrures, entrevoux, dosses, chevrons sciage, doublettes, madriers, battans, feuillets, merrains, panneaux, coursons, et parquets, *mètre courant.*   » 07

Bois de sapin, platane, peuplier, bouleau, aulne, tilleul, saule et marronier, en grume ou écarris, lissoirs ou tables, *par stère.* . . . . . . . . . 7   00

Les mêmes bois en planches, membrures, entrevoux, chevrons de sciage, doublettes, madriers, feuillets ou voliges, lattes, *mètre courant.* . . . . . . . . . . . . . . . . . » 07

— Idem, *cent bottes.* . . . . . . . . 10   00

*Bateaux et bois de déchirage.*

Bateaux en chêne, *par bateau.* . . . . 24   00

Bateaux en sapin, *idem.* . . . . . . . . 12   00

82       TARIF

Bois de déchirage en chêne, *par mètre
carré.* . . . . . . . . . . . . . . . . . »   18
Bois de déchirage en sapin, *idem.* . . . »   10

*Bois et charbons.*

Bois à brûler, neuf ou flotté, *par stère.*  2   00
Bois blanc *idem*, et menuiserie de bois
dur et de bois blanc, *idem* . . . . . .  1   50
Fagots de toute espèce, *par cent.* . . . .  3
Charbon de bois, *sac* ou *voie.* . . . . . »   75
Charbon de terre, *hectolitre.* . . . . . . »   50

## OBSERVATIONS.

Pour la perception de droit sur le bois de charpente, la grosseur de ce bois se prend dans le milieu ; et, en cas d'impossibilité, dans les deux bouts.

L'écarrissage se compte par centimètres, et la longueur par mètre et mètre et demi ; le demi-mètre est acquis à trois dixièmes, le mètre entier à huit dixièmes.

La mesure doit être pleine et couverte pour compter.

La déduction pour l'équarrissage des grumes est du dixième du pourtour, ou en multipliant le diamètre par le rayon ; on doit déduire l'écorce en prenant la mesure.

Si le bois n'est équarri qu'en partie et qu'il ait conservé une partie de son rond, et par conséquent son aubier, il sera tenu compte des flaches.

Il sera déduit pour malandres visibles et palpables, nœuds pourris ou vermoulus, un demi-mètre ou un mètre au plus, suivant l'étendue du mal.

Pour la perception du droit sur les bois de sciage taxés au mètre courant, ils sont toujours ramenés à l'unité de la planche. La planche proprement dite est un morceau de trois centimètres d'épaisseur sur vingt-cinq centimètres de largeur, ce qui produit soixante-quinze centimètres d'équarrissage.

Cependant, tous les morceaux de sciage ayant trois centimètres d'épaisseur, et vingt à vingt-huit centimètres de largeur, ce qui produit soixante à quatre-vingt-quatre centimètres d'équarrissage, comptent dans les planches pour la perception du droit.

Au-dessus et au-dessous de ces dimensions, le droit est proportionnel et par tiers, soit en plus, soit en moins; de sorte qu'à vingt-cinq centimètres en plus du minimum, ou quatre-vingt-cinq centimères d'équarrissage, le tiers est acquis, et à vingt-cinq centimètres en moins du maximum, ou cinquante-neuf centimètres d'équarrissage, il y a décroissement du droit, et ainsi de vingt-cinq en vingt-cinq centimètres.

La volige est une planche de deux centimètres et au-dessous d'épaisseur.

La dosse est une planche de première levée, qui a le trait de scie d'un côté, et le coup de hache ou le rond du bois de l'autre.

Les doublettes, madriers et battans paient le droit dans la proportion de la planche.

Les dosses et chevrons paient les deux tiers de droit sur la planche, ainsi que les voliges de dix-huit centimètres et au-dessus.

Les voliges de dix à dix-huit centimètres paient le tiers du droit; et au-dessous de dix, le quart. Pour l'application du droit sur le merrain et fonds de seilles, deux mètres ne comptent que pour un.

Le parquet en feuilles compte pour quatre mètres.

Il est fait déduction dans les bois de démolition des tenons et parties pourries, ainsi que des mortaises qui traversent le bois aux trois quarts. Il est également tenu compte des grosseurs des parties couvertes de clous, ou hachées ou remplies de chanfreins. Sauf ces déductions, s'il y a lieu, les bois de démolition ou de sciage venant de l'extérieur sont passibles des droits, à moins qu'il ne soient reconnus bons qu'à brûler; en ce cas ils paieront comme bois de chauffage, suivant leur nature.

Les bois de frêne et mérisier, débités à un mètre trente centimètres de longueur, sont considérés comme bois de travail, et mesurés comme tels.

Le droit est dû pour les soutraits de bateaux de charbon et autres : il sera néanmoins restitué sur les quantités dont la sortie de Paris par la rivière aura été dûment constatée par les employés de l'Octroi.

Tous les bois neufs ouvrés, tels que portes, volets, étaux, brouettes et autres se réduisent au stère ou en planche suivant l'espèce, et paient les droits portés au tarif.

Tout bateau faisant exception par sa dimension à la toue ordinaire paiera le droit par mètre carré.

---

Tout bois scié ou coupé à la serpe sur une longueur d'un mètre treize centimètres, et ayant seize centimètres de circonférence, est considéré comme bois de corde, et acquitte le droit selon sa nature de bois dur et de bois blanc.

La menuise est le bois de même longueur ayant moins de seize centimètres de circonférence.

La distinction entre le bois dur et le bois blanc, cessera d'être observée toutes les fois que dans les trains, bateaux ou voitures, il y aura un mélange de bois blanc de menuise et de bois dur; en conséquence le droit d'octroi sera perçu sur le bois blanc ou de menuise, comme il se perçoit sur le bois dur.

Les courbes, plats-bords, planches brisées, souches, brigots, bois à charbon, paient à l'entrée comme bois dur ou bois blanc, suivant leur espèce et leur dimension.

Les fagots de toute espèce paient le droit entier.

Tout parement au-dessus de 16 centimètres de circonférence doit être distrait du fagot, et rangé pour la taxe dans la classe du bois de corde ; le surplus sera réduit d'après les dimensions fixées pour le fagot.

Le cent de falourdes, quelle qu'en soit l'espèce, compte pour 150 fagots.

Les perches de menuise, provenant du déchirage des trains à brûler, compteront à raison de 90 falourdes pour chaque train de 18 coupons ; ce nombre sera augmenté ou diminué de 5 falourdes par chaque coupon en plus ou moins.

Les menues perches provenant du déchirage des trains de bois de charpente ou de sciage, celles arrivant par coupons et par voitures seront évaluées en falourdes, d'après leur nombre.

On entend par perches de menuise tout morceau de bois de 16 centimètres, et au-dessous, de circonférence par le milieu de la longueur. Les perches d'une plus forte dimension paient comme bois de corde ou comme bois de construction, suivant leur grosseur ; elles sont rangées comme bois de corde, lorsqu'elles n'ont pas plus de 38 centimètres de circonférence moyenne.

Les cotrets ordinaires, de toute espèce, paient la moitié du droit imposé sur les fagots.

Les cotrillons, bourrées et margotins, paient le quart.

Les dimensions des fagots, falourdes, cotrets et cotrillons, réglées par l'ordonnance de police du 21 ventose an XI, seront suivies pour l'application de la taxe ; des dimensions plus fortes entraînent un droit proportionnel.

Le cubage servira de base pour établir la perception sur les chargemens de charbon, de bois à brûler, et généralement de tous les bateaux, trains et voitures susceptibles d'être cubés.

La quantité de charbon de terre contenue dans chaque bateau sera reconnue, d'après le poids du charbon et le volume d'eau déplacé par le bateau.

Deux hectolitres d'escarbille (charbon de terre à demi consumé) ne compteront que pour un.

# TARIF DES DROITS DE NAVIGATION

## ÉTABLIS SUR LES BOIS.

D'APRÈS neuf arrêtés du gouvernement, du 19 messidor an XI, en exécution de la loi du 30 floréal an X, la perception de l'octroi de navigation a été répartie en neuf arrondissemens distincts, dont cinq sont relatifs à la navigation jusqu'à Paris et ses banlieues, savoir :

*Premier arrondissement.*

Premier Bureau, à Nogent-sur-Seine,
pour un train de bois à brûler ou de
charpente. . . . . . . . . . . . . . . . . 6 fr. »
Deuxième bureau, à Montereau, pour
un train de bois à brûler ou de charpente. . . . . . . . . . . . . . . . . . 6      »

*Deuxième arrondissement ; chef-lieu, Auxerre.*

Par train de 18 coupons, allant plus
bas que Montereau. . . . . . . . . . . 7 f. 50 c.

*Troisième arrondissement ; chef-lieu, Châlons.*

Par train de bois chargé, de 80 mètres
de longueur sur 7 de largeur. . . . . 19 fr. 50 c.
— Non chargé, même dimension. . 9    75
Deuxième bureau, à La Ferté : par train
de bois de charpente ou de sciage,
chargé. . . . . . . . . . . . . . . . . 27      »

— *Idem*, non chargé . . . . . . . . . . 12 fr. » c.
— Par train de bois à brûler. . . . . 4 »

*Quatrième arrondissement ; chef-lieu, Melun.*

Par train de bois de charpente et de
sciage, chargé . . . . . . . . . . . 32 5o
— *Idem*, non chargé. . . . . . . . . 17 5o
— Par train de bois à brûler. . . . 8 »
Deuxième bureau, à Choisy : par train
de bois à brûler, de sciage, charpente
ou charronnage. . . . . . . . . . . . 3 »

*Cinquième arrondissement ; chef-lieu, Paris.*

Premier bureau, à Choisy : par train
de 18 coupons, et *idem* de sciage et
de charpente. . . . . . . . . . . . . 3 »
Deuxième bureau, à Charenton ou
à Alfort : par train de 18 coupons,
*idem* de sciage et de charpente. . . . 2 »
Troisième bureau, à Sèvres : par train
de 18 coupons, *idem* de sciage et de
charpente. . . . . . . . . . . . . . 3 »
Quatrième bureau, à Neuilly : par train
de 18 coupons, *idem* de sciage et de
charpente. . . . . . . . . . . . . . 1 5o
Cinquième bureau, au Pecq : par train
de 18 coupons, *idem* de sciage et de
charpente. . . . . . . . . . . . . . 7 »

FIN.

# TABLE DES MATIÈRES.

## CHAPITRE PREMIER.


DES BOIS EN GÉNÉRAL, ET DU CHOIX DES ES-
SENCES. . . . . . . . . . . . . . . . . . . . . . . . . . . *Page* 1
Du sol qui convient à chaque essence. . . . . . . . *ibid.*
Dénomination des diverses espèces de forêts. . 4
Vieilles futaies. . . . . . . . . . . . . . . . . . . . . . . . 5
Bois rebour ou retour. . . . . . . . . . . . . . . . . . *ibid.*
Grandes futaies, hautes futaies, futaies ou
   grands baliveaux. . . . . . . . . . . . . . . . . . . . 6
Hauts taillis et taillis. . . . . . . . . . . . . . . . . . 8
Jardinage, furetage ou feuilletage. . . . . . . . . . *ibid.*


## CHAPITRE II.


DES VENTES ET ADJUDICATIONS. . . . . . . . . . . . . . . 11
Manière de se conduire pendant les adjudi-
   cations. . . . . . . . . . . . . . . . . . . . . . . . . . . . *ibid.*
Analyse raisonnée d'un cahier des charges
   générales. . . . . . . . . . . . . . . . . . . . . . . . . . 14
Principes consacrés par les lois forestières, et
   par divers arrêts de la cour de cassation. . . . 51


## CHAPITRE III.


DE L'EXPLOITATION DES VENTES. . . . . . . . . . . . . . 57
Coupe et abattage des bois. . . . . . . . . . . . . . *ibid.*
Écorcement des arbres. . . . . . . . . . . . . . . . . . 62
Bois carré ou de charpente. . . . . . . . . . . . . . . 63
Merrain, lattes, échalas. . . . . . . . . . . . . . . . . 66
Bois de moulée. . . . . . . . . . . . . . . . . . . . . . . 69
Charbonnage. . . . . . . . . . . . . . . . . . . . . . . . . 72


## CHAPITRE IV.


DE L'ENLÈVEMENT DES BOIS. . . . . . . . . . . . . . . . . 76
Aperçus statistiques appliqués à l'approvisionnement de Paris. . . . . . . . . . . . . . . . . . . . . *ibid.*

Flottage des bois de moule à bûche perdue...    80
Bois canards, et moyen de reconnaître la quan-
    tité qu'en a chaque marchand.............    87

## CHAPITRE V.

Du flottage en trains.......................    90
Organisation des compagnies de commerce de
    bois flottés en train ....................  ibid.
Construction et conduite d'un train de bois à
    brûler.................................    93
Trains de bois carrés.....................    98
Flottage des trains.......................   101
Devis de construction d'un étang de flottage...   104
Travaux nécessaires à la construction d'un
    étang................................   106
Description d'un pertuis...................   109

## CHAPITRE VI.

De la vente des bois et charbons dans Paris. .   114
Chantiers de bois à brûler.................  ibid.
De la police des chantiers de bois à brûler....   117
Ile Louviers............................   118
Chantiers de bois de charpente, de charron-
    nage, de sciage, lattes, etc. de Paris.......   119
Chantiers de déchirage....................   120
Commerce des charbons de bois............   121

## CHAPITRE VII.

Extrait des lois et ordonnances concernant le
    commerce des bois....................   124
Ordonnance de Louis XIV. — Du mois
    d'août 1669.........................  ibid.
Grande Ordonnance de Louis XIV, concer-
    nant la juridiction des prevôt des marchands
    et échevins de la ville de Paris. — Dé-
    cembre 1672.........................   150
Ordonnance de police, concernant les bois
    à brûler, l'époque à laquelle ils doivent être
    rendus, chaque année, des ventes où ils

auront été exploités, sur les ports voisins d'icelles, et le martelage de ceux à jeter à flot, et à mettre en trains. — Du 5 mai 1785.. 173

Arrêté sur l'emploi du décastère. — Du 5 nivôse an VII............................ 175

Lettre du ministre de l'intérieur, relative au crédit accordé aux marchands, pour le paiement des droits d'octroi. — Du 23 floréal an II............................... 177

Arrêté du ministre des finances, sur la fourniture des étoffes nécessaires pour la confection des trains. — Du 4 frimaire an II........... 178

Décret du 11 thermidor an XII. — 30 juillet 1804............................... 179

Décret relatif aux adjudications de coupe de bois. — Du 11 janvier 1808.............. *ibid.*

Ordonnance du roi, du 23 octobre 1816...... 180

Ordonnance du roi, du 4 octobre 1820....... *ibid.*

## SECONDE PARTIE.

TABLEAUX ET COMTES FAITS, APPLIQUÉS AU CUBAGE ET AU CORDAGE DES BOIS EN GRUME, CARRÉS, BATARDS, A BRULER, etc..................... 1

Cubage des bois de charpente et autres....... 3

Rapports des mesures anciennes et nouvelles.. 6

Réduction des toises, pieds, pouces et lignes en mètres et fractions de mètres............ 8

Réduction des mètres en toises, pieds, pouces et lignes............................... 9

Réduction des toises, pieds, pouces et lignes carrés............................... 10

Réduction des mètres carrés en toises, pieds, pouces et lignes carrés................... 11

Réduction des toises, pieds, pouces et lignes cubes en stères ou mètres cubes........... 12

Réduction des stères ou mètres cubes en toises, pieds, pouces et lignes cubes............. 13

Des diverses mesures en usage pour les bois de
charpente............................................ 14

Cubage des bois en grume, et des bois carrés.. 18

Tableau pour la conversion en pièces d'un
nombre quelconque de pouces réduits...... 61

Table de renvoi pour cuber les bois bâtards, à
l'aide de tarifs précédens.................. 62

Méthode abrégée pour cuber les bois cylindriques, d'après le même procédé que les
autres................................... 63

Cordage des bois à brûler. — Table de rapport
pour convertir les cordes de forêts en décastères, et les décastères en cordes.......... 65

Conversion des cordes ou voies, en stères..... 75

Conversion des stères en cordes, ou voies..... 77

Table de conversion des arpens en hectares, et
ares. ................................... 80

Tarif des droits d'octroi sur les bois et charbons.................................... 81

Tarif des droits de navigation, établis sur les
bois.................................... 87

FIN DE LA TABLE DES MATIÈRES.

DE L'IMPRIMERIE DE CRAPELET,
rue de Vaugirard, n° 9.